CERAMICS

TRAVEL OF

NORTHERN EUROPE

유럽
도자기
여행

북유럽 편

개정증보판

글 · 사진 조용준

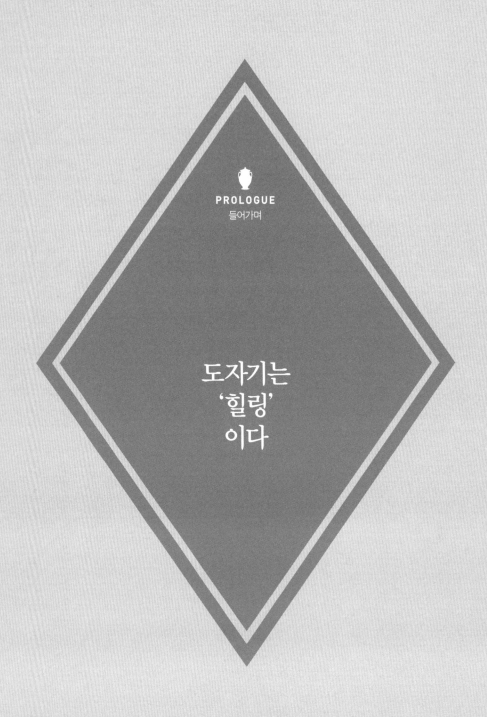

PROLOGUE
들어가며

도자기는
'힐링'
이다

접시에
행복을 담는다

2007년 일본영화 「카모메 식당かもめ食堂」은 핀란드 헬싱키의 한 식당이 주 무대다. 일부 마니아들 사이에서 꽤 알려진 이 영화는 헬싱키 주변을 한 번도 벗어나지 않으면서, 식당을 찾는 손님들에 얽힌 소소한 이야기들을 잔잔하게 풀어나간다.

여주인공 사치에가 오니기리주먹밥 전문점을 연 지 얼마 되지 않아 손님 없는 텅 빈 식당에 온 첫 손님, 일본인 미도리. 어디든지 상관없이 너무 여행을 가고 싶었던 그녀가 지도를 펼쳐 놓고 눈을 감은 채 손가락으로 찍은 곳이 마침 핀란드였다. 무엇을 할 것인지, 얼마나 오랫동안 머물 것인지 그 어느 것도 결정하지 않은 채 시작한 여행이었으므로 미도리는 그냥 식당에서 사치에를 돕기로 한다.

두 번째 일본인 손님, 마사코는 공항에 여행 가방이 오지 않아 시내를

영화 「카모메 식당」에서 나오는 오니기리를 담은 아라비아 핀란드 접시 장면을 재연

배회하다가 카모메 식당을 찾게 된 경우다. 그녀는 가방을 찾을 때까지 손님으로 드나드는데, 정작 그렇게 기다리던 가방이 오자 마음을 바꿔 식당에 종업원으로 주저앉는다.

영화는 이들 세 여자의 신상에 대해 거의 알려주지 않는다. 결혼은 했는지, 자식이 있는지, 왜 식당을 차리게 되었는지, 왜 혼자 여행하게 됐는지 아무것도 이야기하지 않는다. 그저 왜 핀란드에 오게 됐는지에 대해서만 간단하게 설명할 따름이다. 사실 영화는 '삶의 여행'에 대해 이야기하고자 하는 것으로 보인다. 우리들의 삶 자체가 이들의 우연한 만남처럼 목적 없는 우연의 연속이요, 갈 곳 없는 여행과 닮아 있다고 말하는 듯하다.

이 영화가 일부 마니아들의 관심을 끈 데에는 영화 속에 나오는 그릇의 영향이 크다. 음식을 담은 접시며 각설탕을 넣는 볼 등이 요즘 한창 주목받는 북유럽 디자인 도자기 제품들이기 때문이다.

그중에서도 가장 시선을 끌고 관객들 입에 자주 오르내리는 장면은 마사코가 주문한 오니기리를 담은 아라비아 핀란드Arabia Finland 접시가 등장할 때다. 하늘을 닮은 옅은 코발트블루cobalt blue가 짧은 선으로 동심원을 그리고 있는 이 은은하면서도 독특한 접시는 흑백의 강렬한 대비를 이루는 오니기리와 어우러져 최상의 조화를 이루어낸다.

이 접시는 아라비아 핀란드 '24h 아베크24h Avec' 시리즈의 하나다. 아라비아 핀란드 코코 시리즈를 디자인한 카티 투오미넨Kati Tuominen과 크리스티나 리스카Kristina Riska가 24h의 원형인 헤이키 오르볼라Heikki Orvola의 1996년 작품을 기본 형태로 2005년에 다시 디자인해 제작한 것이다. 플레이트 디자인을 자세히

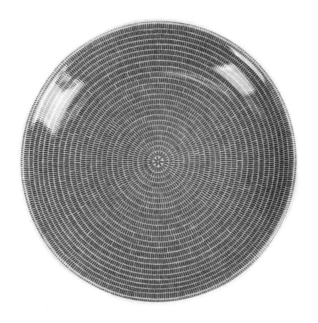

보면 분명 중심에서부터 가장자리로 갈수록 더 큰 원을 이루어가고 있는데, 원을 구성하고 있는 것은 가로가 아닌 세로로 된 세밀한 선들이다. 세로 선들이 모여 원을 만들어가기 때문에 마치 블랙홀 중심으로 빨려 들어가는 듯한 느낌을 강렬하게 전달한다.

이 제품은 그린, 브라운, 블루의 3가지 색깔로 구성돼 있는데, 블루가 가장 인기가 많아 구하기도 힘들다. 플레이트 크기는 샐러드용 21cm, 파스타용 24cm, 디너용 26cm, 3가지가 있다.

일본의 경우 「카모메 식당」이 개봉하자, 영화를 보고 이 접시에 오니기리를 얹어 먹으려는 사람들이 너무 많아져서 블루 플레이트 모든 물량이 동나기도 했다. 이후로도 꾸준한 인기를 얻어 2007년에 단종되었다가 2010년부터 다시 생산되고 있다.

이 접시에 대한 애정은 일본만의 현상이 아니다. 영화가 나온 지 꽤 되었지만 아베크 접시에 대한 인기는 우리나라에서도 식을 줄 모르는 듯하다. 여전히 이 접시를 찾는 분들이 많은 것을 보면 말이다.

아마도 그 이유는 도자기 접시가 치유, 즉 '힐링'의 기능을 하기 때문인 듯도 하다. 세 여인이 자아를 찾아가는 과정을 담은 「카모메 식당」이 '힐링의 영화' 이기도 하듯, 많은 분들이 이 접시를 보면서, 혹은 이 접시에 음식을 담으며 마음의 안정과 행복을 얻는다. 그것이 도자기의 힘인 것이다.

서유럽보다 앞선
북유럽의 경질자기

경질자기, 즉 우리가 늘 말하는 동양권 자기가 아닌 연질자기의 경우 이탈리아 와 프랑스가 유럽의 다른 지역보다 훨씬 역사가 깊다. 1575년부터 1587년까지 피렌체의 메디치Medici 가문이 연질자기인 마욜리카Mallorica, 혹은 마졸리카; Majolica 를 만들었고, 1673년이 되면서부터는 프랑스 루앙Rouen에서도 이를 생산하기 시작했다.

이탈리아와 프랑스의 이런 전통은 스페인 안달루시아와 발렌시아 지방에서 만들던 연질자기들이 마조르카Majorca 섬을 거치고 지중해를 건너 이탈리아에 상륙한 마욜리카의 영향을 받은 것이다. 그래서 이름 또한 마욜리카다. 이것 이 오늘날 서유럽을 대표하는 파이앙스Faience 로 발전했다.

1 17세기 이탈리아의 마욜리카 물병
2 블루와 화이트의 조화가 뛰어난 뢰르스트란드 꽃무늬 머그
3 덴마크 실용자기 회사 루시 카스(Lucie Kaas) 그릇

파이앙스는 이탈리아 중북부 도시 파엔차Faenza의 프랑스 말이다. 르네상스 당시 파엔차가 유럽에서 가장 앞서 있던 마욜리카 도자기 생산지였기 때문에, 파이앙스는 곧 이탈리아 마욜리카의 또 다른 이름이 되었다.

파이앙스는 이탈리아에서 먼저 시작되었지만, 프랑스에서도 활짝 꽃을 피웠다. 오늘날은 프랑스 남부 프로방스 지방과 독일 접경의 알사스 지방 그리고 이탈리아 전역에서 생산되면서 연질자기 특유의 화려하고 상큼한 매력을 뽐내고 있다.

그러나 이탈리아와 프랑스 등보다 앞서 독일 마이슨Meissen의 경질자기 비법을 터득해 도자기를 먼저 만들기 시작한 것은 바로 북유럽의 스웨덴이었다. 스웨덴에서는 1726년 스톡홀름에 뢰르스트란드Rörstrand 도자기 회사가 설립되었다. 1719년 오스트리아의 로열 비엔나에 이어 유럽에서 세 번째다. 1710년에 설립된 마이슨보다 16년 늦다. 프랑스의 샹티이Chantilly가 1730년, 이탈리아의 카포디몬테Capodimonte가 1743년, 런던의 첼시Chelsea가 1745년이니 북부의 스웨덴이 이들 나라보다 빨리 도자기를 생산하기 시작한 것은 참으로 놀라운 일이라 할 수 있다.

이러한 연유로 이 책은 서유럽에 앞서 북유럽 도자기부터 알아보고자 한다. 서유럽 도자기와 북유럽 도자기는 특징이 완연히 다르다. 우아한 발레리나와 거친 스트리트 댄서의 대비라고나 할까. 아마도 거친 환경 탓이겠지만, 북유럽 도자기들은 장식미보다 실용성이 훨씬 강조되기 때문에 디자인이 매우 단순하다. 그러나 그 단순하면서도 대범한 디자인이 오히려 오늘날 우리나라 여성들을 매혹시키는 요인이 되고 있다.

구스타브베리의 1897년 제품(높이 100cm, 가로 47cm). 프랑스 로코코 화가 프랑스아 부셰(François Boucher, 1703~1770)의 유명한 1740년 그림 「비너스의 승리(Triumph of Venus)」를 프란츠 메델(Franz Meder)이 그려 소성한 제품이다.

CONTENTS

유럽
도자기
여행

북유럽 편

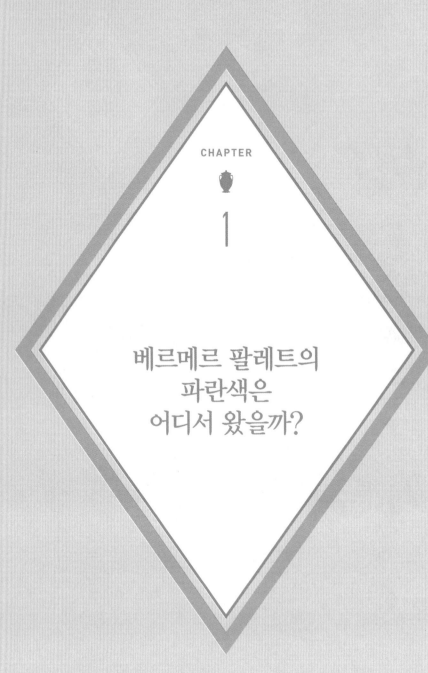

CHAPTER

1

베르메르 팔레트의
파란색은
어디서 왔을까?

이제부터 시작하는 북유럽 도자기 여행의 첫 출발지는 네덜란드 델프트Delft다. 네덜란드는 중국 청화백자靑華白磁 도자기들을 수입해 유럽에 본격적으로 수출하기 시작한 장본인으로, 북유럽 국가들이 도자기에 눈을 뜨게 하는 데도 한몫을 단단히 했다. 명나라와 청나라 교체기에 전쟁으로 인해 도자기 수출이 끊기자, 네덜란드 상인들은 일본으로 눈을 돌려 아리타有田 자기들을 대량으로 유럽에 수출하는 한편 자신들도 동양 자기들을 흉내 내어 안목이 높아진 수요자들을 위한 도기들을 제작하기 시작했는데, 그 중심에 바로 델프트가 있다.

델프트는 화가 요하네스 베르메르Johannes Vermeer,1632~1675가 태어나 마흔세 살 짧은 생애를 살며 사랑하고, 그림을 그렸던 곳이기도 하다.

베르메르 그림이 인기가 좋은 데는 여러 이유가 있겠지만, 그중의 하나는 그림에 등장하는 파란색이 매력적으로 보여서다. 베르메르 그림에는 파란색이 많이 등장한다. 언제부턴가 그의 대표작이 된 「진주 귀걸이를 한 소녀」를 비롯해 「우유 따르는 여인」, 「레이스 뜨는 여인」, 「물 주전자를 든 젊은 여인」, 「버지널 앞에 앉아 있는 젊은 여인」, 「연애편지」 등 많은 그림에서 파란색이 시선을 끈다.

과연 그는 어떤 안료로 이런 파란색을 만들어냈을까? 그의 팔레트에는 어떤 물감이 들어 있었을까? 결론부터 말해 그의 그림에 쓰인 파란색 안료의 대부분은 청금석靑金石, 즉 라피스 라줄리Lapis Lazuli라는 광물로 만든 '울트라마린ultramarine'이라는 안료다. 광물질이므로 캔버스에 그리기 위해 곱게 갈아서 아교와 오일 등을 섞어 만든 안료가 바로 울트라마린이다.

1 델프트 시내 도자기 가게의 「귀걸이를 한 소녀」 플레이트
2 헤이그의 청금석 가게. 상호도 아프가니스탄의 수도 카불을 빌려왔다.

오늘날 청금석이 발견되는 지역은 아프가니스탄과 칠레 안데스 산맥의 오발레, 러시아 시베리아의 바이칼 호 부근, 앙골라, 미얀마, 파키스탄, 미국캘리포니아 주와 콜로라도 주, 캐나다 등지다. 그러나 이 중에서 최고급 청금석은 오로지 아프가니스탄 북부 산악 지대인 바다흐샨Badakshan 지역에서만 생산된다. 이곳의 청금석은 이미 기원전 4천 년경부터 메소포타미아와 나일 강 지역으로 수출되었다.

이집트에서는 '체스벳chesbet'이라고 불리는 청금석을 파라오만이 소유할 수 있었는데, 청금석은 색채가 항구적으로 유지되었기 때문에 금과 같은 가치를 가지고 있었다. 청금석과 금을 이용하여 만든 귀금속은 파라오의 황금 마스크에 장식되어 파라오와 사후세계를 함께 했다.

이후 유럽에서는 청금석으로 만든 울트라마린이 최고급 안료 대접을 받으며 매우 귀중하게 사용되었다. 중세는 물론 르네상스 시대의 레오나르도 다빈치와 미켈란젤로 등 대가도 울트라마린으로 그림을 그릴 때는 반드시 그림 의뢰자와 '이번 그림에는 청금석 얼마를 사용해 어느 위치에 그린다'는 식의 계약을 맺었다.

현재 청금석은 순금보다 높은 가격으로 거래되고 있고, 여전히 아프가니스탄 주요 수출품의 하나로써 고급 청금석 가격은 1kg에 약 1만 5,500유로약 2천만 원를 호가한다.

청금석은 이를테면 청화백자에 사용하는 코발트블루와 같다고 할 수 있다. 코발트 광석은 도자기의 푸른 무늬를 만들어내는 최고급 도료塗料다. 오늘날 아프리카 콩고가 전 세계 매장량의 절반 정도를 갖고 있으나, 옛날에는 역시

베르메르의 「물 주전자를 든 젊은 여인」(뉴욕 메트로폴리탄미술관)

페르시아, 즉 오늘날 아프가니스탄과 이란, 이라크 지역에서 생산한 것을 주로 사용했다. 조선에서도 왕실 사기장만이 코발트블루를 사용해 도자기를 만들 수 있었고, 사용하는 양을 엄격하게 제한하면서 출납을 항상 기록해두었다. 도료 자체가 매우 비싼 수입품이었기 때문이다.

다시 베르메르 이야기로 돌아가자. 베르메르가 이토록 귀한 안료인 청금석을 쉽게 사용할 수 있었던 것은 이 당시의 네덜란드가 '황금시대'를 구가하고 있었기 때문이다. 베르메르는 1632년에 태어나 마흔세 살 나이로 1675년에 사망했다.

네덜란드의 '황금시대'는 1600년 무렵부터 시작된다. 1600년 영국이 먼저 동인도회사를 설립한 데 자극을 받아 우후죽순으로 생긴 10여 개의 동인도회사를 하나로 통합해 보다 효율적으로 영국, 스페인과 경쟁하기 위해 통합 동인도회사VOC, Vereenigde Oost-Indische Compagnie를 출범시킨 것이 바로 1602년이다.

잠시 뒤에 더 자세하게 보겠지만, 동인도회사가 탄생하면서 네덜란드는 비로소 부국강병富國强兵의 길에 진입하기 시작했다. 오늘날 시각으로 보면 해적질과 노략질이 경제적으로 윤택해지는 시발점이 된 것이지만, 어쨌든 이 시기의 네덜란드는 점점 부유해져서 벨기에 안트베르펜Antwerpen을 따돌리고 암스테르담이 유럽의 새로운 중심지로 떠올랐다.

베르메르는 바로 이런 분위기의 한복판에 있었다. 돈이 여기저기서 넘쳐났고 신흥부자들, 다시 말해 그림을 사서 과시하고자 하는 사람들이 속속 생겨나고 있었기에, 그 귀한 청금석으로 그림을 그리는 일도 그리 어렵지 않았던 것이다.

암스테르담도 아니고, 델프트라는 소도시의 도기가 전 세계적으로 유명해진 것도 동인도회사의 출범과 직접적인 관계가 있다. 동인도회사가 도자기 무역을 했기 때문에 델프트웨어delftware를 만들던 네덜란드 사기장들은 비로소 동양의 푸른빛, 바로 청화백자를 만날 수 있었다. 그들의 그릇에도 코발트블루를 사용할 생각을 처음으로 가지기 시작했던 것이다.

그럼 본격적인 '델프트 블루Delft Blue' 이야기를 하기 이전에, 어떻게 해서 이 지역이 도기를 만들기 시작했는지부터 알아보도록 하자.

델프트의 토요일 도자기 벼룩시장

마욜리카는 네덜란드에
어떻게 상륙했나

오늘날 네덜란드, 벨기에, 룩셈부르크에 해당하는 지역은 옛날에 '낮은 나라들저지대국가'이라 불렸다. 이 명칭은 스페인어의 'Países Bajo'를 그대로 번역한 표현으로, 말 그대로 해수 표면보다 낮은 이 지역의 특성으로 생긴 말이다. 이런 어원은 또 이곳이 스페인 식민지였다는 사실을 알려준다.

통합 스페인 최초의 국왕인 카를로스 1세Karl V, 1500~1558, 신성로마제국의 황제로선 카를 5세고, 스페인의 왕으로선 카를로스 1세는 복잡하게 얽힌 왕가의 혼맥婚脈을 몽땅 물려받은 행운아 중의 행운아로 스페인 왕이자 신성로마제국 황제이면서 프랑스 부르고뉴 공국의 지배자였다. 또한 밀라노와 시칠리아, 나폴리 등을 지배하는 이탈리아 왕인 동시에 플랑드르 지방을 비롯한 '낮은 나라들'의 통치자이기도 했다. 이러한 정치적 배경을 이해하면 스페인의 '주석유약을 입힌 도자기tin-glazed pottery'가 이탈리아를 거쳐 '낮은 나라들'로 넘어가는 과정이 자연스레 이해될 것이다.

'낮은 나라들'에서 '주석유약을 입힌 도자기', 즉 마욜리카가 처음 만들어지기 시작한 곳은 네덜란드가 아닌 벨기에였다. 영어로 앤트워프Antwerp라고도 불리는 안트베르펜에서 1512년에 생긴 일이었다.

그러면 스페인의 마욜리카는 또 어떤 과정을 통해 이탈리아를 거쳐 안트베르펜으로 넘어갔을까. 711년 북아프리카 이슬람 무어 인들이 이베리아 반도를 침공하면서 갖고 들어온 최신 문물 중의 하나가 바로 '주석유약 석기stoneware'였다. 이 석기의 모태를 다시 거슬러 올라가면 고대 이집트와 페르시아 도기들

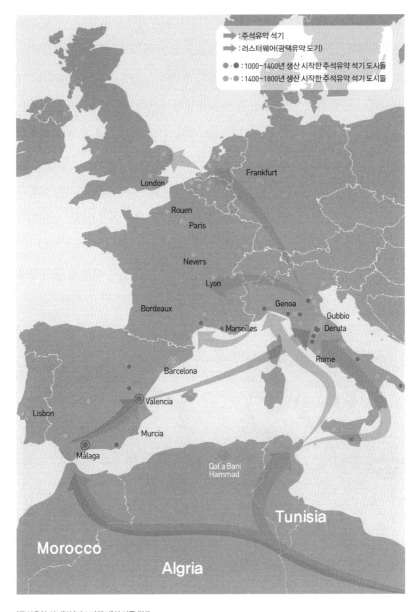

'주석유약 석기'와 '러스터웨어'의 이동 경로

을 말해야 하지만, 이는 너무 방대한 이야기이므로 생략하자.

이렇게 이베리아 반도에 상륙한 석기들은 기존의 도기보다 훨씬 우수한 것으로 오늘날 스페인 남단의 말라가Malaga와 세비야Sevilla에 처음으로 세워진 가마들에서 구워졌다. 이후 공장의 중심이 발렌시아Valencia 지방으로 옮겨가는데, 여기서 마욜리카의 기본 형태가 완성된다. 금색과 짙은 푸른색의 화려한 채색이 입혀지기 시작한 것도 바로 이때부터였다.

이렇게 발렌시아에서 하나의 완성된 형태로 자리잡은 주석유약 석기는 발렌시아 동쪽 지중해정확히는 발레아레스 해의 마요르카 섬을 거쳐 이탈리아로 건너가서 다시 활짝 꽃을 피우고, 그중의 일부가 프랑스와 '낮은 나라들'로 유입된다.

이후 16세기 이탈리아 장인들은 그들의 공예 기술을 갖고 북유럽 국가들로

이탈리아 토스카나 지방의 마욜리카 패널. 왼쪽은 1510년, 오른쪽은 1489년에 제작된 것으로 추정(영국 런던 V&A 박물관)

진출했다. 당시 북유럽 문물의 중심지가 안트베르펜이었기 때문에, 많은 이들이 이 도시로 몰려들었는데 그중에는 귀도 다 사비노Guido da Savino라고 하는 이탈리아 중북부 카스텔 두란테Castel Durante 출신의 사기장이 있었다. 바로 그가 1512년 안트베르펜에 첫 주석유약 석기 가마를 연 주인공이다.

그러나 16세기 초 무렵은 네덜란드 남부와 스페인 사이에 정치적, 종교적 갈등이 매우 심한 상황이었다. 원래 네덜란드는 스페인에서 탄압을 피해 도망친 유태인들이 많았던데다, 신교를 믿는 기독교인들이 많았다. 그러나 로마 가톨릭을 종용하는 스페인 카를로스 1세가 이를 크게 탄압하면서 매일같이 많은 사람들이 처형당하는 공포정치가 벌어지고 있었다. 이로 인해 결국 네덜란드는 스페인에 항복한 남부와 신교를 고수한 북부로 나눠지고, 남부 지역은 오늘날의 벨기에가 된다.

1585년 안트베르펜이 스페인 통치에 들어가면서 종교 자유가 억압당하자 상당수 사기장들이 영국과 독일, 네덜란드로 이주한다. 귀도 다 사비노의 아들인 조리스 안드리에스Joris Andries도 1564년 네덜란드 북부의 젤란트Zeeland 지방 미델부르크Middelburg로 이주해서 새 가마를 열었다. 젤란트는 오늘날 뉴질랜드의 어원이 된 곳이다. 이곳을 발견한 네덜란드 함대가 지형이 젤란트와 비슷하다 하여 새로운 젤란트라는 뜻의 니우 젤란트 Nieuw Zeeland라고 이름 지은 것이다.

이렇게 이탈리아 출신 사기장들이 안트베르펜을 떠나고 난 다음, 이 도시에 다시는 도자기 공장이 생겨나지 않았다. 이리하여 젤란트, 암스테르담, 로테르담 일원에서 이탈리아풍 석기가 생산되게 되는데, 이 중 가장 뛰어난 제품 생산지

'델프트 블루'의 클래식 작품 중 하나

가 바로 델프트였다.

기록에 따르면 델프트의 첫 마욜리카 가마는 헤르만 피터스르존Herman Pieterszoon이라는 사람이 1584년에 열었다. 그는 암스테르담 인근 하를럼Haarlem에서 도자기 무역을 배웠으나 사기장으로 변신했다.

그가 첫 가마를 설립한 이후 60년 이내에 30개의 공장들이 연속으로 생겨났다. 이들이 바로 유럽에 '델프트 블루Delft Blue'의 명성을 만든 장본인들이다. 이들이 폴리크롬polychrome이라는 마욜리카 계열의 다채색 도기에서 코발트블루를 사용하는 '델프트 블루'로 옮아가는 과정은 잠시 뒤에 살펴보자.

델프트가 도자기 도시로 발전하는 과정에는 아이러니하게도 1654년의 화약 대폭발사고가 도움이 되었다. 그해 10월 12일 무려 30톤의 화약이 보관돼 있던 창고가 일대 폭발을 일으키는 대형 사고가 발생해 수백 명이 죽고 수천 명이 다쳤다. 그나마 다행스럽게도 시민 상당수가 인근 로테르담의 큰 행사에 갔기 때문에 사상자 수가 줄어들 수 있었다.

그런데 이 사고로 델프트의 양조장들 상당수가 파괴되어 맥주 만드는 일에 종사했던 사람들이 새로운 도자기 공장을 만들거나 사기장으로 생계 수단을 전환하게 되었다. 그렇게 새로 출현한 도자기 공장은 양조장 이름을 그대로 사용한 곳도 있었는데, 이를테면 '젊은 무어 인 머리The Young Moors' Head'나 '세 개의 종The Three Bells', '두 배로 큰 맥주잔The Double Tankard'◆ 등이었다. 도자기 회사 이름이 '무어 인 머리'라니, 참 우스꽝스럽지만 도시 이름을 그대로 회사 이름으로 사용하는 것보다는 훨씬 창의적이지 않은가!

◆ 위의 사실들에 대해서는 다음의 책 참조.
「Dutch Trade and Ceramics in America in Seventeenth Century」, Charlotte Wilcoxen, Albany Institute Art & History, 1987

동인도회사,
'시누아즈리'를 몰고 오다

네덜란드는 원래 자신들이 발트해 주변에서 갖고 온 상품들을 리스본Lisbon으로 가져와 포르투갈 상선이 동양에서 갖고 온 물품들과 맞바꾸는 방식으로 교역했다. 그러나 이에 대해 스페인이 압력을 가하자 네덜란드는 자신들이 직접 동양과 교역을 추진하는 쪽으로 방향을 잡았다.

1770~1790년 사이에 제작된 것으로 추정되는 델프트 석기 플라크

그러던 1600년 영국이 먼저 동인도회사를 설립하자 네덜란드도 자극을 받아 통합 동인도회사를 출범시킨 것은 앞서 말한 바대로다. 이렇게 강력한 동인도 회사를 만든 효력은 금방 나타났다. 1602년 바로 그해에 네덜란드 동인도회 사는 중국에서 물품을 가득 싣고 돌아가던 포르투갈 상선 산타리나Santarina 호를 대서양에서 강탈해 상선에 실려 있던 동양의 '귀한 물품'들을 암스테르 담에 가져갔다. 그 물품 가운데는 스물여덟 꾸러미의 청화백자 접시와 열네 꾸러미의 작은 사발들이 들어 있었다.

네덜란드 사람들이 처음 본 그 그릇들은 경이 그 자체였다. 그들은 그 도자기 들이 천상의 물건이라 여겼으리라. 걸핏하면 깨지는 도기 아니면 이탈리아에 서 건너온 마욜리카만을 사용하던 그들에게, 비교도 할 수 없을 만큼 얇은 두 께의 하얀 바탕에 아름다운 그림들이 그려진 청화백자는 그 어느 보석보다도 값어치 있는 보물이었다.

장삿속 강한 네덜란드 상인들이 이 보물들을 가만둘 리 없었다. 그들은 암스 테르담 항구에서 청화백자와 중국 그릇들을 경매에 붙였는데, 경매에 참여 한 사람들의 반응 역시 완전 흥분의 도가니였다. 이 경매야말로 유럽인들이 대규모의 중국 자기를 접할 수 있었던 최초의 사건이었던 것이다. 이렇게 1602 년은 근대 유럽 도자사陶瓷史에서 커다란 분수령이 되었다.

네덜란드 동인도회사는 2년 뒤인 1604년에도 포르투갈로 귀국하는 카타리 나Catharina 호를 가로챘다. 운 좋게 이 배도 역시 무려 16톤의 중국 청화백자를 싣고 있었다. 배가 암스테르담에 도착하자마자 경매 시장이 열렸다. 이번에는 프랑스 왕 앙리 4세, 영국 왕 제임스 1세 등 유럽 왕실의 대리인들과 수많은 귀

청나라 청화백자(1700~1720년 제조, 암스테르담국립박물관)

족들이 경매에 뛰어들었고 앞다투어 도자기를 구매했다. 단 며칠 만에 그 많던 물품들이 모두 팔려 나갔다. 중국 청화백자에 대한 입소문이 삽시간에 퍼졌다. 청화백자를 알게 된 유럽 왕실과 귀족들은 '지미추 구두를 처음 신은 안드레아영화 「악마는 프라다를 입는다」의 여주인공'와 같았다. 바야흐로 중국 것이라면 뭐든지 좋다는 '시누아즈리Chinoiserie, 중국 취향' 바람이 유럽 전역에 몰아치기 시작한 것이다.

네덜란드 사람들은 중국 청화백자를 처음에는 '크라크 자기kraak-porcelain'라고 불렀다. 동인도회사가 강제로 포획해온 포르투갈의 배가 카라카Carraca 양식의 배, 즉 카라크Carrack였기 때문이다. 따라서 '카라크 배에서 나온 자기'라 하여 '크라크 자기'가 된 것이다.

카라크 배는 돛대가 세 개 혹은 네 개로 15세기 포르투갈에 의해 발전했다. 오랜 항해에 적합해 탐사와 무역 등을 위해 대서양을 오가는 배로 사용되었고, 나중에는 스페인 등 강대국 해군의 배로 널리 쓰였다. 그러나 포르투갈에서는 이 배를 나우Nau라고 불렀고, 스페인은 카라카Carraca 혹은 나오Nao, 프랑스는 카라크Caraque 혹은 뇌프Nef라고 불렀다. 이 배야말로 대항해 시대를 이끈 선구자적 함선이라 할 수 있다.

이제 중국 자기 유통은 향신료 이상으로 이득을 남길 수 있는 무역의 중요 아이템으로 자리잡았다. 첫 경매가 있었던 해로부터 불과 20년도 지나지 않아 동인도회사의 배들은 1년에 10만 점이 넘는 중국 자기를 네덜란드로 실어 날랐다. 이 숫자가 당시 암스테르담 인구와 비슷하다는 사실을 감안하면 정말 놀라운 양이 아닐 수 없다.

다음 페이지 그림은 네덜란드 화가 빌럼 칼프Willem Kalf, 1619~1693가 1662년에 그린 「앵무조개 컵과 중국 볼이 있는 정물」 그림의 일부분이다. 청화백자가 그려진 부분만 강조해서 본 것이다. 현재 이 그림은 스페인 마드리드에 있는 티센-보르네미사Thyssen-Bornemisza미술관이 소장하고 있다.

로테르담에서 태어난 빌럼 칼프는 어두운 색조를 바탕으로 동양 도자기를 주요 모티프로 배치한 매력적인 색채의 정물화에서 매우 뛰어난 재능을 발휘했다. 그림을 보면 반쯤 깎다만 오렌지 옆에 커다란 중국 청화백자 볼이 보이고 청화백자 표면에는 마치 신선처럼 보이는 중국인들이 그려져 있다. 이 그림은 동인도회사의 설립 이후 형성된 '시누아즈리'의 열풍 속에서 청화백자가 왕실과 귀족계급의 '머스트 해브 아이템'인 동시에 미술의 핵심 오브제로 부상했음을 잘 보여주고 있다.

빌럼 칼프는 렘브란트와 함께 해운업으로 경제적 번영을 누린 17세기 네덜란드 황금시대의 주요 화가 중 한 사람이다. 따라서 그의 그림에 청화백자가 주요 오브제로 등장하는 것은 아주 자연스러운 일이다.

그의 다른 그림인 「은제 술병과 과일이 있는 정물1655~1660」을 보자. 암스테르담국립박물관레이크스미술관, Rijksmuseum이 소장하고 있는 이 그림 역시 커다란 청화백자 사발에 과일이 담겨 있다. 이처럼 걸작으로 꼽히는 빌럼 칼프의 정물화에는 모두 청화백자가 마치 원래부터 그들의 일상용품이었던 것인양 자연스레 들어가 있다.

동인도회사의 '대활약'으로 인해 17세기 유럽은 왕실부터 평민에 이르기까지 백자 바탕에 청색이나 다채색 그림이 우아하게 그려져 있는 그릇에, 차와 설탕

1 타일로 만든 네덜란드 상선들의 교역 모습(로열 델프트 박물관)
2 빌럼 칼프의 그림「앵무조개 컵과 중국 볼이 있는 정물」의 일부분
3 빌럼 칼프의 그림「은제 술병과 과일이 있는 정물」의 일부분

과 향신료에 그랬던 것처럼 서서히 중독되기 시작했다. 그것은 참으로 달콤한 탐닉이었다. 더구나 중세 유럽에서 파란색은 성모 마리아나 왕들이 입는 옷에만 사용하는 고결함과 숭고함의 상징 아니었던가!

이리하여 청화백자는 물론 백자채화의 우수성과 미학성에 매료된 유럽 왕실은 아시아로 눈을 돌려 어떻게 해야 이 노다지들을 차지할 수 있을지 본격적인 관심을 갖기 시작했다. 유럽의 실력자들이 동양 도자기를 획득하기 위한 경쟁 구도에 속속 뛰어든 것이다.

앞에서 보았듯 당시 유럽의 마욜리카 제작 기법은 동양의 도자기 기술에 비하면 매우 저급한 수준이다. 높은 온도에서 구워야 하는 자기 생산은 엄두도 내지 못했고, 석기와 도기 정도만 구워내는 정도였다.

도기든 자기든 모두 흙으로 만든다. 석기나 도기는 토기가 갖는 치명적 약점, 즉 물을 흡수하는 결점을 방지하고자 유약을 표면에 발라 흡습성을 현저히 줄인 획기적 발명품이었다. 그러나 완벽하지 못해 그 약점이 여전했고, 강도도 그다지 개선되지 못했다. 그러나 높은 온도에서 굽는 자기는 다르다. 기공이 없어 물을 흡수하지 않고 가벼우며 단단하다. 물론 깨지는 약점은 극복하지 못했지만, 이전의 도기에 비하면 이도 비할 바가 아니었다.

이탈리아든 네덜란드든 유럽은 그릇 제작에 사용한 점토의 특성 때문에 흰색 도기는 꿈도 꾸지 못했다. 유럽은 1710년까지 자기 생산에 필수적인 고령토의 존재를 모르거나 이를 발견하지 못했다. 그러니 1300℃ 이상의 높은 온도에서 그릇을 굽는다는 것은 상상도 하지 못했고, 그런 온도에서 휘발되지 않고 버틸 수 있는 안료인 파란 코발트블루의 존재도 잘 몰랐다.

설사 이를 알았다 해도 이슬람 상인들과의 전쟁을 피해 머나먼 페르시아 지역
으로부터 이를 들여오는 것은 엄두도 내지 못할 일이었다. 그것이 술이나 물
을 담는 잔은 물론 유럽의 식기에서 주석 등 금속이나 목제 제품이 발달한 이
유다. 더구나 스페인 카를로스 1세에 의한 가톨릭과 신교의 종교 대립은 네덜
란드에서 도기 재료를 구입하는 데도 영향을 미쳤다.

청나라 접시(1736~1795 제작 추정, 암스테르담국립박물관)

청나라 백자채화(1725~1735 제조 추정, 암스테르담국립박물관)

원래 네덜란드 북쪽 지역에서 구할 수 있는 점토로는 질이 낮은 도기나 타일밖에 제작할 수 없었기 때문에 네덜란드 사기장들은 지금의 벨기에에 있는 투르네Tournai에서 점토를 구해 마욜리카를 제작했다.

그런데 스페인과의 전쟁으로 더 이상 이곳에서 점토를 구하지 못하게 되자, 영국에서 점토를 수입해야만 했다. 1609년 스페인과 휴전하면서 다시 투르네 점토를 확보할 수 있었지만, 1621년 휴전이 깨지자 다시 영국에 의존해야만 했다. 이마저도 17세기 중반 아메리카 대륙에서 서로 영토를 차지하기 위해 영국과 네덜란드 사이에 각축전이 벌어지면서 점토 수입이 끊기게 되었다. 그래서 대신 수입한 점토는 독일 라인 강 주변의 라인란트Rhineland 것이었다.

네덜란드 마욜리카가 동양 자기와 같은 뛰어난 품질의 제품을 만들지 못한 이유는 이처럼 태토胎土, 바탕흙를 구하는 데 원천적인 한계가 있다는 것도 크게 작용했다.

생각해보라. 이 같은 상황에서 매일같이 칙칙한 그릇만 보다가 하얀 눈처럼 우아하기 그지없는 순백색 그릇을 보았을 때 얼마나 설렜을 것인가! 17세기 유럽이 하얀 자기를 왜 '백금'이라고 불렀는지 이해되는 대목이다.

이렇게 동양 자기를 귀중하게 여긴 풍토는 일종의 전통으로 굳어져서 지금까지 이어오고 있다. 유럽의 거의 모든 궁전, 넓은 홀이나 거실 가리지 않고 꼭 탁자위나 문 입구에 동양 자기들이 놓여 있는 것은 바로 이런 전통 때문이다.

중국 상하이박물관은 가장 많은 청화백자를 소장하고 있기로 유명한 곳이다. 이 박물관의 2층 '고대 도자관' 설명은 다음과 같은 문구로 시작된다.

중국 취향 가구에 놓인
청화백자들(헤이그 시립박물관)

"Pottery belongs to all mankind, but porcelain is China's invention."

즉 도기pottery는 모든 인류의 산물이지만, 자기porcelain는 중국의 독창적인 창작품이라는 얘기다.

청화백자는 백색의 태토로 초벌구이 한 뒤에 청화青華, 즉 푸른색을 내는 산화코발트 안료로 그림을 그린 다음 백색유를 바르고 1,250℃ 이상의 높은 온도에서 구운 백자의 일종이다. 청화백자는 중국 원나라1271~1368 때 징더전景德鎭 가마에서 본격적으로 제작되기 시작했다.

당시 중국 역시 페르시아 카샨Kashan, 지금의 이란 중북부 산악지대 지역의 산화코발트 원광석을 수입해서 이를 안료로 만들어 사용했다. 따라서 중국에서는 이를 이슬람 블루Mohammedan blue, 즉 회청回青 혹은 회회청回回青이라 불렀다.

명나라 중기인 16세기 후반부터는 중국에서도 코발트 광鑛이 개발되어 페르시아에서 수입하지 않고 자체적으로 안료 조달이 가능해졌고, 중앙아시아와의 교역도 더 활발해짐에 따라 코발트 안료의 가격이 저렴해져서 청화백자의 생산은 더 활발해졌다.

그런데 순조로울 것만 같았던 네덜란드 동인도회사의 중국 자기 사재기도 중국 대륙 내부의 정세 변화로 커다란 변수가 생기고 만다. 만주족 누르하치努爾哈赤가 청淸, 1636~1912의 국호를 걸고 그 세력을 넓히기 시작하더니 급기야 명나라明, 1368~1644를 무너뜨리고 1644년 베이징에 입성한 것이다.

네덜란드가 명나라에 접근했다 교섭에 실패하여 타이완대만 남부 타이난臺南 일원에 근거지를 구축해 일종의 식민지 경영을 시작한 것은 1624년의 일이었

1 원나라(1271~1368)의 청화백자(영국 V&A박물관 소장)
2 '시누아즈리'를 단적으로 보여주는 암스테르담국립박물관 전시물

다. 이는 동인도회사가 타이완 서쪽의 군도群島인 펑후 제도澎湖諸島를 무력으로 정복하고 1624년 명나라와 협상을 통해, 펑후 제도를 포기하는 대신 타이완 남부에 상업 지역을 만드는 데 합의하면서 생긴 결과였다. 2년 후에는 스페인이 타이페이臺北를 위시한 북부를 점령했는데, 네덜란드는 나중에 스페인마저 쫓아버리고 타이완 전체를 차지했다.

이런 와중에 진먼金門과 샤먼廈門, 아모이 두 섬을 근거지로 중국 동남부 해상무역을 독점하고 있던 정성공鄭成功, 1624~1662이라는 인물이 멸청복명滅淸復明을 선

네덜란드 동인도회사가 세운 대만 타이난 안핑(安平) 옛 성채에 있는 정성공 동상. 정성공이 대만의 네덜란드 세력을 몰아내면서 네덜란드가 일본에 관심을 돌리게 되었다.

언하고 청조에 반기를 들었다. 그런 그가 1661년에 대만을 침공하여 자신의
새 거점으로 삼으면서 네덜란드 동인도회사는 퇴출당할 수밖에 없었고, 잠정
적으로 중국 무역에서 철수하게 되는 사태로까지 번졌다.

네덜란드가 청화백자 대신에 일본 자기를 주목한 데에는 바로 이런 사정이 작
용했다. 고수익을 안겨주는 시장을 포기할 수 없어 규슈九州의 아리타 자기를
대신 수입하기 시작한 것이다. 그런 한편 동양의 자기를 모방하여 만들기 시작
했으니, 이것이 18세기 이후 명성을 떨치게 되는 '델프트 블루' 신화의 시작이
다. 델프트 블루 그리고 네덜란드와 일본의 관계에 대해서는 잠시 뒤에 다시
자세하게 보기로 하자.

명나라와 청나라 교체기에 해상노선 봉쇄로 대유럽 자기 수출을 일본에 빼앗
겼던 중국도 다시 도자기 무역에 나설 채비를 갖추기 시작했다. 1673년 청나
라 4대 황제 강희제康熙帝, 재위 1661~1722는 명나라 때의 쇄국정책을 풀고 해상교
역금지령을 취소했다. 그는 "강남, 절강, 복건, 광동성 일원의 백성들은 상선을
가지고 바다에 나가 무역하는 것을 허락한다"는 교지를 내렸다.

그리하여 영국의 동인도회사가 1713년, 프랑스가 1728년, 네덜란드가 1729년,
덴마크가 1731년, 스웨덴이 1732년 각각 광저우廣州에 무역거래소를 설립했
다. 광저우의 중국 상인들 역시 1720년 도자기전문협회를 만들어 보다 효율
적인 도자기 무역을 추구하기 시작했다.

갖은 고생을 하면서 처음으로 중국 도자기를 유럽에 유입하는 물꼬를 튼 것
은 포르투갈이었다. 그런데 이제 엉뚱한 나라들이 그 과실을 따 먹기 시작했
다. 재주는 곰이 부리고 돈은 누가 번다고 했던가. 포르투갈의 비애다.

'로열 델프트'의 청화백자

WHITE

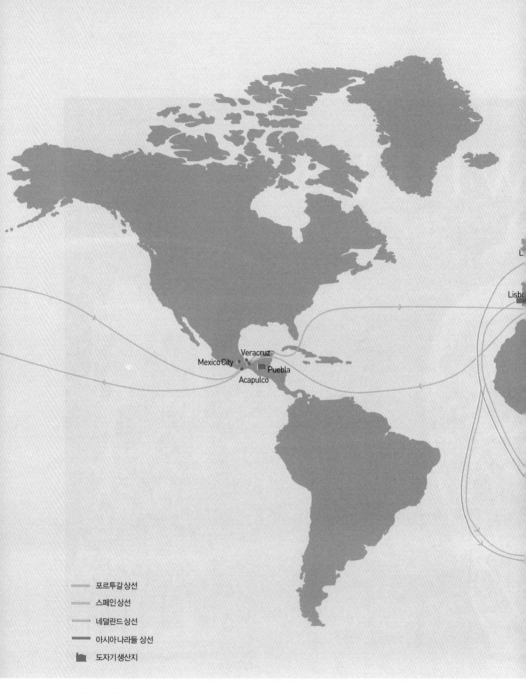

1500년~1700년의 도자 무역 경로도

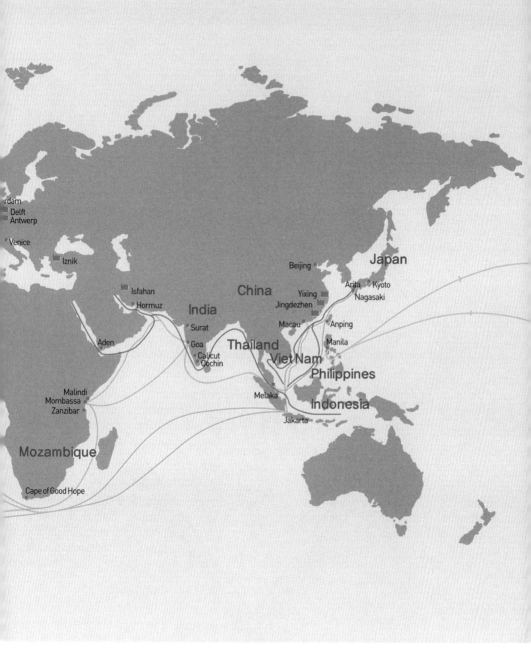

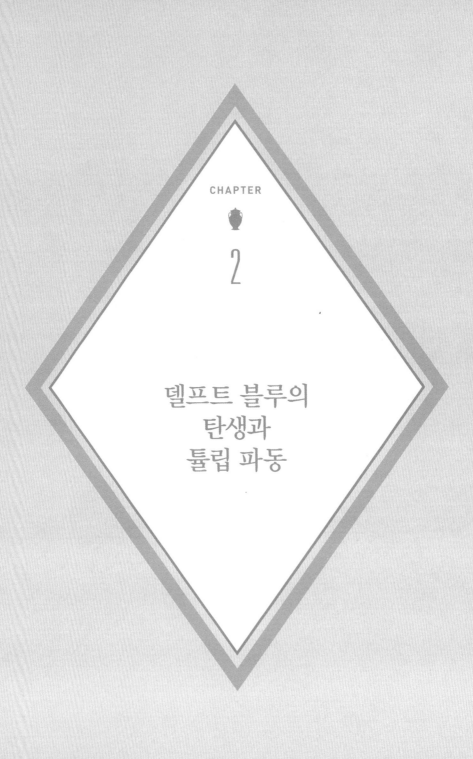

CHAPTER

2

델프트 블루의
탄생과
튤립 파동

델프트 타일로 장식한
델프트 구시가지 운하 옆의
어느 건물 모퉁이

동양 자기인지 아닌지 분간이 잘 안 되는 델프트 블루(헤이그시립박물관)

품질이 월등히 좋은 중국 자기들이 쏟아져 들어오게 되자 델프트 마욜리카 산업도 일대 변화에 직면하게 되었다. 유행이 변한 것이다. 눈높이가 높아진 소비자들을 상대로 물건을 팔려면 그들 역시 제품의 질을 높이든지, 기존의 색상을 바꾸든지 무엇인가 변해야 했다. 그러면 델프트 사기장들은 과연 처음으로 어떤 일을 했을까? 가장 손쉬운 방법은 무엇이었을까?

그렇다. 가장 쉬운 방법, 그것은 모방이다. 델프트 사기장들은 동양의 자기처럼 백색 바탕에 파란 무늬가 생생하게 살아 있는 도기를 만들기 위해 노력하기 시작했다. 1615년이 되면서 이들은 백색 주석유약white tin glaze으로 표면을 하얗게 만들고 그 위에 코발트블루로 무늬를 만들었다. 그들은 마지막으로 투명 유약을 또 한 번 칠함으로써 표면에 깊이를 주고, 코발트블루의 색감에 부드러움을 주었다. 그렇게 해서 그들은 적어도 겉으로는 중국 청화백자에 가까운 제품을 만들 수 있었다.

본격적인 모방이 시작된 것은 1620년 명나라 만력제萬曆帝, 재위1572~1620가 사망한 뒤였다. 중국으로부터의 수입 노선이 끊긴 것이다. 자연스레 모방 제품에 대한 수요가 생겨날 수밖에 없었다. 그리하여 코발트블루를 사용한 유럽 최초의 도기인 '델프트 블루'가 탄생하고, 델프트에도 공장이 급속히 늘어나게 된다.

1640년부터 1800년께까지 델프트 도기들은 거의 대부분 중국 자기를 성공적으로 모방할 수 있었다. 그리하여 사기장들은 이전의 장인들과 구별 짓길 원해 스스로 '자기 사기장porcelain potter'이라고 불렀다. 물론 이때 네덜란드서 만들어진 것은 자기가 아닌 도기였으므로, '자기 사기장'이라는 말은 틀린 표현

크리스마스 풍경을 주제로 한
델프트 블루 장식용 플레이트

이다.

하지만 이 당시 그들은 자기가 무엇인지 정확하게 모르는 상태였다. 독일 마이슨에서 유럽의 첫 자기가 제작되기까지는 아직 몇십 년이나 더 남은 상태였다. 자기가 아닌 도기라고 할지라도, 동양의 청화백자를 모방한 첫 상품이었으므로 델프트 블루는 점점 유명해졌고, 푸른 염료가 그려진 도기 제품과 타일 모두를 일컫는 말이 되었다. 설사 델프트가 아닌 네덜란드의 다른 지역에서 만든 것이라도 그렇게 불렸다.

'델프트 블루'의 급격한 유행은 독일 마이슨에서 1710년 동양과 같은 경질자기 제작에 드디어 성공한 이후, 쯔비벨무스터 제품을 선보이자 너도나도 도자기 공장을 만들어 '짝퉁 쯔비벨무스터'를 내놓은 현상과 너무 비슷하다. 비록 시대적으로는 델프트 블루가 한참 앞선 일이지만 말이다.

델프트웨어는 소소한 가정용품부터 예술적인 장식품까지 모두 만들었다. 접시에 쓰인 문양에는 주로 종교적인 소재나 네덜란드의 고유한 풍경들, 예를 들어 풍차나 고기 잡는 배, 사냥 장면 등이 주로 사용되었다.

델트프 가마들은 1640년부터 사적인 모노그램도안 문자을 사용하기 시작했고, 다른 가마들과 구분하는 마크를 표시하기 시작했다. 그들은 모두 성 루크St. Luke 길드에 속했는데, 이 길드는 1610년부터 1640년까지 10명의 장인을, 1651년부터 1660년까지 20명의 장인을 공식 인정했다.

델프트웨어 전성기는 1640년부터 1740년까지 100여 년이다. 이때는 델프트 블루가 거꾸로 중국과 일본으로 수출되기도 했고, 중국과 일본이 이를 흉내 낸 도자기를 만들기도 했다. 그러나 마이슨 이후 유럽 곳곳에서 자기를 생산

1

2

1 녹색이 들어간 화사한 델프트 블루(1765~1780 제조 추정, 암스테르담국립박물관)
2 델프트 블루 도기(1740~70 제작 추정, 암스테르담국립박물관)

델프트 블루 바이올린
(암스테르담국립박물관)

하기 시작하자, 이에 대항할 경쟁력이 없었던 델프트 도기는 쇠락할 수밖에 없었다.

1750년 무렵부터 델프트웨어는 식탁에 놓이는 그릇이나 접시보다는 주로 미적인 장식용품 생산 쪽으로 흘러갔다. 18세기 말이 되면서 장식용이 아닌 실용 도기는 영국특히 웨지우드과 독일 도자기에 밀려 거의 시장을 잃었다.

그래도 100여 년 동안 '델프트 블루'는 전성기를 누리면서 매우 뛰어난 장식용 도기들을 생산해냈다. 암스테르담국립박물관이 소장하고 있는 저 델프트 도기 바이올린을 보라! 네덜란드가 자랑하는 이 우아한 바이올린은 비록 만든 사람이 누구인지 모르지만, 일세를 풍미한 델프트 블루의 진가를 유감없이 보여준다.

어느 곳에도 없을 델프트 블루만의 독특한 분위기는 지금도 여전히 지속되고 있다. 비록 재질은 자기에 못 미친다고 해도 그들로서는 최선의 선택을 했고, 주어진 여건 속에서 최고의 노력을 통해 최상의 제품을 만들고자 노력했던 것이다.

'델프트 블루' 제품 가운데 가장 유명한 것은 튤립꽂이 화반花盤과 피라미드식 화탑花塔이다. 네덜란드의 또 다른 대표 상품이라 할 수 있는 튤립이나 히아신스 등의 꽃을 꽂을 수 있는 좁고 가느다란 대롱이 서너 개 혹은 예닐곱 개 달려 있는 것이 화반이고, 이러한 화반이 마치 피라미드처럼 층층이 올라가는 탑을 화탑이라 한다. 화탑은 꽃을 꽂는 대롱만 아니면 그 모양이 영락없는 동양의 파고다佛塔, 불탑이다.

청나라 시대 파고다와 델프트 튤립꽂이를 비교하면 한눈에 보아도 매우 닮았

델프트 웨어로 장식한
식탁 풍경

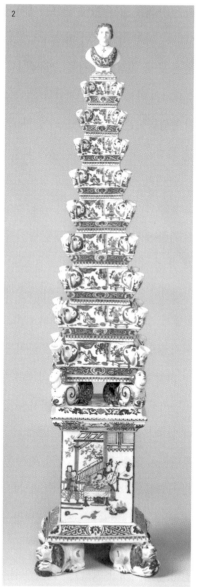

1 청나라 시대 불탑(1765~1770 제조 추정)
2 델프트 튤립꽂이(1692~1700 제조 추정, 암스테르담국립박물관)

다는 사실을 알 수 있다. 델프트에서 층층 누각으로 구성된 튤립꽂이를 구상했다는 사실 자체가 이 파고다에서 얻은 영감일 것이다. 튤립꽂이의 아랫 부분은 중국 가정집 풍경을 그려넣어서 동양의 느낌을 전달하고자 애썼다. 맨 꼭대기의 인물이 서양인이어서 잘 어울리지는 않지만 말이다.

이 튤립꽂이는 높이가 156cm에, 가로와 세로가 각 38cm, 무게가 29kg이나 된다. 튤립을 꽂을 수 있는 기단은 모두 9층으로 이뤄져 있다. 앞의 중국 파고다는 아래와 맨 위를 제외하고 모두 7층 누각으로 구성돼 있다. 그러나 이는 처음부터 이런 모양을 만들어 구운 것이 아니다. 처음부터 완벽한 모양을 만들어 가마에 넣으면 그 무게를 감당하지 못해 주저앉기 쉽기 때문에 보통은 누각 한 층씩 따로 떼어 구운 다음 나중에 이를 합친다. 델프트 튤립 화병도 마찬가지다. 한 칸씩 따로 만들어 나중에 붙인 것이다.

이렇게 까다로운 작업을 거쳐야 했으므로 튤립 파고다는 그리 많은 수가 제작되지 않았다. 실제 이런 대형 꽃꽂이를 세워 놓을 수 있는 장소도 그리 흔하지는 않았을 것이다. 대신 단층의 몸통에 꽃을 꽂을 대롱만 서너 개부터 열 개 미만까지 만든 작품들은 쏟아져 나왔다. 이 제품은 오늘날 네덜란드 어디서나 쉽게 볼 수 있다.

튤립꽂이가 델프트 블루의 대표 상품이 된 것은 당연히 튤립에 대한 네덜란드 사람들의 무한대에 가까운 애정에서 기인했다. 자본주의 역사상 최초의 거품경제로 일컬어지는 17세기 네덜란드 튤립 파동Tulip Mania과 튤립 화반이 만들어진 시기는 정확히 일치한다.

원래 중앙아시아 톈산天山 산맥 일원이 원산지로 알려진 튤립의 세계화는 오

델프트 블루 튤립꽂이와 튤립

1 '델프트 블루' 화반　2 튤립 문양의 16세기 중반 화려한 이즈니크 접시와 술병(프랑스 국립도자기박물관)

튤립을 묘사한 델프트 석기 플라크(1750~1775 제조 추정, 암스테르담국립박물관)

스만튀르크에 의해 이뤄졌다. 오스만튀르크 제국은 세력을 넓히는 가운데 튤립과 만나 순시간에 매료되었고, 몇 종의 튤립을 재배하여 품종을 개량하는 과정을 거치며 점차 튤립이 그림과 그릇, 옷 등의 문양으로 등장하기 시작했다. 튤립에 대한 이들의 사랑은 오늘날 이스탄불에 그대로 남아 있다. 이스탄불 톱카피Topkapi 궁전 하렘의 눈이 부시도록 화려한 이즈니크Iznik 장식 타일이나 이즈니크 도자기에서 가장 빛나는 걸작은 바로 튤립 문양이다.

오스만튀르크에 의해 유럽 가까이 다가온 튤립은 16세기가 되면서 상인에 의해 유럽 각지에 전해졌다. 네덜란드 최초의 튤립 재배는 1593년 플랑드르의 식물학자인 샤를 드 레클루제Charles de l'Écluse, 1526~1609가 레이던Leiden대학교에 초빙되면서 튤립을 가져와 시작한 것으로, 이를 통해 관상용 재배가 점차 확산되었다.

1630년대에 들어와 네덜란드에서는 터키에서 수입한 튤립이 엄청난 인기를 얻기 시작했다. 점차 튤립 구근球根 가격이 하늘 높은 줄 모르고 치솟기 시작했고, 사재기는 물론 미래 어느 시점을 정해 특정한 가격에 매매한다는 계약을 사고파는 선물거래까지 등장했다.

튤립 파동의 정점은 1637년 2월이었다. 현물거래 없이 너도나도 선물거래에 뛰어들면서 튤립은 숙련된 장인이 버는 연간 소득의 10배보다 더 비싼 값으로 팔려 나갔다.

돌연변이의 하나로 보라색과 흰색 줄무늬 꽃을 가진 '센페이 아우구스투스Semper Augustus, 영원한 황제'라는 품종은 애호가들이 가장 선호했기 때문에 구근 하나가 1만 플로린florin◆까지 치솟은 것도 있었다. 이러한 품종들은 개수로 판

◆ 서유럽 최초의 주조 금화인 플로린은 1252년 이탈리아 피렌체(Firenze)에서 시작되었고, 중세의 기축통화를 담당했다. 근대에는 네덜란드의 플랑드르 플로린(Flanders florin)이 유럽 전체의 기축통화 역할을 했다. 1 플로린이 지금의 약 300달러에 해당하니, 1만 플로린이면 3백만 달러에 달하는 거액이다.

스히폴 공항 인근 리세(Lisse) 큐켄호프(Keukenhof) 튤립 농장의 자주색 튤립

매하지 않고 무게를 재어 값을 매겼다. 그야말로 인간 탐욕의 극치였다. 희귀종 튤립 구근 하나로 고급 맨션을 살 수 있었고, 실제로 그렇게 벼락부자가 된 사람들도 나왔다.

그러나 어느 순간 가격이 하락세로 반전되면서 팔겠다는 사람만 넘쳐났으므로 결국 거품이 터졌다. 상인들은 빈털터리가 되었고 영지를 담보로 튤립에 투자했던 귀족들은 하루아침에 알거지가 되었다. 결국 관청이 나서서 모든 계약을 일괄 무효로 하는 것으로 사태가 정리되면서 대다수의 파산자와 극소수의 벼락부자를 남긴 채 튤립 파동의 막이 내렸다.

로열 델프트의
튤립 꽂이

따지고 보면 튤립 파동의 근원은 네덜란드가 해상무역으로 떼돈을 벌었기 때문이다. 황금시대를 구가하게 되면서 여유가 생기자 튤립 같은 꽃에 마음을 빼앗기고 투자도 할 여력이 생겨난 것이지, 먹고사는 데 정신이 없었더라면 관상용 꽃을 위한 구근 하나가 집값을 넘어서는 정신 나간 짓은 벌어지지 않았을 것이다. 물론 그 덕택에 오늘날 튤립이 네덜란드를 대표하는 수출 상품의 하나로 발전할 수 있었겠지만 말이다.

델프트 블루 역시 똑같은 상황으로 이해할 수 있다. 먹고살 만해지자 청화백자를 꼭 빼닮은 '신비의 블루 도자기'에 온통 마음을 빼앗기게 되었고, 너도나도 사들여 식탁과 집 안 치장에 나섰다. 여기에 한술 더 떠서 튤립이 유행의 선두에 나서자 '귀하신 튤립을 모실 수 있는 파란 꽃받침'에 대한 수요가 높아진 것이라 할 수 있다. 여하튼 이렇게 델프트 블루와 튤립은 서로 떼놓을 수 없는 인연으로 맺어졌다.

오늘날 네덜란드 여행자들은 모든 거리의 기념품 가게에서 델프트 블루 튤립 꽂이 화반을 마주치게 된다. 도기로 만든 나막신, 풍차와 더불어 가장 흔히 볼 수 있는 상품이다. 이러한 역사적 배경을 알고 있으면 튤립꽂이 화반이 그냥 평범하게 보이지는 않을 것이다.

1 유리 대롱을 넣은 초기 형태의 튤립꽂이(헤이그시립박물관)
2 델프트 블루 신발(1600~1675 제조 추정, 암스테르담국립박물관)

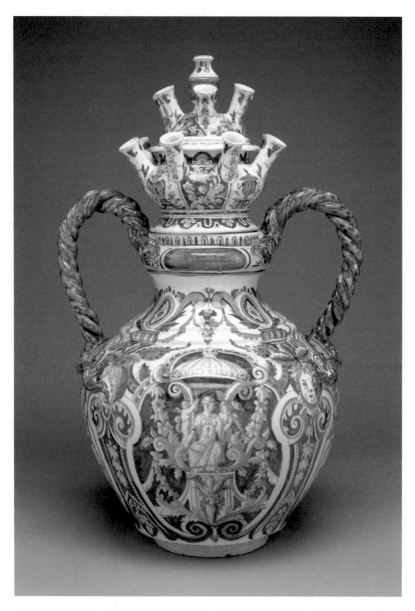

그리스 항아리에 튤립꽂이를 접합한 야심찬 형태의 디자인. 꼬인 뱀 모양의 손잡이와 2층의 꽃 노즐이 달린 덮개를 가진 이 꽃병은 빌럼 3세 판 오라녀(Willem III van Oranje, 1650~1702)와 그의 아내 메리 2세가 공동 통치자였던 시기에 이들을 위해 만들어진 인상적인 델프트 웨어다. 이러한 대담한 디자인의 대부분은 아드리아누스 코크스(Adrianus Kocx, 1687~1701)가 소유하고 있을 때의 '데 그리이체 A(De Grieksche A, 영어로는 Greek A)' 공장에서 만들어졌다. 프랑스 출신인 다니엘 마로(Daniel Marot, 1661~1752)가 1690년에 만든 것이다.

역시 '데 그리이체 A'에서 만든 파고다 형태의 튤립꽃이. '그리스 A'라는 이상한 이름은 앞서 말했듯 델프트의 대형 폭발사고로
불탄 맥주 양조장의 이름을 그대로 쓴 것이다.

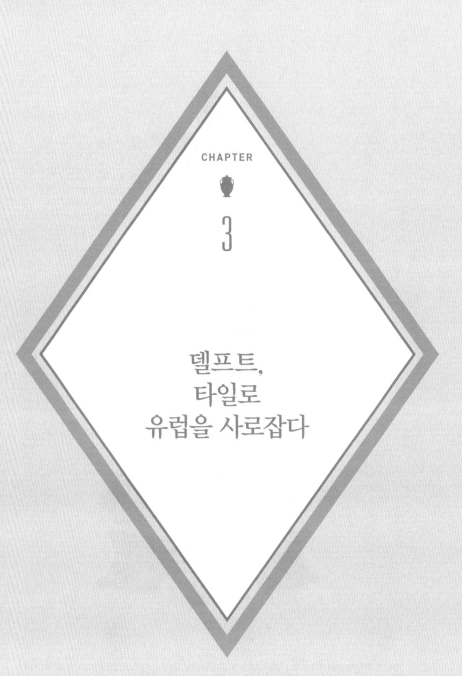

CHAPTER

3

델프트,
타일로
유럽을 사로잡다

델프트가 만든 것에서 빼놓을 수 없는 것은 바로 타일이다. 16세기 초에 마욜리카가 이탈리아에서 이주한 사기장들에 의해 안트베르펜에서 처음 생산되기 시작한 것처럼 타일 역시 이들이 함께 가져온 '최첨단 제품'이었다. 이 당시의 타일은 마욜리카의 영향으로 다채색polychrome 장식 문양이 들어갔는데, 색채는 파랑과 녹색, 자주, 노랑 등이 주로 사용됐다.

그러나 앞에서 말한 것처럼 안트베르펜이 스페인 통치에 들어가고 가톨릭을 제외한 다른 종교에 대해 엄청난 탄압이 이뤄지자 사기장들이 네덜란드와 영국, 독일 등지로 이전하면서 타일 제작의 중심지 역시 델프트와 인근 로테르담으로 이동했다. 또한 1600년대에 접어들면서 타일의 도형 문양은 점차 사라지고 동물이나 병사, 풍차 등 특정 주제를 가진 모티브가 등장했으며, 나중에는 과일과 꽃도 나타났다.

델프트 벼룩시장에 나온 폴리크롬 델프트 타일들

다양한 튤립 문양 타일들

폴리크롬 타일(1690~1730 추정, 암스테르담국립박물관)

앞 사진의 폴리크롬 타일은 매우 흥미롭다. 1690년과 1730년 사이에 만든 것으로 추정되는 이 타일 속 풍경은 중국의 여염집 풍경이나 저잣거리 등 여러 모습을 담고 있는데, 그 사이 사이에 매우 흥겨워 보이는 흑인들이 들어가 있다.

1 병사들의 모습을 회화적으로 표현한 폴리크롬 타일
2 동물들이 등장하는 폴리크롬 타일

이처럼 아라비아 상인도 아닌 흑인이 중국의 저잣거리를 활보하고 다녔을 만큼 청나라 시절의 대외 교역은 활발했을까?

하긴 포르투갈이 아프리카 노예를 수입하여 사고파는 노예시장을 처음 연 것이 1444년이었으니, 흑인들이 유럽 국가들의 대서양 무역 선단에 편입되어 중국에 가는 것이 그리 이상한 일만은 아니다. 어쩌면 당시 아시아와 유럽은 우리 생각보다 훨씬 더 가까이 있었는지도 모른다.

폴리크롬 타일이 코발트블루를 사용한 블루 타일로 바뀐 것은 델프트 블루가 나타난 이유와 같다. 1602년 처음으로 중국 청화백자가 네덜란드에 선을 보인 때로부터 약 20여 년이 지난 1620년께부터 블루 타일이 등장하기 시작했다.

네덜란드가 점점 부강해지면서 델프트 블루 타일에 대한 수요도 증가했다. 초기에는 굴뚝이나 난로 주변, 난간과 계단, 부엌, 창이나 출입구의 상인방上引枋, lintel, 벽과 문 또는 창 사이에 가로놓인 나무나 돌 등에 타일이 붙기 시작했다. 타일에 그리는 그림도 점차 일상생활을 묘사하는 것으로 바뀌었다. 일하는 남녀, 놀이하는 아이들, 배나 말을 타는 남자, 『성경』 속의 다양한 풍경 등이 빈번하게 등장했다. 나중에는 렘브란트 등 유명 화가의 작품을 모델로 하여 그대로 모사한 작품들도 상당수 나오게 된다.

이렇게 델프트 타일이 유명해지면서 1650년께가 되자 해외에서의 주문도 늘어났다. 포르투갈과 그 식민지였던 브라질은 특히 델프트 블루 타일을 좋아했다. 스페인, 프랑스, 독일, 폴란드, 덴마크, 러시아도 블루 타일은 물론 폴리크롬 타일도 들여와 궁전과 성당, 예배당 등의 장식에 사용했다.

1 네덜란드 선단을 묘사한 델프트 타일
2 걸작으로 꼽힐 만한 델프트 장식 타일 벽화

1 2

네덜란드의 유명한 여행가이자 동인도회사 대사를 지낸 요한 니외호프(Johan Nieuhof, 1618~1672)의 중국 여행을 묘사한 델프트 타일. 요한 니외호프는 1655년부터 1657년까지 광둥에서 베이징까지 2,400km를 여행하고 이 경험담을 『동인도회사의 대사(An embassy from the East-India Company)』란 책으로 1669년에 펴냈다. 유럽의 '시노아즈리' 유행을 잘 나타낸 이 타일 도판은 1670~1690년에 제조한 것으로 추정되는 작자 미상 작품으로, 암스테르담국립박물관에서 소장하고 있다.

오늘날 프랑스 베르사이유Versailles의 도자기 궁전Trianon de Porcelaine, 독일 뮌헨의 님펜부르크Nymphenburg 궁전, 러시아 상트페테르부르크St. Petersburg의 멘시코프 Menshikov 궁전, 심지어 튀니스Tunis의 바르도Bardo미술관과 브라질 바이아Bahia 주의 살바도르Salvador 성당 등에는 델프트 타일로 만든 걸작 벽화들이 있다. 타일 제작은 델프트와 로테르담, 하를링언Harlingen 그리고 마큄Makkum에서 주로 이루어졌고, 델프트가 주도한 수출은 1800년대 초까지 계속 이어졌다.

델프트 타일을 좋아한 유럽 국가 중에서도 포르투갈은 정말 예외적이고, 특이한 경우다. 이 나라 전 국토의 거의 모든 성당과 예배당, 왕궁과 귀족의 저택,

유명 관공서와 식당, 기차역 등은 지금도 여전히 델프트 블루 타일로 뒤덮여 있다. 거의 광적이라고 해도 전혀 이상하지 않을 정도다. 그래서 델프트 타일을 직접 사용했거나, 아니면 그 영향을 받아 포르투갈에서 자체 제작한 타일로 만든 주요 걸작은 네덜란드보다 포르투갈에 훨씬 더 많이 있다. 델프트에서 제작한 타일로 만든 가장 넓은 벽화도 포르투갈 리스본에 있다. 바로 '마드레 데 데우스 수도원Madre de Deus Convent, 신의 어

리스본 예배당의 기도하는 모세를 묘사한 델프트 타일 벽화

머니 수도원' 예배당에 있는 벽화다. 이 아름다운 수도원은 포르투갈 마누엘 1세의 주앙 2세João II, 1455~1495의 부인인 레오노르 여왕Leonor, 1458~1525에 의해 1509년에 완성되었다. 이후로 수도원 안에 새로운 예배당도 들어서는 등 증축과 개축을 거듭하여 건물마다 벽에 장식된 아줄레주azulejo♦ 양식이 다르다.

델프트 타일 벽화가 있는 예배당은 1550년에 주앙 3세João III, 1502~1557에 의해 세워졌다. 내부 인테리어는 바로크 양식의 결정판이고, 아줄레주는 1698년에 빌럼 반 더 클로엣Willem Van de Kloet이라고 하는 네덜란드 작가의 손에 의해 완성된 것이다. 벽화가 묘사하고 있는 것은 모세가 '불타는 덤불'을 통해 하느님 계시를 받는 장면, 프란시스코 수도승들이 기도하는 내용 등이다. 이 벽화에서 가장 큰 것은 타일 931개로 이루어져 있다.

이 장소는 1958년 레오노르 여왕의 탄생 500주년을 기념하는 아줄레주 전시회가 열린 것을 계기로 박물관 건립이 추진되어 1970년에 아줄레주박물관으로 공식 개관했다.

이 수도원의 타일 벽화가 증명하듯 페르시아와 시리아 다마스쿠스Damascus 등의 지역에서 그 원류를 찾을 수 있는 블루 타일이 북아프리카와 스페인을 거쳐 이탈리아로 유입되고, 이는 서유럽의 '낮은 국가들'을 거치면서 중국의 영향을 받아 거꾸로 다시 포르투갈로 수출된 것이니 그 전파 경로가 참으로 흥미롭고 함축된 의미를 지닌다.

포르투갈 귀족들 저택에 델프트 장식 타일이 널리 유행을 하게 된 데에는 포르투갈에 타일 공방을 연 두 네덜란드 화공의 영향이 크다. 그 한 명은 바로 위에서 나온 빌럼 반 드 클로엣이고, 또 한 명은 얀 판 오르트Jan van Oort라는 사람

♦ 아줄레주는 '윤을 낸 돌'이라는 뜻의 아랍어 '알 줄라이차(al zulaycha)'에서 온 말이다. 이름의 기원에서 알 수 있듯 태생부터가 이슬람 문명의 소산이다(더 거슬러 올라가면 고대 이집트와 페르시아로 연결된다). 유약을 발라 광택을 내거나 그림을 그려 치장한 도기 소재의 사각형 장식판(타일)을 일컫는다. 더 쉽게 말하자면 장식 타일 혹은 장식 타일 예술이라 할 수 있다.

1 사슴 사냥을 묘사한 '데 트뷔 로메이넨(De Twee Romeinen) 공장'의 1707년 작품(암스테르담국립박물관 소장)
2 서민들의 일상을 묘사한 리스본 상 빈센테(Sao Vincente) 성당의 타일 벽화

이다. 이로 인해 18세기 포르투갈 아줄레주는 거의 델프트 블루 타일로 이루어지게 된다.

포르투갈은 물론 이웃 스페인의 직접적인 영향을 받기도 했으나, 스페인은 폴리크롬과 마욜리카의 화려한 다채색 타일 위주여서 포르투갈과는 분위기가 사뭇 다르다. 스페인과 포르투갈의 광범위한 타일 문화에 대해서는 나중에 다른 책으로 만날 기회가 있을 것이다. 또한 영국과 프랑스에도 델프트 타일로 장식한 저택들이 많이 있으나, 이들에 대해서는 이 책 시리즈의 『유럽 도자기 여행 서유럽 편』을 참조하기 바란다.

델프트 타일은 약 2백 년에 걸쳐 이루 헤아릴 수 없는 양약 8억 장 이상으로 추정한다이 생산되었고, 유럽 전역에서 귀족이나 부호들이 자신들의 집을 치장하는 데 사용했으므로 이러한 성공에 힘입어 영국, 독일, 북부 프랑스, 벨기에 등에서는 이를 흉내 낸 소위 '짝퉁 델프트 타일'을 또 만들어냈다.

동양의 영향을 받은 델프트 폴리크롬(다채색) 타일(암스테르담국립박물관)

이런 영향으로 인해 유럽 각 나라에는 이를 지칭하는 단어들이 모두 있다. 프랑스에서는 '카로 드 델프트carreaux de Delft', 독일에서는 '델프트 플리센Delft fliessen', 스페인과 포르투갈은 '아줄레주 데 델프트azulejos de Delft', 이탈리아는 '피아스테렐레 디 델프트piastrelle di Delft', 폴란드는 '카플레 즈 델프트kafle z Delft', 스웨덴은 '델프트 클라켄Delft klaken', 그리스는 '프라사시아 델프트πλακάκια Delft', 러시아는 '데르프트 리타카Делфт Плитка'라고 불렀다. 네덜란드 말로는 '델프트세 테겔Delftse tegels'이다.

뒤 사진은 독일 뮌헨 님펜부르크 성 바깥 숲속에 있는 파고덴부르크Pagodenburg 궁이다. 제후가 사냥을 하던 도중 잠깐 휴식하기 위해 만든 별장의 거실이다. 이 숲속에는 왕비를 위한 여름 별궁 아말리엔부르크Amalienburg도 있는데, 이 역시 호화로운 폴로크롬 타일로 장식돼 있다. 지역적으로 상당히 멀리 떨어진 뮌헨에서 이렇게 타일을 수입해 실내를 다채롭게 꾸몄을 정도로 델프트 타일은 명성이 높았다. 뒤에서 보겠지만 덴마크와 러시아 왕실 궁전에도 델프트 타일로 장식한 방이 있다.

사실 타일은 깨끗하고 청소가 쉬우며 내구성이 강한 동시에 장식적 효과도 뛰어나다는 점에서는 좋지만, 독일이나 네덜란드처럼 겨울이 길고 추위가 심한 지역에는 별로 어울리지 않는 자재다. 혹독한 추위에 시달려야 하는 러시아는 더더욱 그렇다. 표면이 차가워서 추위를 더 느끼게 만들뿐더러, 한파에 깨질 가능성도 높기 때문이다. 그래서 타일을 건축 자재로 광범위하게 사용하는 지역은 스페인과 포르투갈, 북아프리카, 중동처럼 주로 더위가 심한 지역이다. 그럼에도 불구하고 북유럽에서 타일을 사용한 것은 도자기 수집과 마찬가지

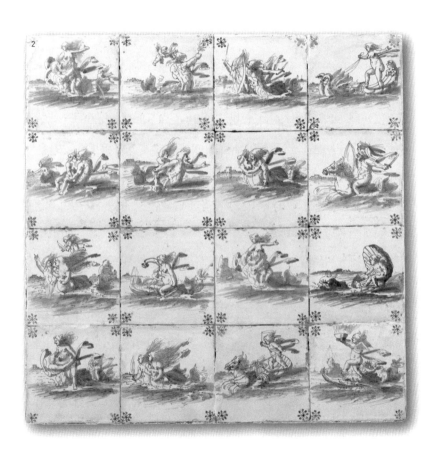

1 독일 뮌헨 님펜부르크(Nymphenburg) 성 숲속의 파고덴부르크
2 신화 속 주인공들의 일상을 묘사한 듯한 타일(1650~1700 제조 추정)

로 역시 내로라하는 사람들의 호사와 과시욕이 부추긴 건축 자재의 유행이라고 볼 수 있다. 네덜란드의 일반 가정집 역시 17세기와 18세기 장식 타일이 지금도 여전히 남아 있는 곳이 많다.

아래 그림은 베르메르와 함께 델프트 화파를 대표하는 풍속화가 피테르 데 호흐Pieter de Hooch, 1629~1684가 그린 「골프 치는 소년」이라는 그림이다. 호흐는 베르메르처럼 중산층 가정의 고요한 실내 풍경을 평온하고 정갈하게 그렸는데, 이 그림은 약간 파격적이다. 17세기 네덜란드의 '내다보기 그림view-through or doorkijkje picture'의 장난스러운 예인데, 특히 피테르 데 호흐가 유명하다. 작은 아이가 뒷마당에서 큰 아이와 골프자치기? 게임을 하다 문간으로 뛰어들며 문을 닫는 듯 놀리고 있다. 꼬마의 장난기 가득한 얼굴을 잘 표현하고 있어 저절로 미소 짓게 만든다.

아래 그림에서 바로 눈에 뜨이는 오브제는 바로 문 옆 델프트 장식 타일이다.

선명하게 보이지는 않지만, 타일로 치장한 벽이 보인다. 이 그림은 델프트 타일이 왕실이나 귀족의 저택뿐만 아니라 일반 가정집에서도 장식용으로 폭넓게 사용되었음을 알려주고 있다.

19세기 후반이 되면서 네덜란드 타일 제조업은 기울기 시작했다. 영국과 독일의 공장에서 타일을

델프트를 대표하는 또 한 명의 화가 호흐의 「골프 치는 소년」

대량생산하는 방식을 델프트의 가
내수공업적 방식이 당할 수 없기 때
문이었다. 게다가 타일보다 훨씬 싼
벽지가 등장해 빠르게 시장을 잠식
해나갔다.

델프트 타일은 마큄, 하를링언, 위트
레흐트Utrecht, 로테르담 등지에서 오
늘날에도 여전히 과거 방식 그대로
만들어지고 있다. 작업 공정은 단순
화되었고 소규모의 가내수공업이지
만 장식 타일의 그림을 넣는 양식과
공정은 옛날 그대로다.

네덜란드에서 델프트 블루웨어와 타
일을 전시하는 곳은 많이 있다. 여러
도시에 흩어져 있어서 한꺼번에 보기
란 매우 어려운 일이겠으나, 암스테
르담 이외의 도시를 방문할 기회가
있으면 잊지 말고 한번 들러보는 것
도 훌륭한 경험이 될 것이다.

TIP

**델프트 블루웨어와 타일을 전시하는
주요 박물관**

도시	박물관(미술관)
알크마르 Alkmaar	시립박물관(Stedelijk museum) -De Nieuwe Doelen
암스테르담 Amsterdam	국립박물관(Rijksmuseum) - zie ook de studiecollectie 빌럿 홀트하위선 (Willet Holthuysen)박물관
델프트 Delft	국립박물관 -Huis Lambert van Meerten
엥크하위전 Enkhuizen	국립박물관 -Het Zuiderzeemuseum
하우다 Gouda	시립박물관 -Pijpen en aardewerkmuseum De Moriaen
하를링언 Harlingen	시립미술관 -Het Hannema Huis
호른 Hoorn	베스트프리스(Westfries) 미술관
레이우아르던 Leeuwarden	프리스(Fries) 박물관/ Het Princessehof 박물관
레이던 Leiden	시립미술관 -De Lakenhal
오테를로 Otterlo	네덜란드 테겔 (Nederlands Tegel)박물관
로테르담 Rotterdam	보이만스 판 보닌헌 (Boymans van Beuningen) 박물관/ 역사박물관(De Dubbele Palmboom)
헤이그 's-Gravenhage	스흐라벤하어('헤이그'의 공식 명칭) 시립미술관

4

'로열 델프트'의
'델프트 블루'

전성기 델프트에는 32개, 인근 로테르담에는 10개의 가마가 있었다. 이 중 오늘날에도 남아 있는 공장은 1653년에 세워진 '로열 도자기 항아리De Koninklijke Porceleyne Fles=The Royal Porcelain Bottle' 회사 하나뿐이다. 흔히 '로열 델프트'라고 불리기 때문에 앞으로도 이 명칭으로 사용하겠다. 회사 이름에 포슬린이 등장하지만, 여기서의 포슬린은 동양의 도자기를 말하는 것이 아니고 자신들이 생산하는 도기와 석기를 지칭하는 것이다.

그런데 이 공장은 이미 1840년부터 델프트의 유일한 가마였다. 그 많던 공장들이 그 이전에 다 사라졌다는 얘기다. 물론 시내 중심부에 몇 개의 공방들이 있었지만, 이는 말 그대로 관광객들을 겨냥해 기념품을 만드는 작은 공방 수준이지 대형 가마는 아니었다.

네덜란드 전체로 보자면 델프트의 이 공장 말고 북부의 프리슬란트Friesland 주 마쿰이라는 도시에 있는 로열 티헬라르 마쿰Royal Tichelaar Makkum이라는 회사가 하나 더 있었는데, 이 공장은 여전히 석기 제품을 생산했다. 로열 델프트보다 더 앞선 1594년에 설립된 이 회사에 대해서는 잠시 뒤에 좀더 알아보도록 하자.

'로열 도자기 항아리 회사', 즉 '로열 델프트'의 초기 주력 제품은 회사 이름에 나와 있는 그대로 조그만 항아리였다. 다비드 안소니츠 판 데르 피스David Anthonisz van der Pieth라는 사람이 설립한 이 회사는 이후 수년마다 한 번씩 주인이 계속 바뀌면서 1800년대 직전까지도 항아리를 주력 상품으로 명맥을 이어 나갔다.

1800년대 이후 석기가 급격히 몰락하면서 이 회사 역시 방향을 잃고 표류하

1 델프트 시내에는 '로열 델프트'와 '로열 마큄'의 대리점이 사이좋게 나란히 있다.
2 '로열 델프트' 공장과 박물관 입구 전경

다가 '델프트 블루'의 부활을 목표로 내건 요스트 소프트Joost Thooft라는 엔지니어가 1876년 새 주인이 되었다. 그는 사람들이 깨지기 쉬운 석기에 대해 더 이상의 신뢰를 갖지 않는다는 사실을 알고 제조 기법을 변화시켜야만 한다는 자각을 하게 된다. 1884년 그는 여러 점토를 섞는 기법으로 백색 영국 석기와 비슷한 강도의 제품을 만들어내는 데 성공했다. 다행스럽게도 1878년부터 1930년까지는 레온 센프Leon Senf와 코르넬리스 튈크Cornelis Tulk라고 하는 걸출한 디자이너들의 활약으로 제품의 종류도 다변화되고, 질도 높아질 수 있었다. 1900년 로열 델프트는 파리 박람회에 채색 도기 패널을 출품하는데 이 작품이 그랑프리를 수상하면서 국제적으로도 명성을 획득했다.

이 회사가 네덜란드 왕실로부터 상호에 '로열'이라는 단어를 사용해도 좋다는 공식 허가를 받은 것은 1919년의 일이다. 이후 '로열 도자기 항아리 회사'는 '로열 델프트'라고 불리며, 그 권위를 유지해왔다. 그래서 공장과 붙어 있는 박물관에서는 유독 왕실과 관련된 작품들을 많이 볼 수 있다.

왕과 왕비의 초상화가 그려진 플레이트는 물론, 베아트릭스 여왕Beatrix, 재위 1980~2013의 1980년 대관식이나 그녀에게 왕위를 계승받은 빌럼 알렉산더르 Willem Alexander 왕의 2013년 대관식, 왕자와 공주의 탄생 등 각종 기념일을 축하하는 플레이트, 심지어 그들이 가지고 놀던 도기 장난감딸랑이까지 있다.

박물관에는 베아트릭스 여왕과 그의 아들 빌럼 알렉산더르 왕의 즉위 기념 플레이트가 나란히 놓여 있는데, 이 두 사람은 영화 같은 러브 스토리로도 유명하다. 먼저 베아트릭스 여왕은 독일의 귀족 출신 외교관이었던 클라우스 공 Claus van Amsberg을 만나 사랑을 하게 되는데, 이로 인해 그녀는 네덜란드 국민들

베아트릭스 여왕의 대관식 기념 플레이트(왼쪽)와 빌럼 알렉산더르 왕의 대관식 기념 플레이트(오른쪽)

의 엄청난 분노를 사게 되었다. 왜냐하면 클라우스 공이 어린 시절 나치의 소년단원이었다는 사실이 드러났기 때문이다.

이로 인해 네덜란드 국민들은 '클라우스 나가라! Claus raus!', '내 자전거 내놔! Mijn fiets terug!' 등의 피켓을 들고 연일 시위에 나섰다. '내 자전거 내놓으라'는 우스꽝스러운 구호가 등장한 연유는 독일이 2차 세계대전 중 전쟁예비물자 확보를 위해 네덜란드의 자전거까지 강탈해갔기 때문이다. 어쨌든 이 같은 반대를 무릅쓰고 베아트릭스 여왕은 결혼을 감행해 연년생으로 아들 셋을 두었다.

여왕이 아들 셋을 연속으로 낳은 것은 참 드문 일이다. 그만큼 그녀가 다복하다고 할 수 있는데, 사람이 모든 것을 완벽히 가질 수는 없는 일이어서 그녀에게도 불행한 일이 생기고 만다. 2002년 남편을 먼저 보내고, 둘째 아들인 요한 프리스코Johan Prisco는 2012년 가족 여행에서 스키 사고로 뇌사 상태에 빠졌다가 결국 숨을 거두었다.

'그 어머니에 그 딸'이 아닌 '그 어머니에 그 아들들'이라고나 할까. 그녀의 첫째 아들인 빌럼과 둘째 요한 모두 결혼 과정이 순탄치 않았다. 빌럼의 부인인 현 막시마Maxima 왕비는 원래 스페인과 이탈리아계 혈통의 아르헨티나 출신으로 뉴욕에서 일하던 투자 은행가였는데, 스페인에서 빌럼을 만나 사랑에 빠졌다.

그런 그녀와의 결혼이 의회에서 문제가 된 것은 그녀 아버지가 아르헨티나 군사독재 정권에서 일했던 전력 때문이었다. 다행히 독재정권에서의 참여도가 그리 심하지 않았다는 판정이 나와 빌럼은 그녀와 결혼할 수 있었고, 그녀와의 사이에 딸 셋을 두고 있다.

둘째 요한은 결국 결혼으로 인해 왕위 계승권과 왕실 가족의 지위를 모두 박탈당했다. 그 이유는 인권 운동가 출신인 부인 마벨Mabel이 과거 학생 시절 마약계의 대부였던 남자와 부적절한 관계였음이 폭로되었고, 의회가 이를 문제삼아 결혼을 반대했는데도 요한이 자신의 지위를 모두 포기하면서까지 그녀와의 사랑을 택했기 때문이다. 미국 출신의 이혼녀 심슨Simpson 부인과의 사랑 때문에 자신의 왕위를 포기하고 동생조지 6세에게 왕권을 넘긴 영국 에드워드 8세처럼 참 낭만적인 남자였나 보다.

네덜란드 왕실은 스페인으로부터의 독립전쟁을 주도한 오라네 나사우Orange Nassau 가문으로부터 출발한다. 네덜란드는 앞에서도 말했듯 1515년부터 스페인 왕인 카를로스 1세의 통치를 받았는데, 1566년에 독립전쟁에 돌입했다. 마침내 네덜란드 연방공화국 선언1579에 이어 오라네 공 빌럼 1세Willem I,

1 베아트릭스 여왕 아들 셋의 출생 기념 플레이트. 왼쪽부터 빌럼(1967), 요한(1968), 콘스탄틴(1969)
2 빌럼 왕의 딸 셋의 출생 기념 플레이트. 왼쪽부터 카타리나(2003), 알렉시아(2005), 아리아네(2007)
3 베아트릭스 여왕과 클라우스 공의 젊은 시절 그리고 왕자들이 가지고 놀던 딸랑이
4 1984년에 제작한 오라녜 공 빌럼 1세 서거 400년 기념 플레이트

1533~1584가 초대 총독이 된 것이 1581년이다. 이후 이 가문의 대공위가 이어지다가 나폴레옹이 패망하면서 런던에 머물던 대공 빌럼 1세가 귀국하여 초대 국왕이 되었다. 베아트릭스 여왕은 6대, 현 빌럼 알렉산더르는 7대 국왕이다.

17세기와 18세기의 로열 델프트는 예술적 수준이 그다지 높지 않다. 비슷한 시기 유럽의 다른 나라 도자기들과 비교해보아도 미학적 가치는 매우 뒤지는 것이 사실이다. 뒤 페이지의 기념 도자기를 보면 그 차이가 더욱 확연해진다.

두 플레이트는 모두 빌럼 5세Willem V, 1748~1806와 빌헬미나 공주Wilhelmina, 1880~1962를 묘사한 것이다. 두 개 모두 오렌지 나무가 둘 사이에 그려져 있는데, 왼쪽 것은 6개, 오른쪽 것은 5개의 오렌지가 매달려 있다. 사기장은 아마 빌럼 5세인지 6세인지도 헷갈린 듯하다. 전통 복장을 입혀놓은 그림의 기법이 너무 달라서 각기 다른 화공의 작품임을 금방 알 수 있지만, 예술적 변별력은 거의 없다.

이렇듯 왕실 기념 플레이트에 오렌지 나무가 등장하는 것은, 네덜란드 독립 영웅인 오라네Orange 가문에서 연유했다는 것이 정설이다. 네덜란드 발음으로는 '오라네'지만, 영어로는 오렌지이기 때문이다. 오늘날 네덜란드 축구 국가대표팀 유니폼이 오렌지색인 것도, 그래서 흔히 '오렌지 군단'으로 불리는 것도 바로 비슷한 연유다. 네덜란드 국기인 삼색기도 한때는 오렌지색이 맨 위에 올라가 있었으나, 1630년 무렵부터 현재의 빨간색으로 바뀌었다.

어쨌든 이 플레이트는 이 제품들이 만들어지던 18세기 후반 유럽 다른 지역의 제품들과 비교해보아도 매우 조악한 수준이라고 말할 수밖에 없다. 현대의 것도 수준이 많이 일취월장했다고 하지만, 헝가리 헤렌드Herend나 독일 마

1 빌럼 5세와 빌헬미나 공주의 기념 플레이트
2 네덜란드의 항해 역사를 기념하는 각종 플레이트

이슨, 덴마크 로열 코펜하겐Royal Copenhagen 등 톱클래스의 제품들과 비교해보
면 많이 부족해 보인다.

그 이유는 여러 가지가 있겠지만, 앞에서도 지적했듯 좋은 바탕흙을 구하기
어려운 한계가 여전히 작용하고 있는 듯하다. 오늘날 로열 델프트웨어는 10여
가지의 원료, 즉 고령토와 백색 석회암, 장석長石, 석영 등을 혼합해서 재료로
삼는다. 그런데 이 원료들을 모두 영국, 프랑스, 체코, 노르웨이 등지에서 수입

해서 사용한다. 또한 가마를 굽는 데 필요한 땔감 또한 이웃 나라들보다 부족하다. 전기 가마는 편리하기는 하지만, 동양 자기에서 만날 수 있는 심오하고 깊은 색감을 드러내기에는 한계가 있다.

그러니 산업이 발달할 수 있는 가장 기초적인 조건에 커다란 결격 사유가 있고 경쟁력에서 뒤질 수밖에 없는 것이다. 로열 델프트가 각종 기념 플레이트 제작에 더 열심이었던 것도, 아마 이런 쪽으로 특화된 지명도를 쌓아보겠다는 노력이 아닌가 싶다.

옆의 각종 플레이트는 네덜란드 항해 역사의 각종 업적을 기념하기 위해 만들어진 것들이다. 앞면이 보이는 것만 왼쪽부터 차례로 보자. 첫 번째 플레이트는 네덜란드에서 아메리카 대륙 뉴잉글랜드New England로 종교의 자유를 찾아 이주한 신교도들의 첫 항해 300주년을 맞아 1920년에 제작한 것이다.

플레이트의 중앙 글자를 보면 '필그림 파더스Pilgrim Fathers'라는 단어가 등장한다. 보통 '필그림스Pilgrims'라고도 불리는 이들은 1620년 미국으로 건너가 플리머스 식민지 초기에 정착한 영국의 청교도다. 이 플레이트의 가장자리에는 "If we ever make a plantation, God works a miracle"이라고 쓰여 있다. 새로운 땅경작지을 향한 이들의 열망이 얼마나 간절한지 알 수 있다.

이들은 제임스 1세의 종교 박해가 있던 1608년 영국 성공회에 반대해 네덜란드로 몰래 도망쳐 한동안 암스테르담과 레이던 등지에서 거주해 살다가 결국 신대륙으로 건너가게 된다. 1620년 9월 16일 102명을 태우고 영국 사우샘프턴 항을 떠난 메이플라워 호는 66일 동안의 힘든 항해 끝에 마침내 11월 21일 지금의 매사추세츠 주 플리머스 부근에 닻을 내렸다.

1609년 네덜란드로 이주했다가 메이플라워 호에 탄 윌리엄 브래드퍼드William Bradford, 1590~1657는 1622년 새 땅에서의 정착 과정을 기술한『플리머스에서의 영국 경작지에 대하여A Relation of the English Plantation at Plymouth』란 책을 쓰게 되는데, 그는 새 정착지의 총독으로 선출된 후 30회나 재선되면서 뉴잉글랜드 초창기를 이끌었다. 후세에 남겨진 '필그림 파더스'라는 단어도 19세기 초 발견된 그의 글에서 '필그림'이란 말을 쓴 것이 주목되어 1820년 메이플라워 200주년 때부터 쓰이게 된 것이다.

두 번째 플레이트는 두 번씩이나 네덜란드 동인도회사의 인도네시아 총독을 지낸 얀 피터르스존 쿤Jan Pieterszoon Coen, 1587~1629의 1619년 자카르타 정복 300주년을 기념하여 1919년에 만든 것이다. 당시는 네덜란드와 영국이 인도네시아 등지에서 향신료를 둘러싸고 치열한 전쟁을 벌이던 때로, 쿤은 자카르타를 둘러싼 영국과의 치열한 전투를 승리로 이끈 일등공신이다. 그러나 쿤은 무자비하고 공격적인 식민지 정책을 펼쳤기 때문에 원주민들에게는 원성의 대상이었다.

쿤은 자카르타를 정복하고 자신의 고향인 호른Hoorn 이름을 빌려와 '뉴 호른Nieuw Hoorn'이라고 부르려 했으나 꿈을 이루지 못하고, 네덜란드는 이 새로운 식민지 도시

'데 리프더'호

를 바타비아Batavia라고 불렀다. 어쨌든 쿤은 오늘날의 자카르타를 만든 사람이라고 할 수 있다. 그는 콜레라로 갑자기 사망했는데, 그의 무덤 역시 자카르타에 있다.

세 번째 접시는 역시 네덜란드 동인도회사의 창립 400주년을 기념하여 2002년에 제작한 것이다. 동인도회사가 당시 세계 질서 재편과 네덜란드의 부국강병에 얼마나 큰 기여를 했는지 굳이 다시 강조할 필요는 없을 것이다.

네 번째 접시는 네덜란드 상선의 일본 상륙 400주년을 기념하여 2000년에 제작한 것이다. 이로 인해 일본이 마침내 근대화의 길로 들어서게 되고, 이는 또 일본이 식민지 경영에 눈을 뜨게 된 계기가 되었으니 우리와도 엄청난 관계가 있는 의미 깊은 역사적 접시라 할 수 있다.

1600년 4월 19일 네덜란드 상선 '데 리프더De Liefde' 호가 규슈 북동쪽 우스키 만에 상륙하면서 일본 도자기의 역사적인 유럽 진출 길이 열렸다. 네덜란드 말로 사랑이라는 뜻의 '리프더Liefde'라는 이름을 가진 이 배는 약 2년 전인 1598년 6월 인도아시아 시장 개척 임무를 띠고 로테르담 항구를 떠난 5척의 배 가운데 유일하게 살아남아 일본에 도착한 배였다.

근대화 시기 일본에게 서양은 곧 네덜란드였다. 홀란드Holland를 지칭하는 '화란和蘭'에서 따와 서양학을 '난학蘭學'이라 부른 것만 보아도 그렇다. 총을 포함해 서구 문명을 일본에 소개한 나라는 1543년 처음 일본에 배를 정박한 포르투갈이었지만, 포르투갈은 너무 지나치게 가톨릭 전파에 매달린 나머지 일본 막부의 반발을 사서 그 기회와 자리를 네덜란드에 내주고 말았다. 포르투갈과 스페인학은 일본에게 '남만학南蠻學', 즉 남쪽 오랑캐의 학문으로 폄하되

었다. '난학'은 1623년부터 1850년대 중반까지 200여 년 이상 일본인들이 서양을 받아들이는 잣대가 되었다.

이후 네덜란드는 규슈 나가사키 현長崎 縣 히라도平戶라는 조그만 섬에 둥지를 틀고 무역을 하다가, 선교 활동을 하지 않는다는 조건을 걸고 나가사키 앞바다의 데지마出島로 옮겨 본격적인 교역 활동을 전개했다. 나중 아리타 도자기 수출이 최대 사업이 된 다음부터는 아리타 옆의 조그만 항구 이마리伊萬里가 네덜란드에게 가장 중요한 장소가 되었다. 지금도 이마리에는 네덜란드와의 도자기 무역 흔적을 느낄 수 있는 곳이 수두룩하게 남아 있다.

그 흔적 중 하나만을 소개하면 도자기를 배에 싣던 이마리 나루터 근처의 시계다. 이 시계는 매시 정각이 되면 종이 울리면서 그림 속의 배가 돛을 펴고 앞으로 간 다음 멈춰 서고 돛을 내린다. 배가 정지하면 사람들이 배에 도자기들을 옮겨 싣는다. 이 작업이 끝나면 돛이 다시 펼쳐지고 배가 움직인다. 이렇게 옛 네덜란드와의 도자기 무역을 상징함으로써 이마리의 명물시계가 되었다. 네덜란드와 일본의 도자기 무역은 나중 이 책 시리즈의 네 번째에 해당하는 『일본 도자기 여행: 규슈의 7대 조선 가마』에서 자세하게 다뤘다.

로열 델프트 박물관에는 이 밖에도 해마다 만든 연도별 크리스마스 플레이트와 크리스마스 종 등 각종 기념 플레이트가 가득하다. 이 중에는 이 회사와 무슨 상관인지 모르겠지만 1957년 첫 위성 발사, 1969년 아폴로 11호의 달 착륙, 1986년 핼리 혜성의 출현 등과 같은 천문학 관련 기념 플레이트도 있다.

1 도자기 무역을 나타낸 이마리 나루터의 명물시계
2 로열 델프트의 연도별 크리스마스 기념 플레이트

로열 델프트의
석기와 타일

네덜란드의 땅에서 나오는 점토로는 공들여 잘 구워봐야 기껏 양질의 석기나 타일밖에 만들지 못하니 그들로서도 참 답답한 노릇이었을 것이다. 기술 혁신을 꽤나 이룬 지금도 이들에게는 동양의 자기 같은 품질이 여전히 숙제다. 로열 델프트 박물관에는 실제로 그런 면모가 엿보이는 뛰어난 석기와 타일 제품들이 전시돼 있다.

옆 사진의 제품은 「에덴 정원」이라는 제목의 석기 장식 패널인데 원래 암스테르담에 있는 한 부호의 집을 장식하기 위해 디자인된 것이었으나, 1902년 튤린Tulin에서 열린 첫 번째 근대 장식예술박람회에 출품돼 금메달을 받았다.

석기 제품은 타일과 또 달라서 묘사를 치밀하게 할 수 있다는 장점이 있다. 따라서 마치 회화처럼 '보는 재미'를 배가시켜준다. 로열 델프트 박물관의 여러 석기 패널들 역시 델프트 블루만 가득 놓여 있는 전시실의 단조로움을 해소시켜준다.

석기라고 해서 장식용 패널과 인테리어 자재만 있는 것이 아니다. 훌륭한 도기 제품들도 있다. 뒤 페이지의 접시와 화병 등은 이 회사의 석기가 그만큼 뛰어나다는 사실을 다시 강조해준다.

로열 델프트의 타일 제품은 매우 뛰어난 수준이다. 특히 네덜란드를 대표하는 명화를 소재로 한 타일 벽화 제조에 일가견이 있음을 보여준다. 가장 대표적인 것은 국민 화가 렘브란트Rembrandt Harmensz, van Rijn, 1606~1669의 대표작인 「야간순찰」이지만, 내 개인적인 취향으로는 바르톨로메우스 반 데르 헬스트

'로열 델프트'의 뛰어난 석기 패널 작품 「에덴 정원」

1 로열 델프트 박물관 2층의 석기 벽화
2 석기 제품은 건축 인테리어 마감재로도 훌륭하다.

석기로 만든 빼어난 그릇들

Bartholomeus van der Helst, 1613~1670가 1648년에 그린 작품 「사냥꾼의 식사거리」가 더 마음에 든다.

헬스트는 한때 정말 잘나갔던 화가였다. 이제 그의 이름을 기억하는 사람은 별로 없지만 17세기 네덜란드에서 그의 민병대 그림은 렘브란트의 「야간순찰」보다 더 인기가 높았으며, 렘브란트가 명성을 잃은 뒤에는 암스테르담의 부자 상인들이 좋아하는 초상화가로 이름을 날렸다. 암스테르담국립박물관에 있는 그의 대표작도 초상화다.

헬스트는 이 그림에서 사냥꾼이 잡아온 여우와 커다란 거위를 거꾸로 매달아 놓은 모습을 묘사하고 있다. 그들이 매달린 벽면은 역시 나무와 산 등이 그려진 타일 벽화다. 고개가 꺾여 축 늘어진 이들의 머리 옆에 사냥총이 무심하게 놓여 있다. 솜씨 좋은 초상화가로서의 진면목이 유감없이 발휘된 역작이다. 이 타일 그림은 1891년 엠마 여왕Emma, 재위 1890~1898, 빌럼 3세의 아내이자 빌헬미나의 어머니이 독일프로이센의 마지막 황제 빌헬름 2세에게 선물로 보낸 것이다. 그만큼 작품성을 인정받았다는 증거다.

1642년 렘브란트는 반닝 코크Banning Cocq 대장이 거느린 민병대 장교들의 단체 초상화를 그려달라는 주문을 받았다. 그는 만찬회에 둘러앉은 장교들의 형식적이고 딱딱한 모습 대신 정오에 성벽 경계를 위해 부대를 나서는 생생한 장면을 선택했다. 바로 그러한 과감한 선택에 의한 생동감이 이 그림을 네덜란드 최고의 작품으로 만들었다. 물론 현대적 시각에서 보았을 때 그렇다는 얘기다.

마치 루브르의 「모나리자」가 그런 것처럼 지금 암스테르담국립박물관에 있는 이 그림 앞에는 항상 관객이 들끓고 있다. 그러나 그림이 그려진 당시는 그의 몰

1 타일로 만든 헬스트의 그림 「사냥꾼의 식사거리」(로열 델프트 박물관)
2 타일로 만든 렘브란트의 명화 「야간순찰」(로열 델프트 박물관)

락을 부채질한, 명성에 금이 가게 만든 작품이었다. 렘브란트는 인물을 배경에서 해방시켜 무대 위 배우처럼 사방에 공간을 가진 독자적 존재로 돋보이도록 노력하고, 명암의 대비를 통해 이를 훌륭하게 그려냈다. 문제는 그에게 그림을 의뢰한 사람들 눈에 이런 구도가 전혀 마음에 들지 않았다는 사실이다.

의뢰인들은 그림 값을 똑같이 나누어 지불하기로 약속했다. 이러한 약속은 그림 속에서 똑같은 비중으로 모습이 나타나길 전제로 하는 것이었다. 누구는 돋보이고 누구는 배경으로 뒤에 처지면 안 되는 것이다. 그들은 개개인의 초상화가 한데 모여 있는 듯한 그림을 원한 것인지도 몰랐다. 그런데 렘브란트는 이를 배격했다. 그 결과 기분이 상한 의뢰인들은 불만을 표시하면서 그림 값마저 지불하지 않으려 했다. 심지어 원래의 전시 장소에 어울리지 않게 그림이 너무 큰 탓에 화가의 동의도 구하지 않고 그림의 일부를 잘라서 불태워버렸다.

그림은 전혀 비례가 맞지 않게 되었다. 게다가 그림이 전시된 방은 대형 토탄 난로로 난방을 했다. 토탄의 연기로 그림에 두꺼운 검댕이 덮여 세월이 흐르자 그림은 까맣게 변했다. 그 결과 18세기에는 이 그림이 한밤중의 출병을 표현했다고 생각했다. 대낮을 배경으로 한 이 작품에 「야간순찰」이라는 제목이 붙은 것도 바로 그 때문이다.

로열 델프트 박물관에 있는 타일 벽화 「야간순찰」은 암스테르담국립박물관의 그것과 같은 크기로 만들었다. 그러니 이를 위해 얼마나 많은 정성을 쏟았는지 알 수 있다.

옆의 타일 초상화는 '황금시대'로 불리는 17세기 네덜란드 미술사 최초의 거장으로 역시 초상화에 뛰어난 재능을 보였던 프란스 할스Frans Hals, 1581~1666의

타일로 만든 「빌럼 판 헤이타위선의 초상」

아이들의 천진무구한 표정이 돋보이는 타일 벽화

대표작의 하나인「빌럼 판 헤이타위선의 초상Portrait of Willem van Heythuysen」이다.
원 그림은 현재 뮌헨의 알테 피나코테크Alte Pinakothek미술관에 소장돼 있다. 프
란스 할스는 명랑하고 경쾌한 화풍으로 그림만 보아도 행복감을 느끼게 만
들어주는 재능이 있었다. 1625년에 그린 이 초상화의 주인공은 하를럼에서
잘나갔던 상인이다.

이 박물관에서 가장 사랑스러운 타일 벽화는 앞서 소개한 대가들 작품과는
전혀 다른 느낌이다. 지면에 보이는 타일 벽화는 박물관에서 공장으로 들어가
는 현관에 있는 것이다. 꼬마들이 등장하는 이 벽화는 매우 정감 있게 다가온
다. 일본 애니메이션「알프스 소녀 하이디」나 미야자키 하야오 감독의 애니메
이션 주인공들이 연상되는 이 타일 벽화 속 꼬마들의 표정은 너무 사랑스러워

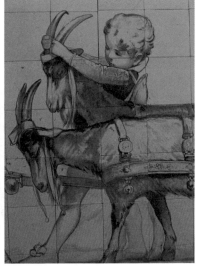

로열 델프트 공장 입구의 타일 벽화

아이들의 천진무구한 표정을 타일로
어쩌면 이리도 잘 묘사했는지.

서 금방이라도 타일을 뚫고 나와 내 품에 안길 것만 같다.

로열 델프트웨어의
변천과 노력들

로열 델프트에게 산업적 용도의 제품을 주문한 첫 번째 의뢰인은 1873년에 설립된 델프트 향수회사인 메종 누에베Maison Nueve이다. 네덜란드에서 가장 오래된 향수 회사다. 당연히 이들은 향수병을 주문했다.

1880년에는 루카스 볼스Lucas Bols라는 회사도 고객이 되었다. 로테르담 교외에서 출발한 이 회사는 무려 1575년에 설립된, 다시 말해 440년이나 된 세계에서 가장 오래된 주류회사다. 지금도 왕성하게 보드카와 진gin을 생산하고 있는, 현존하는 최고의 진 메이커이기도 하다.

이 회사는 17세기 네덜란드 황금기의 최대 수혜자다. 전 세계 네덜란드 식민지에서는 어디에서든 이들의 술이 팔렸고, 이들은 점점 막대한 부를 축적했으며, 나중에는 동인도회사에서도 지분을 갖고 막강한 영향력을 행사했다. 이들이 1664년 처음 제조해 팔기 시작한 술 중 헤네베르genever라고 하는 40도가 넘는 저가의 진이 있다. 볼스가 로열 델프트에 주문한 것도 당연히 헤네베르 병이었다.

런던 드라이진이 유명해서 흔히 진을 영국 술로 생각하는 사람이 많은데, 진은 네덜란드가 원산지다. 1660년 레이던대학의 의사인 실비우스 박사가 약주로 개발했다. 그는 알코올에 노간주나무juniper tree 열매를 담궈 증류해서 해열제로 약국에 판매했다. 명칭은 이 나무의 프랑스어인 '제네브리에genévrier'를 사용했는데 이 말이 줄어서 영국에서는 진이 되었고, 네덜란드에서는 그 나라 발음대로 '헤네베르'가 되었다.

로열 델프트는 중국 청화백자만 모방한 것은 아니었다. 몇 차례 얘기했지만 명나라와 청나라 교체기에 중국 자기의 대외 수출길이 끊기면서 일본 자기를 대량으로 유럽에 수출한 것이 네덜란드였기 때문에, 17세기 델프트는 당연히 아리타 자기, 그중에서도 가키에몬柿右衛門 양식을 모방해 제작했다. 그래서 이 제품들은 흔히 '델프트 이마리Delft Imari'란 이름으로 불린다. 아리타 자기는 모두 인근 항구인 이마리를 통해 수출되었기 때문에 유럽에서는 보통 이마리 자기로 통한다.

17세기 유럽인 눈에는 아마도 화려한 채색 자기인 가키에몬 도자기가 몹시 마음에 들었나 보다. 이 책 시리즈의 첫 번째인 『유럽 도자기 여행 동유럽 편』에서 이미 이야기한 것처럼, 유럽 최초의 경질자기인 마이슨 탄생의 최고 공로자인 폴란드 왕이자 독일 작센 주의 선제후인 프리드리히 아우구스트 1세는 가키에몬 도자기에 반해 이를 미친 듯이 사 모았다. 자신의 기마병 600명을 동양 자기 120점과 맞바꿀 정도로 마니아였던 그는 결국 1728년에 완성한 츠빙거Zwinger 궁전 안에 동양 자기를 모아 전시한 '일본궁'까지 따로 만들었다.

가키에몬은 사카다 가키에몬酒田柿右衛門이라는 사기장이 1643년 일본에서 최초로 완성한 아카에赤繪, 초벌구이한 백자에 붉은색과 금색 등의 도료를 바르고 문양을 그려넣는 기법이다. 여백의 미를 최대한 살려 모란이나 철쭉 등 자연 화초를 그렸는데, 붉은색이 주조를 이루고 있다.

'델프트 이마리'는 자기의 재질을 갖추지 못하면서도 그럴 듯하게 아리타 자기

1 로열 델프트가 제조한 헤네베르 술병과 향수병　2 로열 델프트의 '짝퉁 아리타 자기'인 '델프트 이마리'
3 모양은 중국식, 문양은 일본식의 '델프트 이마리'

를 모방하고 있기 때문에 겉으로만 보아서는 그 구별이 쉽지 않다. 그러나 자
세히 살펴보면 일본 자기가 가진 정교함과 세심함에는 훨씬 못 미친다는 사실
을 알 수 있다.

그러나 그 과정도 순조롭게 이뤄진 것은 아니다. 이미 수차례 얘기한 대로 흙
을 구하기 어려운 문제가 있었다. 이에 따라 그들은 아시아의 흙을 가져다가
시험 삼아 만들어보기도 했다. 어떤 형태의 가마를 만들어 어느 정도의 고열
에서 구워내야 하는지, 코발트 안료는 어떻게 붓칠을 하는지, 유약 처리는 어

가키에몬 13대 후손의 소화 54년(1979년) 아카에 작품(일본 아리타 가키에몬 가마 전시관)

떻게 하는지 등등 지식이 부족했기에 '델프트 이마리'를 만드는 과정도 시련의 연속이었다. 바로 그렇기에 이 짝퉁 도자기의 존재야말로 네덜란드와 일본의 '끈끈한 관계'를 재확인시키는 가장 상징적인 존재다. 내가 로열 델프트 공장을 찾았을 때도 나를 제외한 동양인들은 모두 일본인이었다.

로열 델프트의 '델프트 이마리'는 1750년 이후로 생산을 중단했다가 1902년 이후 다시 만들기 시작했는데, 그것이 바로 '페이나커르Pijnacker'라고 이름이 붙은 제품들이다. 왜냐하면 이 도기 제품들이 아드리안 페이나커르Adriaan

터키블루와 검은색 문양이 어우러져 페르시아 도자기를 연상시키는 '뉴 델프트' 작품들

Pijnacker가 만든 것이라고 잘못 알려졌기 때문이다.

1910년부터 1936년까지만 제작한 '뉴 델프트New Delft'도 있다. 제목이 말해주 듯 이 제품은 색채와 제작 방법에서 기존 것과는 완전히 달랐다. 초벌구이 위에 유약을 바른 다음 다시 그 위에 검게 태운 점토를 덧칠하듯 바르고 다시 투명 유약으로 덮는 방식이었다.

문양 도안은 로열 델프트의 중흥을 이끈 디자이너 레온 센프가 맡았는데, 그는 12세기와 13세기 페르시아 항아리들의 문양으로부터 영감을 얻었다. 초기에는 파랑, 녹색, 빨강을 주된 배경색으로 사용했으나 나중에는 델프트 러스터Delft lustre라고 하는 금속성의 유약을 도입했고, 색채 역시 블루와 터쿼이즈turquoise, 터키블루가 주로 나타났다.

앞장 사진에서 보듯 터키블루, 즉 터쿼이즈는 터키 옥玉에서 보는 듯한 녹색이 감도는 청색으로 16세기 중엽부터 색명사전 등에서 공식적으로 사용한 색채 이름이다. 그러나 이 색은 기원전 이집트와 페르시아 지방의 도기에서도 자주 나타난다. 로열 델프트는 터쿼이즈의 풍부한 색감을 잘 재현해냈으나 1936년이 지나면서 생산을 중단하는데, 그 이유는 2차 세계대전의 발발과 함께 원재료 공급에 차질이 생겼기 때문이다. 로열 델프트는 1950년대에 들어와 매우 세련된 색감을 보여주는 이 제품들을 다시 생산하려고 많이 시도했지만, 여러 이유들로 인해 지금껏 만들지 못하고 있다.

로열 델프트에는 블루만 있는 것이 아니고, 블랙과 그린도 있다. '뉴 델프트 블랙'은 1957년에 처음 생산되었다. 짙은 쥐색의 표면에 홈을 파서 문양을 만들고 그 문양에 안료를 넣는 동양의 상감象嵌 기법을 사용한 이 시리즈는, 델프

1 '뉴 델프트 블랙'. 완연한 일본풍이다.
2 로열 델프트가 회사 창립 325주년 기념으로 내놓은 중국풍 '뉴 델프트 블랙'

트웨어에서 매우 보기 힘든 혁신적인 제품이다. 상감에는 갈색과 노랑, 빨강 안료들을 섞어 사용했다.

제품을 보면 여러모로 동양, 특히 일본의 냄새가 짙게 풍긴다. 역시 네덜란드 와 일본은 떼려야 뗄 수 없는 인연이 이어져 있나 보다. 문양이 벚꽃 아니면 매 화인 듯해서 더욱 그렇다. 그러나 역시 서양에서는 상감 기법이 어려웠는지 작 업이 지속적으로 이어지지 못하고 1960년에 중단되고 말았다. 그래서 '뉴 델 프트 블랙'은 생산 시기가 고작 3, 4년에 불과하다.

그런데 로열 델프트는 검은색에 대한 미련이 남았던지 회사 창립 325주년 기 념으로 1978년에 검은색 제품을 또 내놓는다. 이번에는 일본이 아니라, 중국 풍이었다. 제품을 보면 옻을 칠한 동양 칠기의 느낌이 강하게 풍긴다. 언뜻 보 면 나무로 만든 칠기 제품인 것처럼 보이기도 한다. 이 시리즈는 비교적 최근 인 2009년까지 꽤 오랫동안 생산되었다. 아마도 시장의 반응이 괜찮았던 모 양이다.

1968년에는 헤르만 산더르스Herman Johannes Hendrikus Sanders란 이름의 걸출한 디 자이너에 의해 '뉴 델프트 그린'이 출현했다. '델 베르트Del Vert', 즉 '녹색'이라 고 제목을 붙인 이 도기는 우리 청자나 중국 옥玉 제품을 보는 듯 동양풍 느 낌이 물씬 풍기는 우아함을 지녀 델프트에서 보기 드문 걸작이 됐다. 위의 '델 프트 블랙'과 비교하면 상당한 기술 차이가 엿보인다. 마치 아이와 어른 솜씨 의 차이라고나 할까.

그러나 델프트로써는 이런 종류의 색상을 항구적으로 재현해내기가 어려 워 매우 작은 양만 생산할 수 있었고 결국 1976년에 생산이 중단되고 말았다.

1 뉴 델프트 그린 라인. 동양풍의 세련된 색상을 재현해냈다.
2 추상적인 도형이 돋보이는 '산델포' 라인

1991년에 이를 재현한 제품이 시장에 다시 나왔으나, 동양의 섬세한 옥색을 표현하기 위한 기술 문제가 여전히 해결되지 않아 1994년에 영구적으로 생산을 포기했다.

디자이너 헤르만 산더르스는 1957년에 '산델포Sandelfo'라 이름을 붙인 추상 도형의 제품도 내놓았다. 델프트에서는 매우 보기 드문 형태다. 회색 혹은 검정색의 추상 도형이 그려져 있는 이 라인은 1977년까지 20년 동안 생산되었는데, 도자기 경매에서 비교적 비싼 값에 팔리고 있다. 제품의 양이 많지 않아서이기도 하지만, 그만큼 예술성을 인정받고 있다는 얘기이기도 하다. 산더르스는 로열 델프트에서 1948년부터 1985년까지 일했다.

1973년부터 1976년까지 4년여 동안만 생산한 '델세피아Delsepia' 라인도 '산델포'와 같은 쥐색 문양이 돋보이는 제품이다. '세피아Sepia'는 국내에서 한 자동차 이름으로 사용됐지만, 원래는 검은색에 가까운 흑갈색을 뜻하는 색채 명칭이다. 옛날에는 이 색을 오징어 먹물에서 얻어 주로 수채화를 그리는 데 사용했다. 이름에서 알 수 있듯 '델세피아'는 세피아 색의 도료로 그림을 그린 작품들이다.

사진에서 보듯 '델세피아' 라인은 마치 펜으로 그린 흑백 수채화의 느낌이다. 묵화墨畵에 익숙한 동양의 취향에는 친숙하지만, 화려한 것을 좋아하는 서양인의 눈에는 그리 안 들어올 가능성이 높다. 이 라인을 짧은 기간만 생산하고 곧 중단한 것도 아마 이런 이유가 아닌가 싶다.

1947년부터 1967년까지 이십여 년 동안 생산한 '레드 크라켈레Red Craquelé'도 주목할 만하다. 여기서 '크라켈레'는 도자기 표면의 균열crack을 말한다. 의도적

1 흑갈색 도료로 펜화 느낌을 주는 '델세피아' 라인
2 '레드 크라켈레' 기법으로 만든 델프트웨어

으로 도기 표면에 금이 가게 만들고 이를 강조한 제품임을 알 수 있다.

사실 도자기 제조에서 균열은 매우 중요한 기법의 하나다. 매끈한 표면을 좋아할 수도 있지만, 잔금이 수없이 나타난 그 분위기를 좋아하는 사람도 많다. 고려청자가 대표적인 경우다. 고려청자를 자세히 들여다보면 유약 밑으로 불규칙하게 그어져 있는 수많은 균열들이 보인다. 일정한 규칙도 없고 방향도 없이 미세하게 그어져 있는 그 선들이 어떠한 문양보다 더 매력적으로 작용한다. 이러한 균열은 도자기를 구울 때 흙이 수축되면서 생기는데, '빙열氷裂'이라는 말로 불린다. 마치 얼음판에 그어진 미세한 균열과 같다는 표현이다. 그래서 '빙열 없는 고려청자는 청자가 아니다'라는 말도 나왔다.

도자기의 균열은 2차 소성굽기 때 나타난다. 바탕흙과 유약의 팽창계수가 다를 때, 즉 열이 균일하게 전달되지 않을 때나 자기를 다 굽고 난 다음 냉각할 때 급격한 온도 변화가 일어날 경우 나타나는 현상이다.

로열 델프트의 '레드 크라켈레'는 의도적인 균열을 만들기 위해 3번 구웠다. 초벌구이 다음에 문양과 유약을 칠해서 굽고, 균열 생성을 위한 마지막으로 한 번 더 구웠다. 마지막 단계에서 의도적으로 공기와 접촉시켜 붉은색과 균열을 한꺼번에 만들어내는 것이다. 이러한 기법은 C. 하르토그Hartog라는 디자이너에 의해 개발되었는데, 1965년 그가 사망하고 나자 더 이상 만들 수 없게 됐고 결국 1967년 생산을 포기했다.

델프트웨어의 변천사에서 빼놓을 수 없는 다른 2가지는 '델플로레Delflore'와 폴리크롬이다. '델플로레' 라인은 이름 그대로 귀엽고 앙증맞은 꽃들의 문양이 그려져 있는 델프트 블루로, 1988년부터 1993년까지 생산되었다.

로열 델프트의 '레드 크라켈레'

폴리크롬은 앞서 소개한 대로 화려한 다채색 도기들이다. 이탈리아 마욜리카의 화려한 색감이 이어진 직계 후손으로 델프트 블루가 생겨나기 전인 16세기와 17세기에도 생산되었으니 이 회사로선 일종의 아버지뻘 도기라고 할 수 있다. 로열 델프트에서는 1905년 이후 현재까지 계속 생산하고 있는 '스테디셀러'다. 현재 생산하고 있는 폴리크롬은 옛것과는 비교도 안 될 정도의 진화를 이룩해 매우 세련돼 있지만, 여전히 옛 흔적과 분위기는 남아 있다. 로열 델프트 클래식의 양대 지주라 할 수 있는 폴리크롬과 델프트 블루 제품들을 사진으로나마 구경해보자.

'델플로레' 라인의 화사하고 앙증맞은 꽃 문양

POLYCHROME

현재의 폴리크롬(위)과 옛 폴리크롬 사발(아래)

폴리크롬은 로열 델프트를 대표하는 양대 클래식 중 한 축을 형성한다.

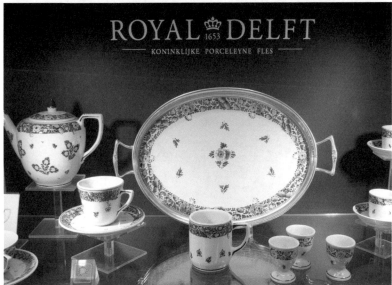

클래식 중의 클래식. 로열 델프트의 델프트 블루 제품들

로열 델프트가 가장 자신 있게 내놓는
청화백자 항아리

10401400

독일 마이슨 도자기가 전시실의 가장 잘 보이는 곳에 청화백자 항아리를 전시해놓았듯, 로열 델프트 역시 그들이 만든 청화백자 항아리를 전시실의 핵심 위치에 진열해놓았다. 그 항아리는 단순한 그릇이 아니라 우리도 이렇게 만들 수 있다는 일종의 자부심을 드러낸다. 그들로서는 엄청난 자존심이 걸린 제품인 것이다.

이 항아리에 대한 미학적 판단은 독자 각자의 몫으로 남겨놓겠다. 다만 한 가지 사실은 알려줘야 할 듯한데, 이 항아리 가격은 무려 6,995유로. 우리나라 돈으로 1천만 원이 약간 넘는다.

로열 델프트를 떠나기에 앞서 2가지 제품을 더 소개하도록 하겠다. 하나는 2011년에 내놓은 'BLUE D1653'이라는 제품군이다. 이는 브랜드 명칭에서도 알 수 있듯 옛 델프트 블루의 제품 일부를 현대적으로 재해석한 제품들이다. 에인트호벤Eindhoven 디자인아카데미 출신인 크리스 코엔스Chris Koens나 아리안 브렉펠트Arian Brekveld 등의 신예 디자이너와 로열 델프트의 컬래버레이션으로 탄생한 이 시리즈는 과거 델프트 블루가 명성을 떨치던 시절의 제품들에서 모티브를 얻은 것이다. 마치 희미한 옛사랑의 추억처럼 노스탤지어를 떠올릴 수 있는 감성을 강조하지만, 디자인적 감각은 실용적이면서 현대적으로 매우 미끈하고 간단하게 처리했다.

에인트호벤 디자인아카데미는 현재 '불완전화음 디자인Imperfect Design'이란 명칭으로 개발도상국이나 신흥시장의 국가 공예인들과의 협업을 통해 이들 지역 전통 수공예품에서 얻은 모티브를 현대적으로 재해석해서 디자인하는 프로젝트를 진행하고 있다. 아리안 브렉펠트의 경우는 최근 베트남 도자기들에

서 얻은 영감을 새로운 도자기 제품으로 선보이기도 했다. 다음은 좀더 자세하게 들여다본 'BLUE D1653'의 제품들이다.

1 델프트 블루의 정수라 할 만한 로열 델프트 플레이트. 국화로 여겨지는 무늬가 현란하다.
2 로열 델프트에 전시한 'BLUE D1653' 제품들
3 과거의 현대적 재해석한, 'BLUE D1653'

한 작품만을 더 소개하고 델프트를 떠나고자 한다. 아래 사진은 로열 델프트가 2013년 11월 '국제 음식 및 꽃 패션쇼'에 출품한 '델프트 블루 드레스'다. 핌 반 덴 아커Pim van den Akker라는 디자이너 작품이다.

사실 델프트 블루의 이미지들이 패션계 톱디자이너나 패션 브랜드의 쇼에 등장한 것은 그리 놀랄 만한 일이 아니다. 2013년 파리 오트쿠튀르haute couture에서도 발렌티노Valentino와 잠바티스타 발리Giambattista Valli가 델프트 블루의 색감을 동원한 드레스 등을 선보였다. 그들은 엄격하면서도 동시에 관능적이었던 당시 시대적 분위기를 델프트 블루라는 이미지를 빌려 나타냈다.

요즘 중국 최고의 디자이너로 꼽히는 구오 페이Guo Pei가 2013년 싱가포르에서 연 패션쇼에서도 역시 델프트 블루가 나타났다. 장쯔이, 판빙빙, 리빙빙 등 중국 톱스타들이 모두 구오 페이의 옷을 입는다. 사진 속에서 모델이 쓰고 있는 부채꼴 모자에는 도자기 하나가 동그마니 앙증맞게 들어가 있다.

로열 델프트의 뿌리에 닿아 있는 조선인 사기장

마지막 정리를 해보자. 2021년 기준으로 '로열 델프트'는 설립 368주년이 된다. 이 공장이 세워진 1653년은 조선 효종 4년 때다. 그해의 역사적 사건 중 하나는 8월에 네덜란드 동인도회사 소속 상선인 스페르웨르 호에 탑승한 하멜 일행이 일본 나가사키로 향하다가 폭풍을 만나 좌초하여 제주도로 온 일이다.

이보다 26년 전인 1627년 5월에도 네덜란드 선원 얀 얀세 벨테브레박연가 상선 우베르케르크 호를 타고 대만으로 향하다가 폭풍을 만나 경주혹은 제주도로 상

1 도기로 만든 델프트의 '블루 드레스'
2 구오 페이가 델프트 블루의 이미지를 빌려 만든 드레스

륙한 일이 있으니 조선이 '아란타阿蘭陀, 네덜란드 오랑캐'를 만나는 '역사적 조우'가 처음이 아니고, 바다 멀리 오랑캐들에 대한 궁금증이 생길 만도 하건만 조선은 바깥세상으로 돌렸어야 할 시각을 차단하고 계속 문을 굳게 걸어 닫았다.

그런데 일본이 마침내 긴 빗장을 열고 본격적으로 해외 선진 문물을 받아들이게 만든 것은 네덜란드 상인이었다. 결국 네덜란드가 일본 도자기를 유럽에 널리 알려 아리타 자기 수백만 점이 유럽에 상륙했다. 우리도 그런 기회가 없었던 것이 아니었건만, 너무나 안타까운 일이다.

더더욱 가슴을 치고 싶은 점은, 아리타 자기는 물론이고 일본이 자기라는 존재를 처음으로 만들 수 있었던 것이 순전히 조선인 사기장 이삼평李參平, ?~1655으로부터 비롯되었다는 사실이다.

임진왜란1592~1598 당시 아리타가 속해 있는 사가 현佐賀縣의 영주였던 나베시마 나오시게鍋島直茂, 1536~1618는 1만 2천 명의 군사를 이끌고 조선 땅에 쳐들어왔

일본 근대화를 상징하는 아리타 도자인형

다가 나중에 다시 일본으로 퇴각할 때 수만 명많게는 10만여 명으로 추산의 사기장을 붙잡아서 일본에 정착시키고 자기를 굽게 만들었다. 이때 일본에 잡혀온 이삼평은 가네가에 산페이金ケ江三兵衛라는 일본 이름을 얻고 자기를 만들기 위해 필요한 고령토를 찾아다녔는데, 마침내 아리타에 있는 이즈미야마泉山에서 태토를 발견해

이곳에 가마를 만들고 일본 최초의 백색 자기를 만들기 시작했다. '로열 델프트'가 가마를 열기 불과 37년 전인 1616년의 일이다.

이후 1643년께 사카다 가키에몬이라는 사람이 유럽인들의 취향에 맞는 화려한 채화茱花 자기로 아리타 3대 양식의 하나인 가키에몬 스타일을 완성했고, 이것이 작센의 군주 아우구스트 1세의 눈을 사로잡게 되어 유럽 전역에 퍼졌다는 사실은 이미 앞에서 이야기했다.

델프트 블루는 일본보다 중국 청화백자의 영향이 더 큰 것이므로, 그 뿌리가 조선에 있다고 말하기는 어려울 수 있다. 그러나 델프트 폴리크롬은 얘기가 다르다. 1650년대부터 네덜란드 동인도회사에 의해 유럽으로 수출된 아리타 도자기는 공식 기록에 의한 것만 해도 100여 년 동안 120만여 점이 넘는다고 한다. 비공식적인 것을 합치면 이 수치의 2, 3배가 넘을 것으로 추정된다. 앞에

아리타에 있는 도조(陶祖) 이삼평 비. 일본인 스스로 '도자기의 조상'이라고 숭상하고 있다.

서 우리는 아리타 자기를 흉내 낸 '델프트 이마리'에 대해 알아보았다. 오늘날 델프트의 명성을 낳게 한 뿌리의 하나는 분명 조선인 사기장 이삼평의 업적과 연결돼 있는 것이다.

TIP

베르메르의 델프트와 '로열 델프트'

델프트 가는 길은 아주 쉽다. 기차를 타는 것이 가장 편한 방법으로 암스테르담 스히 폴(Schiphol) 공항 역이나, 암스테르담 중 앙역, 덴 하그(헤이그) 역에서 갈 수 있다. 암스테르담에서 기차를 타도 어차피 공항 이나 덴 하그를 거쳐 간다. 공항에서는 약 1시간쯤, 암스테르담에서는 1시간 20분쯤 걸린다. 덴 하그와 로테르담 사이에 있는데 어느 쪽이나 20여 분이면 간다.

델프트는 토요일에 가는 것이 가장 좋다. 도 자기를 판매하는 벼룩시장도 구경할 수 있 고, 운 좋으면 밴드가 거리 행진을 하기도 한다. 웬만한 호텔 방은 하룻밤에 거의 30만 원이 넘는 살인적 물가의 암스테르담을 피 해 금요일에 가서 하루 묵고 다음 날 암스테 르담 관광을 하는 것도 괜찮은 방법이다.

델프트 역시 네덜란드의 여느 도시처럼 전 형적인 운하 도시다. 구시가지에도 작은 운 하들이 수로를 형성하고 있어 화려하지 않 지만 운치가 있고 번잡한 암스테르담과 다 른 따뜻한 느낌을 준다.

구시가지는 시청사와 광장(Markt)이 중심 이다. 이곳을 중심으로 가볼 만한 곳이 몰

베르메르 박물관.
맨 위에 '세인트 루카스 길드'라고
쓰여 있다.

려 있다. 광장 서쪽에 있는 시청사는 르네상스와 바로크 양식이 혼합돼 있다. 뒤쪽의 탑은 13세기의 것이지만, 나머지 부분은 17세기 초 화재로 사라진 터에 새로 세운 것이다. 델프트에는 개신교의 신교회(Nieuwe Kerk)와 가톨릭의 구교회(Oude kerk), 두 개의 커다란 교회가 있다. 신구 대립이 치열했던 흔적이다. 화가 베르메르는 구교회에 묻혀 있고, 네덜란드 독립을 이끌었던 오라네 공 빌럼 5세는 1584년 구교회에서 암살되어 신교회에 묻혔다. 시청사 맞은편에 있는 신교회는 대대로 오라네 가문의 가족묘지 역할을 하고 있다.

신교회 근처에는 베르메르 박물관(Vermeer Centrum, Voldersgracht 21번지)과 그가 살았던 집도 있다. 베르메르박물관은 원래 델프트의 사기장들을 공식적으로 인정하고 관리했던 세인트 루카스(St. Lucas) 길드가 있던 건물이었다. 박물관은 3층으로 구성돼 있다.

베르메르가 남긴 작품은 총 32점인데, 모두 이리저리 흩어져 있어서 이곳에 있는 것은 진품이 아닌 프린트 작품이다. 입장료는 8유로이고, 아침 10시부터 오후 5시까지 매일 문을 연다(크리스마스와 1월 1일만 폐관).

이곳에서 멀지 않은 곳에 베르메르가 아내와 11명의 아이들, 장모와 함께 살았던 집도 있다. 1632년부터 1675년 심장발작으로 죽기 전까지 살았던 집이다. 맨 위층은 그가 그림을 그리던 스튜디오였다.

마지막으로 남은 델프트 도기 공장인 '로열 델프트'를 찾아가는 일은 그리 쉽지 않다. 구시가지에서 좀 멀리 떨어져 있고 가는 길도 약간 복잡하다. 일단 델프트 역을 나와 구시가지 쪽으로 향한다. 큰길에 도착하면 오른쪽으로 베스트페스트(Westvest)길을 따라서 걷다가, 후이카데(Hooikade)에서 길을 건너고 운하를 따라 즈이데인데(Zuideinde) 길을 걷는다. 조금 걷다 운하를 건너는 다리가 나오면 다리를 건너 왼쪽 방향 아브츠운트세패트(Abtswoudsepad) 길로 간다. 그 길의 끝 무렵에 공장과 박물관(Rotterdamseweg 196)이 보인다. 자세한 약도는 웹사이트(www.royaldelft.com)를 참조하길 바란다.

델프트 블루 접시로 장식한 '로열 델프트' 박물관 현관의 벽면

TIP

델프트 블루 마케팅

암스테르담 스히폴 공항에 가면 아주 흥미로운 지역이 있다. '네덜란드 가로수길(Holland Boulevard)'이라 이름을 붙인 이곳은 지난 2010년 새롭게 단장해서 네덜란드를 상징하는 것들을 한데 모아놓았다.

델프트 블루 제품을 모티브 삼아 만든 소파가 있는가 하면, 커다란 세라믹 찻주전자에 구멍을 내어 아베크족을 위한 은밀한 쉼터를 만들어놓기도 했다. 마치 가족이나 연인과 함께 놀이공원에 놀러온 듯한 느낌을 주는 콘셉트이다.

또 한편에는 '로열 델프트'의 여러 제품들을 전시해놓고 양쪽에 기다란 테이블을 만들어 책을 읽거나 컴퓨터 작업 등을 할 수 있는 휴게 공간도 만들어놓았다. 이곳을 이용하다 보면 델프트 블루와 저절로 가까워지지 않을 수 없을 것이다.

디자인 관련 학자들은 도시의 매력도를 평가하면서 사람들을 끌어들이는 매력적인 도시 공간 10군데를 의미하는 '10가지 매력'이라는 개념을 자주 강조한다.

도시에 사는 사람들 누구나 늘 가고 싶어 하고, 그 도시를 방문하는 여행자 역시 꼭 들르고 싶어 하는 장소가 열 군데쯤은 있어야 매력적인 도시라는 것이다.

그 장소는 시장, 식당, 미술관이나 공원 혹은 거리 그 자체일 수도 있다. 다만 분명한 사실은 그 장소가 다른 나라의 그것과 비교해 확연하게 구별되며 사람을 이끄는 '그 무엇'인가가 있어야 한다는 사실이다.

유럽의 여러 도시들은 이 개념에 충실하고자 노력하는 것처럼 보인다. 네덜란드는 이런 점에서 매우 특별하다. 암스테르담이 아닌, 네덜란드 지방의 많은 소도시들이 다른 지역과 특화되는 '그 무엇'을 강조하기 위해 많은 노력을 기울이고 있다.

스히폴 공항은 아주 예전부터 그래 왔다. 2002년부터 공항에 갤러리를 만들어, 공항을 이용하는 사람들에게 잠깐이나마 암스테르담국립미술관의 '향취'를 느끼게 만들어주었다. 이곳에 걸리는 그림은 프린트가 아닌 '진품'이다. 이 갤러리는 지금도 여전히 E동과 F동 사이에서 운영되고 있다. 아침 7시부터 저녁 8시까지 언제든 무료로 입장할 수 있다.

저명한 미래학자인 롤프 옌센은 1999년에 이미 그의 저서 『드림 소사이어티』에서 앨빈 토플러가 말하는 정보화 사회 다음 단계의 사회로 드림 소사이어티를 제시한다. 미래 사회는 정보가 아니라 꿈, 상상, 이야기 등이 변화의 축이 되며, 이들이 새로운 권력, 상품, 삶의 형태를 결정하게 된다는 것이다.

그는 지구의 절반 이상인 35억 명의 인구가 도시에 살고 있다며, 도시민들은 여전히 경제적 풍요를 요구하지만 그 이상으로 향상된 삶의 질을 바라고, 도시가 자신의 상

스히폴 공항 델프트 블루 카우치

델프트 블루 제품을 전시해 놓은 휴게 공간

상력을 자극하고 가슴속에 꿈을 심어주기를 희망한다고 강조한다. 결국 사람들이 도시에 바라는 마지막 단계는 감성 욕구의 충족이라는 얘기다. 이 점에 있어서 스히폴의 '홀란드 블루바드'는 아주 성공적인 역할을 수행하고 있다. 여행자들의 감성 욕구도 충족시키면서 동시에 자신들의 브랜드 마케팅을 확실히 성공시키고 있으니 말이다.

우리나라 인천공항도 군데군데 우리나라 전통문화를 알리는 공간을 만들어놓았다. 가끔씩 공연도 하고, 퍼포먼스도 벌인다. 예전에 비하면 '국가 브랜드 마케팅'의 수준이 많이 올라갔다. 그럼에도 뭔가 거리가 있다는 느낌이 드는 것은 이들 마케팅이 관광객의 일상에 녹아들어가는 '체험형'이 아니라, 여전히 일방적인 '푸쉬(push)형'인 듯하기 때문이다.

이런 점에서 네덜란드 국영 KLM 항공사가 벌이는 '델프트 블루 하우스 마케팅'도 눈여겨볼 만하다. KLM은 1950년대부터 비즈니스 클래스 이상의 모든 고객에게 '로열 델프트'가 만든 도기 미니어처를 선물로 주고 있다. 이 미니어처 안에는 술, 즉 네덜란드가 자랑하는 품목의 하나로 진의 일종인 헤네베르가 들어 있다. 앞서 우리는 루카스 볼스라는 세계 최고의 진 메이커가 1880년에 로열 델프트의 고객이 되었다는 얘기를 들었다. 1950년대 국제항공 규정에 의하면 75센트가 넘는 선물을 승객들에게 줄 수 없도록 돼 있었다. KLM은 규정을 어기지 않고 고객들에게 뭔가 좋은 추억을 남길 방법을 고민한 끝에 미니어처 안에 헤네베르를 담아주기로 결정했다. 이를 볼스와 계약했으니 자연스레 로열 델프트와도 연계가 된 것이다. 물론 지금은 볼스 진보다도 델프트 블루 하우스의 인기가 훨씬 더 크지만 말이다.

KLM 설립일인 10월 7일을 기념해 나눠 주기 시작한 이 미니어처는 설립일마다 '새집'을 만드는데, 이는 네덜란드 전역에 실제로 있는 집들을 모델로 삼는다. KLM 항공사는 2019년이 설립 100주년이었다. 이를 기념하기 위해 KLM이 새로 추가한 100번째 집 미니어처는 바로 1645년에 완공한 '하우스텐보스(Huis ten Bosch, 숲속의 집) 왕궁'이다. 원래 프레드릭 왕세자와 아말리아 세자비의 여름 주거지 용도였던 이 왕궁은 1981년 이후 왕실 주거지가 되었다. 현재는 빌럼 알렉산더르 국왕과 막시마 왕비, 그들의 세 딸이 살고 있다.

'하우스텐보스'는 네덜란드 거리를 재현한 일본 나가사키 현 사세보의 테마파크 이름이기도 하다.

KLM 항공의 100번째 델프트 집 미니어처 하우스텐보스 왕궁

KLM의 도자기 집 미니어처 컬렉션. 2020년에 101번째가 나왔다.

프리슬란트의 자랑
'로열 마큄'과
'프린세스호프 박물관'

네덜란드 북쪽의 대제방은
마치 바다 한복판에 열린 현대판 모세의 길처럼 느껴진다.
왼쪽의 거대한 바다가 바덴 해고,
왼쪽은 간척으로 생긴 에이설 호수다.

암스테르담에서 북동쪽을 향해 자동차로 약 40여 분만 가면 무려 32km에 달하는 거대한 제방이 나온다. 홀란드 크룬Hollands Kroon 주에 속하는 덴 우에 버Den Oever라는 곳과 프리슬란트 주 마쿔이라는 소도시를 연결하는 이 대제 방Afsluitdijk은 마치 우리나라 서산 간척지처럼 바다를 메워 땅을 넓히려는 네덜 란드 인들의 노력이 결실을 본 것이다.

1927년부터 1932년까지 자위데르제이Zuiderzee 만을 막아 해발 7.25m 높이에 넓이 90m로 연결한 이 제방으로 인해 안쪽으로는 에이셜IJssel이라는 이름의 거대한 호수가 생겨났다. 물론 이 호수는 점점 매립되어 언젠가는 육지로 변할 것이다. 그러나 너무 넓어 바다처럼 보이기 때문에 이 제방을 달리다 보면 마치 모세가 기적을 일으킨 바다의 한복판을 지나가는 느낌이 든다.

이 제방을 건너면 나오는 마쿔에 네덜란드에서 제일 오래된 도기 회사 '로열 티 헬라르 마쿔'이 있다. 이 회사는 1960년에 회사 창립 300주년 기념일을 맞아 '로열'의 칭호를 얻었다. 이로 따지면 1660년이 회사를 설립한 해가 된다. 그런 데 나중에 조사해보니 이보다 더 오래된 것이 드러나, 회사 창립 400주년 기념 식은 1994년에 치렀다. 1594년에 회사를 설립한 것으로, 델프트의 '로열 델프 트'보다도 59년 앞섰다는 얘기다.

재미있는 일은 이 회사가 1572년에도 존재하고 있었음을 보여주는 지도가 2007년에 새롭게 발견되었다는 사실이다. 1572년에 제작된 스페인의 한 고지 도가 마쿔의 벽돌공장을 표시하고 있었던 것이다. 이로 따지면 이 회사 설립은 최저 22년이나 더 뒤로 거슬러 올라간다. 창립연도가 1660년에서 1594년으로 바뀌었는데, 이제 또 정확한 연도를 모르는 채 '1572년 이전'이라고만 표기해

야 할 판이다. 이래저래 이 회사가 네덜란드에서 가장 오래된 벽돌과 타일, 벽
난로, 도기공장이란 사실만은 분명하다.

남아 있는 문서로만 보자면 1689년에 티헬라르 가문이 프레이르크 얀스Freerk
Jans라는 벽돌공으로부터 이 공장을 사들였다. 이후로 티헬라르 가문이 쭉 회
사를 경영해오고 있다. 18세기와 19세기를 거치면서 이 공장은 타일과 부엌에
서 사용하는 접시 생산에 주력했다. 그런데 수요가 점차 줄어들자 1865년부
터는 장식용 도기를 만드는 쪽으로 생산 라인을 바꾸었고, 지금까지도 이 전
통이 이어지고 있다.

바다와 접해 있는 북쪽의 황량한 소도시에 벽돌공장이 생긴 이유는 무엇일

까? 그 해답은 빙력토氷礫土,
boulder clay라 불리는 빙하 퇴
적물과 관계가 있다. 예부터
이 지역은 빙하에 의해 운반
된 점토가 쌓이는 곳이었다.
그리하여 외곽에만 나가면
언제든지 많은 양의 점토를
구할 수가 있었기에, 벽돌을
굽기에 알맞은 조건이었다.
대제방을 쌓는 데도 바로 이
점토가 사용되었다.

그러나 바다에서 구한 점토

'로열 마큄'의 블루 타일 벽난로와 주황색 도기

1772년에 제작된 로열 마큄의 도기 주전자. 델프트 블루의 특징이 잘 살아 있다.

를 도자기 재료로 쓸 수 있겠는가? 그러니 자연히 타일이나 벽난로를 만들 수밖에 없었던 것이고, 나중에 가서야 로열 델프트처럼 초벌구이 위에 흰색의 유약을 입혀서 마욜리카를 구울 수 있었다. 그래서 '로열 티헬라르 마큄'에서 나오는 도기 역시 일류 수준은 아니었다. 플레이트나 항아리 등도 대단한 미학적 수준을 보여주지는 않는다.

그럼에도 불구하고 지금 유럽에서 '로열 마큄'의 지명도와 인기는 매우 높다. 왜 그럴까? 그것은 바로 이들이 자신들의 한계를 극복하고자 많은 예술가와의 협업을 통해 고품격, 고난이도의 프로젝트를 성공적으로 진행하고 있기 때문이다. 마큄은 유명 디자이너들과 함께 도기를 응용한 협업을 지속적으로 진행해왔다. 헬라 용에리위스Hella Jongerius, 1963~, 스튜디오 욥Studio Job, 스튜디오 마킨크 & 베이Studio Makkink & Bey 등의 디자이너들과 함께한 작업들 덕분에 마큄은 '독창적인 도자 제품'을 주도하는 브랜드로써 세계적인 명성을 쌓아 올렸다. 이 책에서 이 회사를 이렇게 특별히 언급하고 있는 까닭도 바로 그 때문이다.

뛰어난 장식성을 보여주는 타일 외벽의 흐로닝언박물관

그러면 마큄의 명성을 올려준 몇 개의 프로젝트들을 살펴보기로 하자. 우선 암스테르담에서 자동차로 2시간 거리에 있는 도시 흐로닝언Groningen에 흐로닝언박물관이 있다. 이 박물관은 내외부 장식으로만 말하자면 '타일에 의한, 타일을 위한, 타일의 박물관'이다. 내부 전시물이 그렇다는 얘기가 아니라, 겉으로 보이는 특징이 그렇다는 얘기다.

흐로닝언 시는 1994년에 박물관 재건축을 추진했는데 디자인은 이탈리아 건축가이자 디자이너인 알레산드로 멘디니Alessandro Mendini가, 타일 제작은 마큄이 맡아 2010년에 완공했다.

이 작업을 진행하면서 멘디니는 여러 기술적 요인에 의해 마큄에게 120cm× 120cm 크기의 타일과 새로운 색채의 조합을 요청했다. 바로 건물 외벽을 덮을 타일이었다. 그러나 마큄은 그 이전까지 그렇게 큰 크기의 타일을 한 번도 제작해본 적이 없는지라, 타일 제작의 전통 기술을 획기적으로 발전시켜야만 했다. 타일 표면의 색채 역시 기존의 방식을 버리고 실크스크린 방식을 새롭게 도입해서 까다로운 건축가의 요구를 충족시켜줄 수 있었다.

흐로닝언박물관은 외부도 아름답지만, 일단 안으로 들어서면 더욱 화려하고 다채로운 타일의 향연을 펼쳐 보인다. 달팽이관처럼 생긴 계단과 전시실 등 기하학적 동선을 살린 구조에 현란한 색채 타일이 적절하게 어우러져 어디에서도 보기 힘든 장면들을 연출해낸다.

실내 타일 작업도 쉬운 것만은 아니었다. 건축가 멘디니는 실내 타일에 다채로운 색감을 연출하기 위해 UV 전구를 사용했는데, 이 전구를 사용할 때의 단점은 타일 고유의 색깔이 변색될 수 있다는 사실이었다. 그래서 멘디니는 마큄에

박물관 내부는 기하학적 디자인과
타일이 어우러져
보기 드문 스펙터클을 연출한다.

UV전구의 자외선에도 견딜 수 있는 타일을 요구했고, 마큄은 이를 위해 또 한 번 기술 혁신을 이뤄야만 했다. 멘디니는 마큄과의 협업에 대해 나중에 이렇게 표현했다. "나는 내 삶에서 좀더 일찍 티헬라르 마큄을 만나야만 했다."

박물관 건물의 미학적 진화는 암스테르담에서 1시간 거리인 즈볼러Zwolle 시 박물관에서도 확인할 수 있다. 즈볼러 시는 1840년에 지어진 법원 건물을 박물관으로 사용하려 했으나 건물이 너무 협소해서 박물관으로 그냥 사용하기에는 부적합하다는 판단에 따라 지난 2011년 확장 공사를 의뢰했다.

디자이너는 휘버르트 얀 헹컷Hubert-Jan Henket라는 건축가였는데, 그는 건물 자체가 지닌 클래식한 외형과 극단으로 대비되는 새로운 건물의 증축을 맡았다. 그런데 그의 디자인을 충족시킬 수 있는 건축 자재로 세라믹이 필수적이라는 판단이 나왔고, 결과적으로 이 부분을 마큄이 맡았다.

마큄과 헹컷은 과연 어떤 세라믹이 타원형 건물 외벽에 잘 어울릴 수 있을 것인지 수십 번 토의를 해야만 했다. 이에 따라 각이 세워진 외형에 옅은 파랑색이 배치돼 있는 하얀 광택의 타일을 사용하기로 최종 결정했다. 2가지 크기의 타일을 무작위로 배치함으로써 시시각각 변하는 하늘의 모습을 다채롭게 반영하고자 노력했다. 마치 거대한 UFO가 그리스 신전 위에 내려앉은 듯한 외형의 새 건물에는 1,340㎡의 넓이에 5만 개 이상의 타일이 사용되었다.

헬라 용에리위스, 스튜디오 욥, 스튜디오 마킨크 & 베이 등과의 협업은 매력적이고 뛰어난 마욜리카 제품을 만들어냈다. 마큄이 이들과의 작업을 통해 탄생한 제품들을 처음으로 선보인 것은 2003년 밀라노 가구 박람회였다. 이 작업의 이름은 '새로운 것은 없다Nothing New'. 그것은 전통의 공정에서 혁신적

1 법원 건물을 확장한 즈볼러 시의 퓐다티(Fundatie)박물관
2 타일로 만든 구조물로 인해 박물관이 마치 거대한 UFO 같다.

이고 매력적인 그 무엇인가를 찾아 선보이는 순례자의 길과 같았다. 이들은 새로운 유약과 새로운 장식 기법을 통해 '오래된 것의 재탄생'을 훌륭하게 작업해냈다.

스튜디오 마킨크 & 베이의 위르헨 베이Jurgen Bey, 1965~가 디자인한 차와 커피를 위한 '미니츠Minutes' 서비스는 원래 마쾸이 가지고 있던 몰드주형와 장식들을 새롭게 조합한 것이다. 베이는 도자 작업의 진행 과정에 대한 완벽한 이해를 토대로 전통적으로 사용되었던 숯가루 대신 소성 다음에 영구적으로 지속되는 회색 유약을 사용하여 마쾸에 새로운 통찰력의 세계를 제공했다.

그는 자신의 작업 뒤에 다른 사기장으로 하여금 몇 분간 도기 장식을 추가하도록 하는 독특한 과정을 거쳤다. 그 추가 작업이 쓸모가 있든 없든 말이다. 이 서비스의 이름이 '미니츠'인 것은 핸드페인팅 작업이 몇 분 추가되어서이기도 하지만, 개개인의 노력에 대한 대가이기도 하다. 제작에 시간이 더 추가되었기 때문에 더 값어치가 있는 것이다.

위르헨 베이와 리안 마킨크Rianne Makkink, 1964~는 지난 2002년 로테르담에 공동 스튜디오를 열었다. 이후 이들은 각종 디자인 관련 각종 상들을 휩쓸면서 그 명성을 쌓아 올렸다. 물론 이들의 디자인은 도자에 국한된 것은 아니고 건축, 전시, 공공 공간 프로젝트, 응용예술 등 매우 다양하다. 리안 마킨크는 작품 속에서 네덜란드가 지닌 공예의 전통에 대한 확고한 신념을 표출하고 있다.

이들과 헬라 용에리위스은 모두 에인트호벤디자인아카데미와 긴밀하게 얽혀 있다. 위르헨 베이와 헬라 용에리위스는 이 학교 출신이고, 리안 마킨크는 델프

1 위르헨 베이의 '미니츠 서비스'
2 '미니츠 서비스'는 옛 전통의 새로운 구현이다.

트에서 학교를 나왔지만 현재 이 학교의 교수로 일하고 있다.

헬라 용에리위스는 졸업 후 1993년 로테르담에 '용에리위스랩Jongeriuslab'이라는 스튜디오를 열었다. 항공사 KLM, 스웨덴 가구회사 이케아IKEA, 스페인 신발회사 캠퍼Camper, 독일 도자기회사 님펜부르크Nymphenburg, 스위스 가구회사 비트라Vitra, 뉴욕 텍스타일회사 마하람Maharam 등이 그녀의 고객이다. 그녀 작품은 뉴욕, 파리, 런던 유수의 갤러리와 박물관 등에 전시돼 있다. 2008년에는 스튜디오를 베를린으로 옮겼다.

마큄과의 공동 작업은 300가지 색깔의 꽃병을 표현한 '장식물Centre Piece', '순간이 아닌Non Temporary' 시리즈와 '수프 세트' 등이 있다. 마큄이 그녀에게 주문했던 것은 19세기 말까지 대량으로 생산되었던, 네덜란드 인들의 일상생활에서 매일 쓰였던 거친 장식의 접시들이었다. 그것은 마큄의 역사에서 한때 매우 중요한 부분을 차지했던 마욜리카 식기들이었으나 마큄이 좀더 세련된 파이앙스로 나아갔을 때 사라진 것이기도 했다.

'장식물' 시리즈는 10가지 천연 유약 성분과 100가지 인위적인 합성 색채를 조합하여 300가지의 서로 다른 폴리크롬 색채를 만들어낸 것이다. 이 시리즈의 '300가지 색깔 꽃병'은 2010년 10월 로테르담에 있는 보에이만스 & 뵈닝언 Boijmans van Beuningen 박물관에서 열린 헬라 용에리위스의 첫 회고전에서 처음으로 선보였는데, 그야말로 잊을 수 없는 걸작이 되었다.

다음은 스튜디오 욥의 2009년 제품인 '마지막 만찬Last Supper' 시리즈다. 모두 13점의 한정판 서비스인 '마지막 만찬'은 이름부터 그러하듯 예수의 마지막 만찬과 성서에서 영감을 얻어 이를 상징화한 작품이다.

1 스튜디오 마킨크 & 베이의 도자 작품
2 헬라 용에리위스의 '장식물' 시리즈

1 헬라 용에리위스의 '순간이 아닌' 시리즈
2 헬라 용에리위스의 '300가지 색깔 꽃병'
3 헬라 용에리위스의 '장식물' 시리즈 중 빨간 꽃병 모음

작품은 사진에서 보듯 매우 독창적이고 특별한 색채의 화사한 세계를 보여준다. 그러나 전통적인 마욜리카 기법은 나타낼 수 있는 색채에 한계가 있었으므로 마큅은 디자이너가 원하는 색을 구현해내기 위해 또 한 번의 기술적 혁신을 이뤄야만 했다.

스튜디오 욥을 이끄는 신예 디자이너는 욥 스메이츠Job Smeets, 1970~와 닝커 튀나헐Nynke Tynagel, 1977~인데, 이들 역시 에인트호벤디자인아카데미에서 서로 만난 사이다. 스메이츠는 1998년 아카데미를 졸업하자마자 스튜디오를 만들었고, 튀나헐은 2000년에 졸업하면서 합류했다. 초창기에는 과도한 상징주의symbolism라는 악평을 받았지만, 얼마 지나지 않아 디자인계의 주목을 받으며 각종 상을 휩쓸면서 세계적인 디자이너로 부상했다.

마큅 이외에도 유리공예 회사 베니니Venini, 이탈리아 명품 타일 회사 비사자Bisazza, 불가리Bulgari, 로레알L'Oréal, 네덜란드의 세계적 디자인 가구회사 모오이Moooi, 출판사 리졸리Rizzoli, 스와로브스키Swarovski, 벨기에 크리스탈 회사인 발생랑베르Val Saint Lambert 등이 스튜디오 욥의 고객들이다. 스튜디오 욥은 네덜란드뿐 아니라 벨기에 안트베르펜에도 지점이 있다.

그러나 마큅이 여러 프로젝트 가운데서도 가장 자랑스럽게 여기는 업적은 아마도 튤립꽂이, 즉 꽃 피라미드를 복원한 일일 것이다. 암스테르담국립박물관은 마큅에게 1695년에 제작되어 17세기 말이나 18세기 초까지 사용되었던 두 개의 꽃 피라미드를 복원해달라고 요청했다. 이 꽃 피라미드는 델프트의 '더 흐릭스허 ADe Grieksche A'라는 회사가 만든 것으로 전례없이 뛰어난 품질의 것이었다.

1 한정판 도기 '마지막 만찬' 세트의 항아리   2 '마지막 만찬' 시리즈는 13개 작품으로 구성돼 있다.

마큄은 이 300여 년 전의 회사와 동일한 기술을 사용하고 있었지만, 원 제품과 같은 품질을 만들기 위해 무려 2년의 시간을 들여야 했다. 마큄은 완벽한 사전 조사를 통해 재료, 가마의 온도는 물론 온도 변화, 가마가 위치한 환경 등까지 맞춰서 원래의 꽃 피라미드에서 사라진 4개의 부분을 진품에 최대한 가깝게 재생하는 데 성공했다. 그리하여 마침내 2007년 암스테르담국립박물관에 복원한 꽃 피라미드를 납품할 수 있었다. 마큄은 2008년에는 4개의 새로운 꽃 피라미드를 만들었다. 이 회사의 역사에 새로운 한 페이지를 쓰는 순간이었다.

스튜디오 욥과 마큄의 합작 작품인 '정물화' 시리즈

암스테르담국립박물관에 있는 꽃 피라미드는 마큄이 복원한 것이다.

마큄이 프리슬란트를 대표하는 도자기 회사라면, 주도州都인 레이우아르던
Leeuwarden에는 이 지역을 대표하는 도자기박물관 프린세스호프Princesshof가 있
다. 프리슬란트 주가 네덜란드의 12개 주 가운데 문화적으로 가장 독립적이기
때문에, 이 박물관은 지역문화 거점으로 그만큼 중요하다. 이들은 프리슬란
트어라는 공식 언어를 사용한다. 주민 65만여 명 중 45만여 명이 사용하며, 이
중 36만여 명이 원주민이다.

이 박물관 이름이 '프린세스호프'가 된 이유는 1693년에 지어진 이 건물을 오
라네 가문의 미망인 마리 루이지Marie Louise, 1688~1765 왕비가 1731년에 구입해
이후 계속 사용했기 때문이다. '호프'는 왕실을 뜻한다.

마리 왕비는 카를 1세 폰 헤센 카젤 백작Karl von Landgrave Hessen-Kassel의 딸로 오
라네 가문의 요한 빌럼 프리소Johan Willem Friso, 1687~1711 왕자와 결혼했으나, 남편
이 갑자기 익사 사고로 숨지는 바람에 1711년 아들 빌럼 4세Willem Karel Hendrik
Friso, 1711~1751의 섭정 모후가 되었고, 빌렘 4세마저 일찍 사망하는 바람에 손자
빌렘 5세의 어린 시절까지 섭정했다.

마리 왕비가 이 왕궁으로 이주할 때 그녀는 상당한 양의 도자기들을 가져왔
고, 이후 이들은 박물관 소장품이 되었다. 특히 바로크 스타일 식당인 '나사우
카메르Nassau kamer'의 컬렉션을 구성한다.

그녀가 사망한 후 건물은 세 등분으로 나뉘었고 그중 하나는 지역 유지로 공
증인이자, 미술품 수집가였던 난네 오테마Nanne Ottema, 1874~1955가 구입해 아내
Grietje Kingma의 이름을 넣은 오테마-킹마Ottema-Kimgma 재단을 만들어 1917년
박물관을 설립했다.

HET WERELDSUCCES VAN NEDERLANDSE KERAMIEK
THE GLOBAL SUCCESS OF DUTCH CERAMICS

MADE IN HOLLAND

프린세스호프 박물관에서는 2018년 6월부터 2019년 6월까지 네덜란드 도자기 역사 400년을 망라한 '메이드 인 홀란드(Made in Holland)'전을 열었다.

마리 루이지 왕비의 컬렉션을 전시하고 있는 프린세스호프 박물관의 바로크 스타일 전시실 '나사우 카메르'

박물관은 이 왕궁과 연결되는 건물인 15세기에 지어진 파핑가Papinga 성채를 같이 사용한다. 박물관에는 프리슬란트를 대표하는 도자기와 타일, 중국을 위시한 동양과 이슬람 도자기가 상설 전시되고 있고, 각종 특별전도 열린다. 2021년에 열리는 전시에서 주목할 만한 것은 '한국 특별전'이다. 이 전시회는 10월 16일부터 2022년 9월 4일까지 열리는데, 전시물은 한국의 국립중앙박물관의 대여품과 리이덴Leiden 민족학박물관 그리고 프린세스호프 소장품으로 구성된다. 고려청자와 조선백자, 김치를 담는 데 쓰는 옹기항아리 등이 전시될 예정이다. 또한 행사 중에는 한국에서 초청한 장인이 박물관 2층에서 직접 도자기를 빚는 이벤트도 진행된다.

프린세스호프는 이 전시회를 소개하는 문구를 이렇게 시작하고 있다.

'삼성과 K-팝, 오스카를 수상한 영화 「기생충」과 김치의 나라, 한국의 진짜 모습은 어떨까요? 한국은 지난 역사에서 오랫동안 운둔해왔던 미스터리의 나라였습니다. …… 프린세스홀에서 열리는 한국 전시회는 네덜란드에서 처음으로 전시하는 서울 국립중앙박물관의 세라믹 걸작으로 한국의 음식 문화, 미학적 기준, 제례 등에 관한 주제들이 하이라이트로 전시될 것이다.'

사실 암스테르담도 아닌 북해와 접한 네덜란드의 서북쪽 끝 도시에서 한국 특별전을 열 기획을 했다는 것은, 앞 소개 문구가 말하는 것처럼 우리 기업들과 한류의 영향이 이곳에서도 매우 광범위한 현상으로 받아들여지고 있다는 사실을 말해준다. 소개문은 삼성뿐 아니라 기아자동차 그리고 K-뷰티가 젊은 세대에게는 매우 친숙한 브랜드라는 점을 강조하고 있다.

'이 전시회는 한국의 풍부한 문화와 한국인들의 예술에 대한 독특한 접근 방식을 탐구한다. 중국이나 일본과의 차이는 쉽게 볼 수 있다. 그 나라들의 도자기는 종종 매우 정밀하게 제조되어 아주 세밀한 부분까지 이른다. 그런데 한국의 도자기에서는 '장인의 손'을 엿볼 수 있다. 그 모든 과정이 조금은 느슨하고 여유롭다.'

이 전시회를 주관하는 프린세스호프 아시아 도자기 큐레이터 엘리네 반 덴 베르그Eline van den Berg가 박물관 홈페이지에서 말하는 한국 도자기의 특성이다. 그는 또 이렇게 말하고 있다.

'왜 전시회를 방문해야 하는가? 나는 이에 대한 분명한 답을 갖고 있다. 한국의 도자기를 보는 것이 한국의 문화를 매우 잘 이해할 수 있는 방법이다. 더 많이 보면 볼수록 당신은 더 많은 것을 알고 싶어 할 것이다. 그런 식으로 전시회는 한국 문화에 대한 발견의 여정이 된다.'

이 박물관은 걸출한 소장품을 많이 소장하고 있는데, 그중 몇 점을 소개하도록 하겠다.

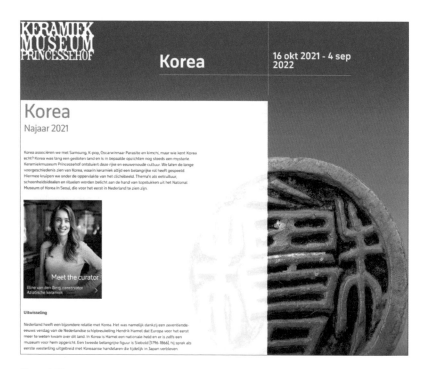

한국 특별전을 소개하는 프린세스호프 박물관 홈페이지. 인물 사진은 이 전시회를 맡은 아시아 담당 큐레이터다.

찻주전자와 화로. 주전자는 1772년 '마큄'에서, 화로는 1767년 레이우아르던의 장인이 제작한 것이다. 담배를 피우는 신사 앞에서 부인으로 보이는 여성은 차(혹은 커피)를 마시고 있다. 이들의 모습에서 당시 유행 복장을 알 수 있는데, 여성은 '더치 캡(Dutch cap)'을, 남성은 삼각 모자를 쓰고 있다. 도기 손잡이는 열에 약해 쉽게 깨졌으므로 은 손잡이로 바뀌었다.

청나라 황제 건륭제(乾隆帝, 재위 1736~1795)가 사용하던 도자기 모자걸이. 궁중생활과 의례에서 황제의 모자는 매우 중요한 역할을 담당하고 있었으므로, 황제는 수백 개의 모자를 가져야만 했고, 당연히 모자걸이도 매우 귀중한 물건이었다. 이 화려한 모자걸이의 받침은 칠기로 보이지만, 칠기를 모방해 역시 도자기 재질로 만들었다.

18세기와 19세기 프랑스 파이앙스 공장들은 파리 인근 지역에 몰려 있었다. 지 앙Gien을 비롯해 크레이Creil, 몽트로Monterau-sur-le-Jard, 샹티이 등이 파이앙스를 만들던 대표적인 도자기 마을들이다. 이 중 '지앙'은 여전히 건재하고, 프로방 스풍의 아름다운 그릇들을 만들어내고 있다.

몽트로 공장은 1720년에, 크레이 공장은 1797년에 시작되었다. 크레이 공장 은 1840년에 몽트로 공장에 흡수되어 1895년까지 양질의 '크레이-몽트로 파 이앙스'를 만들어냈다. 화가 모네도 일상적인 식사를 할 때는 크레이 산 파이 앙스를 애용했다고 한다. 그의 집이 있는 지베르니Giverny가 크레이와 가깝다 는 이유도 작용했을 듯하다. 한때 이들은 영국 웨지우드Wedgwood의 '크림웨어 creamware'♦에 필적할 수 있는 경쟁 구도를 형성했으나 1955년에 완전히 문을 닫았고, 생산 시설이 파괴돼 기록도 사라졌다.

그러나 프린세스호프가 소장하고 있는 크레이 서비스는 거의 300개에 달하 는 구성 요소들이 완벽하게 살아남은 희귀본이다. 또한 원래의 구입자에 대 한 아주 재미있는 이야기가 전해진다.

이 서비스는 제리트 베르뮐렌Gerrit Vermeulen, 1798~1840이라는 건초 상인이 자신의 결혼을 위해 구입했다. 성공한 아버지 밑에서 자라면서 역시 뛰어난 상술을 보였던 그는 1817년 19세의 나이에 21세로 연상이었던 목사의 딸과 결혼했다. 이 서비스가 부유한 아버지의 선물이었는지 아니면 자신이 이미 그런 값비싼 프랑스식 저녁 서비스를 구입할 수 있을 정도의 부자였는지 모르지만, 서비스 에 찍힌 날짜는 그의 결혼식 날짜와 일치한다.

1817년 무렵 네덜란드 도자기 공장들이 화려한 프랑스식 만찬, 즉 '라 프랑세

♦ 본차이나(bone china)의 다른 이름이다. 유백색으로 빛났기 때문에 '크림웨어'라는 별칭이 붙었다.

프린세스호프가 소장하고 있는 크레이 파이앙스 서비스. 당시 유행하던 영국 크림웨어의 영향을 받아서 풍경과 역사적인 명소들이 그려진 그릇들이다.

즈'에 어울리는 디너 서비스를 제공하는 것은 불가능했다. 또한 델프트의 공장들은 대다수가 파산한 상태였다. 따라서 제리트는 영국의 크림웨어나 프랑스 파이앙스 가운데 서비스를 선택해야 했고, 결국 크레이 파이앙스로 결정한 것이다.

프린세스호프가 소장하고 있는 서비스도 사실은 크레이 공장에서 한 영국인에 의해 생산된 제품이다. 크림웨어는 영국뿐만 아니라 유럽 본토까지 정복했고, 새로운 공장들은 종종 영국 전문가의 도움을 받아 인기 있는 제품이 복제되는 프랑스에 세워졌다.

1830년 벨기에의 독립투쟁이 발발하자 정부가 기마부대의 말에게 사료를 공급하기 위한 목적으로 그와 계약을 맺으면서 제리트는 막대한 이익을 얻었다. 그의 가족들은 무려 3만 명의 소작농이 있는 영지를 구입해, 그곳의 한 성채로 이사를 갔다. 제리트는 모든 것이 풍족하다 못해 너무 살이 쪄서 더 이상 평범한 출입구를 통과할 수 없을 정도가 되었고, 결국 42세의 나이에 사망했다. 그랬어도 미망인은 자신의 생일 때마다 이 완벽한 서비스를 사용하는 거창한 만찬을 즐겼다. 그 과정에서 많이 깨졌어도 프린세스호프가 소장하고 있는 40개의 깊은 접시, 140개 이상의 납작한 접시 그리고 기타 접시들과 그릇들은 살아남아서 여전히 '라 프랑세즈'를 위한 훌륭한 서비스를 제공할 수 있다.

'끝없이
투명한 블루',
로열
코펜하겐

로열 코펜하겐 '블루 플루티드 플레인(Blue Fluted Plain)'의 테이블 세팅(로열 코펜하겐 사진)

덴마크를 대표하는 도자기 로열 코펜하겐Royal Copenhagen의 홍보 영상 가운데
는 '로열 코펜하겐: 블루의 정수The Essence of Blue'라는 제목을 가진 것이 있다. 이
영상의 내레이션은 이렇게 시작된다.

"태초에 블루가 있었다. 하늘도 블루, 바다도 블루⋯⋯."

로열 코펜하겐이 왜 블루를 강조하는지 그 이유는 너무나 간명하다. 로열 코
펜하겐 대표 상품의 일관된 특징이자 가장 기본이면서 가장 강조하는 색상이
블루이기 때문이다.

이 책의 전작인 『유럽 도자기 여행 동유럽 편 개정증보판』 서문에서 우리는
영화 「악마는 프라다를 입는다」의 대사를 통해 잠시나마 블루의 계보에 대

초벌구이 위에 무늬를 그리는 코발트블루 안료

해 공부했다. 영화 속에서 언급되는 것은 '터키블루'와 '세룰리언Ceruleon' 두 종류지만, 사실 블루라는 색채에는 일반인들은 거의 알지 못하는 수많은 종류의 이름들이 있다. 무려 100여 가지가 넘는다. 코발트블루, 페르시안 블루, 티파니 블루, 이집션 블루, 바이올렛 블루, 듀크 블루……, 데님과 인디고에 이르기까지.

세룰리언 하나만 해도 페일pale 세룰리언, 브라이트bright 세룰리언, 세룰리언 피그먼트Ceruleon Pigment, 세룰리언 블루, 다크dark 세룰리언의 5가지 종류가 있다. 물론 전문가가 아닌 다음에야 이 수많은 블루의 종류를 다 알아야 할 필요는 전혀 없다. 그럼에도 자신도 모르는 사이에 가슴이 두근두근해지는, 저절로 이끌리는 블루가 있을 것이다. 나를 부르는 그 이름이 무엇인지 알고 있으면 조금 더 행복하지 않을까?

로열 코펜하겐의 블루는 코발트블루다. 그러나 나는 이 회사의 블루에 다른 이름을 붙이고 싶다. 그것은 바로 '끝없이 투명한 블루'다. 다른 어떤 색도 없이 오로지 순백색의 바탕과 어울리는 블루는 보는 사람을 투명에 가까운 비등점으로 끌어올린다.

여기서 질문을 하나 던져본다. 로열 코페하겐의 대표 색은 어떻게 해서 블루가 되었을까? 아니, 로열 코펜하겐은 왜 블루를 중심 색깔로 택했을까?

사실 이 질문은 어리석은 것이다. 우리가 이 앞에서 '델프트 블루'가 탄생한 과정을 살펴보지 않았다면 모르겠으나, 우리는 이미 왜 '델프트 블루'가 생겨났는지 역사적 배경을 모두 알아보았다. 그러니 앞에서 한 얘기를 잊지 않았다면 이 질문에 쉽게 답할 수 있다. 그렇다. 네덜란드와 마찬가지로 덴마크 역시

1

2

1 '블루 플루티드 레이스(Blue Fluted Lace)' 플레이트(로열 코펜하겐 사진)
2 기품 있는 유려한 곡선의 촛대(로열 코펜하겐 사진)

동양의 청화백자에 매료당한 것이다.

그러나 덴마크의 블루는 네덜란드의 블루와 또 다르다. 덴마크 왕실이 국책 사업으로 도자기 제조를 선정하고 왕실이 직접 관할하는 본격적인 도자기 공장을 세운 것은 1775년이다. 마이슨에서 최초의 경질자기가 탄생한 지 65년이나 지난 다음이고, 이웃 나라 스웨덴에서 유럽의 세 번째 도자기 공장인 뢰르스트란드가 1726년에 탄생한 것과 비교해도 거의 50년이나 늦었다. 이때는 유럽의 거의 모든 나라들이 도자기 제조기법을 깨우쳐 너도나도 자신들만의 도자기를 한창 생산하고 있을 때였다. 덴마크는 늦어도 한참 늦은 것이다.

그럼에도 불구하고 오늘날 로열 코펜하겐의 명성은 유럽 4대 명문 브랜드의 하나로 당당하게 자리잡았다. 로열 코펜하겐보다도 한참 늦은 헝가리 헤렌드 1826년 설립의 성취와 함께 실로 놀라운 일이다. 그러면 어떻게 해서 로열 코펜하겐은 후발 주자의 약점을 극복하고 지금의 명가로 자리매김할 수 있었을까. 이제부터 그 여정을 따라가보도록 하자.

먼저 로열 코펜하겐의 상표부터 보자. 이 회사의 상표는 왕관 밑에 3개의 파란선이 물결치듯 그어져 있다. 이 세 개의 물결은 지정학적 관점에서 덴마크에서 가장 중요한 세 개의 해협을 의미한다.

덴마크의 수도 쾨벤하운København, 코펜하겐의 덴마크 명칭이 있는 셀란덴마크어로 Sjælland, 영어로 Zealand은 발트 해Baltic Sea에 있는 커다란 섬이다. 면적이 7,031km²제주도의 약 3.8배로 덴마크에서 제일 넓은 섬이며 인구560만 명의 절반 정도가 살고 있다. 셀란 섬은 이보다 적은 푸넨Funen 섬을 거쳐 독일과 국경을 맞대고 있는 윌란Jylland, 영어 명칭은 유틀란트 반도로 이어진다.

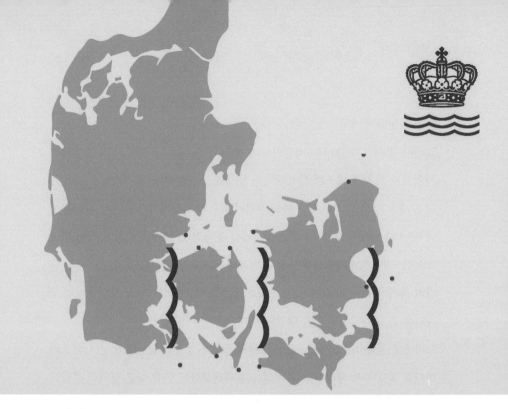

셀란 섬과 푸넨 섬은 스토레벨트Storebælt 다리가, 푸넨 섬과 유틀란트Jütland 반도는 릴레벨트Lillebælt 다리가 각각 잇는다. 또 셀란 섬은 외레순드Öresund 다리로 스웨덴의 말뫼Malmö와 연결된다. 코펜하겐 중앙역에서 말메까지 기차로 40여 분이면 간다. 오늘날 이렇게 다리로 연결된 세 개의 해협이 로열 코펜하겐의 로고가 된 것이다.

로열 코펜하겐의 전설
'블루 플루티드'의 시작

로열 코펜하겐은 독일 마이슨처럼 처음부터 덴마크 왕실의 전폭적인 후원 아래 하나의 전략 상품으로 출발했다. 물론 그 시작은 광물학에 해박한 지식을 가진 프란츠 하인리히 뮐러Frantz Heinrich Müller, 1738~1820라는 화학자가 장석과 규석 그리고 고령토를 사용한 수년간의 실험 끝에 자기 제작에 성공한 것에서 비롯됐다.

그가 1774년 도자기 공장을 차리려고 후원자를 모았으나 반응이 별 신통치 않았던 차에 율리안 마리Juliane Marie, 1729~1796 왕비가 이의 가치를 알아보았다. 당시는 왕인 프레데리크 5세Frederick V, 1723~1766가 사망하고 율리안 마리 왕비가 섭정을 통해 실질적인 통치를 할 때였다. 마리 왕비는 바로 도자기 공장의 후원을 자청해 '왕립 공인 도자기 공장The Royal Chartered Porcelain Manufactory'이 유한회사로 1775년 5월 1일 출범하게 된다. 영국 웨지우드Wedgwood도 16년 전인 1759년 5월 1일 설립했으니, 공교롭게도 노동절에 도자기 4대 명가 중 두 곳이 탄생한 셈이다.

1 로열 코펜하겐 로고는 덴마크를 연결하는 3개 주요해협을 형상화한 것이다.
2 외레순드 해협으로 이어지는 바닷가 인어공주 상을 묘사한 2013년 크리스마스 기념 플레이트

로열 코펜하겐의 두 중심인물, 율리안 마리 왕비(왼쪽)와 크리스티안 7세 왕(오른쪽)

로열 코펜하겐은 처음부터 왕실이나 궁정 고위직을 위한 선물이나 기념품, 외교용 증정품 등의 용도로만 제작되고 사용됐다. 처음 제작한 것도 왕실의 만찬용 서비스였다. 일반인들에게 판매가 허용된 것은 거의 100여 년이나 지나서였다.

원래 프란츠 하인리히 뮐러는 왕실로부터 50년 동안의 전매권을 받았다. 그러나 이 도자기 공장은 설립 4년 만인 1779년, 도산 상태에 빠지게 되어 왕 크리스티안 7세Christian VII, 1749~1808가 재정적인 책임을 맡고 이름도 '왕립 덴마크 도자기 공장The Royal Danish Porcelain Manufactory'으로 변경해 왕실이 직접 운영하게 된다. 1780년이 되자 로열 코펜하겐은 공장 건물의 1층에 첫 매장을 열었고, 1783년에는 공장에서 일하는 사기장이 128명으로 늘어났다.

오늘날 로열 코펜하겐에 세계적 명성을 안겨준 클래식 중의 클래식인 '블루 플루티드 플레인'은 1775년 회사가 설립하던 해에 탄생했다. 여기서 말하는 '플루티드'란 도자기 표면에 세로로 홈이 파인 것이고, '플레인'은 복잡한 문양이나 장식 없이 단순하고 소박한 형태임을 일컫는 말이다.

블루 플루티드 플레인은 하얀 백자에 그어진 세로 홈과 파란 꽃문양이 잘 어우러져 산뜻하고 깔끔한 수채화처럼 우아한 기품을 보여준다. 이 그릇들이 창립과 동시에 만들어진 것은 '왕립 덴마크 도자기 공장'의 초기 제품들이 독일 마이슨 도자기로부터 매우 강한 영향을 받았음을 말해준다. 덴마크와 독일은 발트 해를 사이에 둔 이웃 나라고, 유틀란트 반도를 통하면 육로로도 이어진다. 또한 마이슨에서 코펜하겐까지는 자동차를 타고 가도 8시간 남짓이다.

마이슨 도자기의 '쯔비벨무스터Zwiebelmuster'에 대해서는 앞의 책 『유럽 도자기 여행 동유럽 편 개정증보판』에서 많이 이야기했다. 마이슨은 양파 무늬의 쯔비벨무스터만 만든 것이 아니고, 1740년대에 종이꽃Straw Flower, 일명 Paper Daisy 무늬의 '슈트로블루멘무스터Strohblumenmuster'란 것도 만들었다. 슈트로블루멘 Strohblumen이 'Straw Flower'다.

그런데 마이슨의 '슈트로블루멘무스터'와 로열 코펜하겐의 '블루 플루티드' 라인을 비교하면 모양이 매우 흡사하다는 사실을 금방 알게 된다.

위의 두 접시를 비교하면 세로로 홈이 나 있는 것이며, 중앙의 원을 기점으로 4등분으로 분할해서 무늬를 넣은 것 등 거의 똑같다고 해도 과언이 아니다. 하다못해 4등분으로 나누는 선의 끝부분에 붙어 있는 조그만 장식까지도 매우 비슷하다. 다만 다른 것은 꽃의 모양인데, 이마저도 똑같으면 그야말로

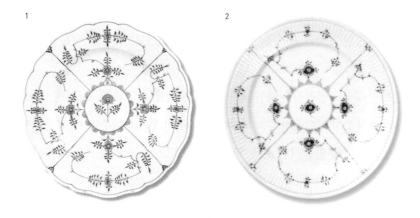

1 마이슨 '슈트로블루멘무스터'   2 로열 코펜하겐 '블루 플루티드 플레인'

모방을 넘어서는 복제가 될 터다. 세로로 홈이 파인 패턴은 덴마크어로 '무셀말레트Musselmalet'라고 한다. 제품 모습이 조개껍질과 흡사하다고 해서 나온 말이다. 이 '무셀말레트'가 곧 영어의 '플루티드Fluted'다.

그러니 로열 코펜하겐 '블루 플루티드'의 파란 꽃은 뿌리를 따지자면 중국이 원래 고향이고, 18세기 중국 도자기에서 유행하던 국화 문양이 독일 마이슨의 쯔비벨무스터에서 변형되었다가, 덴마크에서 로코코 스타일로 다시 추상화된 것이다.

그 시작이야 어떻든 '왕립 덴마크 도자기 공장' 제품의 인기가 계속 상승하면서 '블루 플루티드'에도 다양성의 변화가 생겨났다. 소박하고 단순한 플레인에 이리저리 장식을 더하고 기교를 주는 변형들이 나타나게 된 것이다.

가장 대표적인 것이 밋밋한 가장자리를 레이스lace, 즉 그물 무늬 직물 형태로 복잡하고 좀더 세련되게 만든 '블루 플루티드 레이스'의 등장이다. 그릇의 여성성과 세련미를 더 로맨틱하게 강조한 것이다. 레이스에도 2가지 종류가 있어서 가장자리를 밋밋하게 그대로 두되 끝부분에 레이스 무늬로 테를 두른 '하프half 레이스', 아예 테두리에 구멍을 내는 투각透刻 처리를 해서 모양을 레이스 형태로 만든 '풀full 레이스'가 있다. '풀 레이스'도 레이스 부분을 넓게 만든 '더블 레이스'와 좁게 만든 것 두 종류다.

'블루 플루티드'의 또 다른 종류에는 '블루 플루티드 메가Mega'가 있다. '메가' 는 꽃과 잎사귀 무늬를 좀더 단순화해서 강조한 라인이다. '플레인'과 '레이스' 라인에는 꽃과 잎사귀 무늬가 사방형으로 얽히면서 좀 복잡하게 들어가 있다. 그러나 '메가'는 이런 복잡성을 배격하고 매우 간결한 무늬로 처리했다. 그럼에도 불구하고 마치 동양의 산수화처럼 여백을 넓게 살려 매우 인상적으로 다가온다.

초벌구이 '블루 플루티드 플레인' 항아리에 문양을 넣는 모습(로열 코펜하겐 사진)

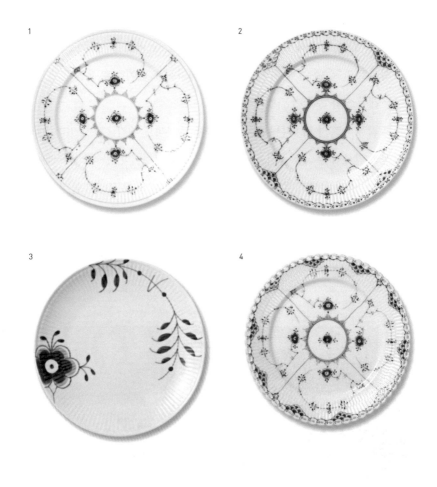

1 블루 플루티드 플레인   2 블루 플루티드 하프 레이스
3 블루 플루티드 메가   4 블루 플루티드 풀 레이스

믹스 & 매치 테이블 세팅
(로열 코펜하겐 사진)

여러 라인이 섞인 하이브리드 형태의 '블루 엘레먼츠(Blue Elements)' 라인

그러나 로열 코펜하겐이 위와 같은 4가지 틀만 고집하는 것은 아니다. 그릇 하
나에 플레인과 메가, 플루티드 등이 뒤섞인 하이브리드 형태도 있다. 이를테면
하나의 접시인데 한쪽은 가장자리 테두리가 매끄럽고 한쪽은 톱니바퀴 모양
으로 장식을 주는 한편, 무늬도 한쪽엔 메가를, 다른 쪽엔 플레인이나 레이스

무늬를 넣는 식이다. 이게 바로 '블루 엘레먼츠' 라인이다. 2008년 탄생한 블루 엘레먼츠 시리즈는 로열 코펜하겐이 21세기에 들어오면서 모든 아이템을 시작부터 완전히 새롭게 개발한 첫 풀 세트다. 신세대 디자이너의 선두 루이즈 캠벨Louise Campbell, 1970~과 손잡고 만든 엘레먼츠는 1775년에 탄생한 블루 플루티드, 1790년에 탄생한 플로라 다니카Flora Danica, 1885년에 탄생한 하프 레이스의 요소들을 두루 포함하고 있으나 그 색채는 전통적인 블루 & 화이트와 확연한 차이를 나타낸다. 로열 코펜하겐이 처음으로 뿌리에서 벗어난 색채 실험을 한 것이다.

오늘날 우리가 보고 있는 '블루 플루티드' 시리즈가 처음부터 지금의 모습을 갖추고 있었던 것은 아니다. 현재의 '블루 플루티드'는 건축가 출신의 아르놀 크로그Arnold Krog, 1856~1931가 1885년 왕립 덴마크 도자기 공장의 아트 디렉터로 새롭게 취임하면서 옛 블루 플루티드의 문양을 재구성하여 새 생명을 불어넣으며 재창조해낸 것이다. 아르놀 크로그는 옛 성을 원래의 양식대로 복구하는, 매우 특이한 학문을 전공했는데 그의 숙명이 그런 것인지 도자기에서 그의 전공을 발휘한 셈이다.

그는 또 당시 유럽으로 흘러 들어온 일본의 여러 공예 작품들에서 영감을 얻어 유약 아래에 그림을 그리는 언더 글레이즈under glaze 기법을 발전시켜 나갔다. 이는 단조로운 코발트블루의 사용에만 한정되었던 풍경 묘사에서 벗어나 다양한 색조로 풍경을 묘사하고 자연주의적인 채색을 가능하게 만들었다. 이 새로운 자기는 1889년 파리에서 열린 만국박람회에 전시되었고 그 후 몇 년간 언더 글레이즈 기법으로 채색된 자기의 생산은 로열 코펜하겐 공장을 세계적으로 유명하게 해주었다.

아르놀 크로그의 업적 가운데는 이전 아트 디렉터였던 구스타브 프리드리히 헤취G. F. Hetsch가 디자인한 '블루 플라워 앵글러Blue Flower Angular' 커피 세트를 옛 블루 플라워 문양으로 장식하여 1913년에 완전한 디너 서비스로 확장한 사실도 포함된다. 그것이 바로 '블루 플라워 브레이디드Blue Flower Braided'다.

덴마크의 아름다운 정원에서 방금 꺾어낸 듯한 꽃가지들이 하얀 자기 위에 블루 컬러로 채색된 '블루 플라워'의 탄생은 로열 코펜하겐이 설립되고 몇 년이 지난 1779년으로 거슬러 올라간다. 그것이 100년도 더 지나 크로그에 의해 새롭게 탄생한 것이나, 블루 플라워는 이제 생산하지 않는다. 그러나 블루 플라워는 디자이너 바우터 돌크Wouter Dolk, 1962~에 의해 2012년에 '블롬스트Blomst' 라인으로 다시 탄생했다. 총 7가지 다른 꽃의 이야기로 새롭게 탄생한 블롬스트

'블루 플루티드 풀 레이스'의 테이블 세팅(로열 코펜하겐 사진)

'블루 플라워 브레이디드' 세트
(로열 코펜하겐 사진)

1 '블루 플루티드 하프 레이스'의 레이스 장식을 빌려와 가장자리를 로맨틱하게 두른 프린세스 세트
2 2012년에 나온 블롬스트 라인은 1779년의 블루 플라워 라인을 재해석한 것이다.

는 기존 블루 플라워 패턴을 재해석해 각각의 개성을 담은 꽃을 '한 붓 그리기 핸드페인팅 기법'을 적용해 보다 입체적으로 표현했다. 제품마다 각기 종류가 다른 꽃이 그려져 있으며, 꽃의 위치도 가운데가 아닌 옆면에 두어 음식을 담았을 때도 패턴이 온전히 보이는 것이 특징이다. 머그 2종에는 아름다운 사랑을 의미하는 '길리 플라워'와 기쁜 소식을 뜻하는 '모닝 글로리'가 그려져 있다.

크로그가 생명을 준 디자인에는 '프린세스Princess'도 있다. 프린세스는 '블루 플루티드 하프 레이스' 세트에서 섬세한 레이스 장식을 가져와 자기의 가장자리를 둘러주어 로맨틱한 느낌을 강조했다. 크로그는 1880년대에 이를 디자인했는데, 정작 디너웨어로 생산된 것은 한참 지난 1978년이었다. 거의 100여 년이나 지나서야 크로그의 디자인이 새롭게 조명받은 것이다.

이렇게 하여 '블루 플루티드' 시리즈는 로열 코펜하겐의 밑바탕이요 클래식이 되었다. 마이슨의 쯔비벨무스터가 그러한 것처럼 말이다. 비록 시작은 마이슨의 영향이 컸을지 모르지만, 이제는 당당하게 마이슨과 어깨를 겨루는 경쟁력을 확보했다.

로열 코펜하겐의 모든 제품이 다 그러하지만 '블루 플루티드' 라인 역시 1,197번 붓질을 한 뒤 섭씨 1,400~1,500℃에서 구워낸다. 물론 핸드페인팅이라서 문양의 빛깔이나 농도는 그때그때 다르다. 이들 제품 한 점 한 점이 처음부터 끝까지 한 사람의 사기장에 의해 완성되며 장식이 끝나면 제품의 뒷면에 자신의 사인을 남긴다. 누구의 작품인지 다 알 수 있으므로 심혈을 기울이지 않을 수 없다. 이렇게 로열 코펜하겐은 차가운 북유럽의 동토凍土에 핸드페인팅 자기의 찬연한 불꽃을 피워 올린 것이다.

너무나 사랑스러운 그녀,
'블루 플루티드 메가' 라인

블루 플루티드가 당시 유럽인들에게 얼마나 희구希求의 대상이었는지 잘 보여 주는 영국 넬슨Nelson 제독의 일화가 있다. 1801년 영국은 덴마크와 전쟁을 벌이 는데 그 이유는 1799년과 1800년의 영국 흉작 때문이었다. 식량이 부족해져서 영국 곳곳에서 폭동이 일어나자, 영국은 동유럽으로부터 곡물을 수입하려 했 지만 러시아와 북유럽 국가들이 영국 배의 발트 해 출입을 막고 나섰다. 이에 영국은 북유럽 국가 중 가장 적대적이었던 덴마크를 응징하기로 나섰다. 1801 년 3월 12일 넬슨 함대는 코펜하겐에 강력한 방어벽을 구축하고 있던 덴마크 함대를 물리치고 대승을 거두었다.

이후 코펜하겐에 잠시 주둔한 넬슨의 업무에서 가장 중요한 것 중의 하나는 바로 왕립 덴마크 자기를 구입하는 일이었다. 그는 하녀 16명을 일 년 동안 부 릴 수 있는 금액으로 도자기들을 사들여 영국으로 실어 날랐다.

'블루 플루티드 메가'는 전혀 기대하지 않았던 한 신예에 의해 탄생한 작품이 다. 이를 디자인한 카렌 크옐고르 라르센Karen Kjældgård-Larsen은 로열 코펜하겐에 들어올 때 이제 갓 26살의 디자인과 학생이었다. 그러나 그녀의 디자인은 채택 되지 못한 채 파일 속에 묻혀 있다가 2년 만에 가치를 인정받아 2000년 로열 코펜하겐 탄생 225주년을 기념하여 제품으로 탄생할 수 있었다.

'블루 플루티드 메가'는 '블루 플루티드 플레인'에 대한 진정한 찬사 아니면 오 마주라고 할 수 있다. 메가는 이미 전설이 된 플레인 문양의 일부를 확대시켜 플레인 라인과 비슷하면서도 완전히 새로운 감각을 전달한다. 카렌은 메가 라 인이 사람들에게 편안함, 추억, 향수, 기억, 로맨스를 불러일으킨다고 이야기 한다.

오래전부터 로열 코펜하겐을 사용했던 사람이라면, 아니 한 번이라도 플레인 라인으로 따뜻한 식사나 커피 한 잔의 경험을 가졌던 사람이라면 정말 그럴 것이다. 로열 코펜하겐을 느껴본 사람은 이미 앞에서도 비유했듯 '지미추 구두를 처음 신어본 안드레아' 혹은 악마에게 영혼을 판 파우스트와 같다. 그 럭셔리한 매혹의 세계에서 헤어나지 못한 채 허우적거릴 수밖에 없다.

앞서 말한 '엘레먼츠' 라인과 더불어 '팔메트Palmette 라인'은 일종의 블루 플루티드 시리즈 자매 라인이라 할 수 있다.

팔메트는 원래 종려나무의 잎을 부채꼴로 편 것 같은 오리엔트 기원의 식물 문양이다. 원형은 BC 1000년경의 아시리아나 신바빌로니아 궁전의 벽면 장식

완연한 동양풍의 팔메트 시리즈(로열 코펜하겐 사진)

등에서 보이며, 페르시아 아케메네스 왕조B.C. 559~B.C. 330에서도 사용되었다. 나중에 그리스 장식 문양의 중요한 모티브가 되어 신전의 아크로테리온조각상을 올려놓은 받침대, 묘비 상부의 장식, 도기화陶器畫의 틀 장식 등에 자주 사용되었다.

이 문양은 기원전 4세기 알렉산더 대왕의 동방 원정으로 인도, 중국에까지 퍼지게 된다. 그리스 덩굴무늬와 결합된 팔메트 당초문은 이후 불교미술과 결합하여 서아시아를 거쳐 중국에 전해지면서 애용되었다. 중국에는 운강 석굴을 비롯하여 육조六朝시대의 석굴사원 등에서 많이 찾아볼 수 있다. 한반도에서도 삼국시대부터의 고분벽화나 금속 공예품, 와전 등에 나타난다.

로열 코펜하겐의 팔메트는 전통적인 블루 플루티드 문양의 단편을 새롭고 재미있게 조합하여 만들어낸 종려잎 문양으로, 동양 특유의 여백의 미가 돋보인다. 사실 팔메트 시리즈는 다분히 아시아 시장을 겨냥한 상품으로 보인다. 큰 접시 여러 개로 음식을 담아내는 서양식 문화가 아니라, 큰 그릇에 음식을 담아 식탁 중앙에 두고 이를 퍼 담는 개인별 접시를 이용하는 동양식 식습관을 겨냥한 디너웨어기 때문이다. 그 형태도 우리 주변에서 흔히 볼 수 있는 그릇들과 매우 닮아 있다.

로얄 코펜하겐은 2020년 '블루 메가Blue Mega' 탄생 20주년을 기념해 신제품 '메가 로즈Mega Rose' 컬렉션을 한정판으로 출시했다. 메가 로즈는 2000년에 블루 메가를 디자인한 디자이너 카렌 크옐고르 라르센과 비주얼 아티스트 메테 한네만Mette Hannemann의 협업을 통해 탄생했다.

과감한 선과 면이 어우러진 메가 로즈 장식에는 로열 코펜하겐의 전통적인 두

1 동양 산수화 느낌의 팔메트 라인(로열 코펜하겐 사진)   2 21세기 첫 풀 세트인 엘레먼츠 라인(로열 코펜하겐 사진)

1 블롬스트 라인은 제품마다 각기 종류가 다른 꽃이 그려져 있으며, 꽃의 위치도 가운데가 아닌 옆면에 두어 음식을 담았을 때도 패턴이 온전히 보인다.
2 크리스마스 장식과 어울리는 블루 플루티드 메가시리즈 플레이트

가지 기법을 적용했다. 블루 플레인 꽃문양을 큼직하게 확대한 블루 메가 패턴은 장인들의 정교한 핸드페인팅 작업을 통해 완성했으며, 그 위에 핸드스프레이 방식으로 맑고 푸른 장미 실루엣을 장식해 예술성을 극대화하며 우아한 장미의 새로움을 불어넣었다.

카렌과 메테는 도자기 위에 자유롭게 피어나는 장미를 표현하기 위해서 고전적인 장미 대신 덩굴장미를 택했다. 덩굴장미가 작은 꽃봉오리부터 시작해 꽃송이를 피우기까지의 이야기를 섬세한 시각으로 다채롭게 메가 로즈에 그려냈다. 감각적인 장미 실루엣과 클래식한 블루 메가 패턴이 조화를 이뤄 부드러우면서도 시적인 아름다움을 연출한다.

메가 로즈는 기존의 메가 제품 중에서도 브러시와 스프레이 2가지 방법으로 패턴을 그렸을 때에 더욱 독특한 표현이 가능한 제품들로만 엄선했다. 볼 온 하이풋Ball on highfoot, 티팟tea pot, 머그, 접시, 오발 디쉬, 화병 등 총 9종이다.

티팟은 한쪽에 유려한 블루 메가 패턴이, 반대쪽에는 부드러운 장미 실루엣이 그려져 있어 보는 방향에 따라 다른 분위기를 선사한다. 머그는 짙은 블루 컬러의 장미가 아래에서 위로 올라갈수록 옅게 그러데이션으로 표현돼 블루 메가 패턴을 더욱 돋보이게 해준다. 이들은 한정 수량으로 제작되어서 일찌감치 컬렉터들의 아이템으로 인기를 끌었다.

2020년에 탄생한 '메가 로즈' 라인

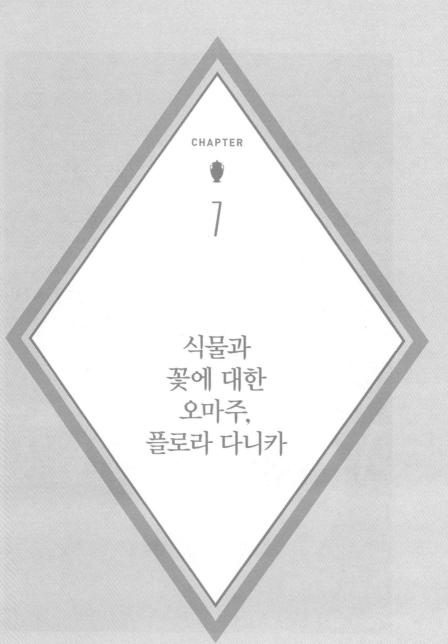

CHAPTER

7

식물과
꽃에 대한
오마주,
플로라 다니카

'플로라 다니카' 식물도감과 플레이트(로열 코펜하겐 사진)

블루 플루티드 라인에 이어 1790년에 '플로라 다니카' 세트가 바로 생산되기 시작한 것은 믿기지 않는 일이다. '플로라 다니카' 라인을 보면 이렇게 세련된 제품이 회사 설립 15년 만에 어떻게 나왔는지 진정 감탄스럽기만 하다. 단적으로 말해 플로라 다니카야말로 덴마크 식물과 꽃에 대한 찬양이요, 오마주다.

로열 코펜하겐 본점 매장에
전시한 플로라 다니카

플로라 다니카와 꽃을 든 여인 피겨린(로열 코펜하겐 본점)

18세기에 들어와 다른 유럽 국가들이 그랬던 것처럼 덴마크 역시 좀 먹고살 만해지자 자신들의 나라에서 볼 수 있는 꽃은 물론 버섯과 이끼, 양치류에 이르기까지 모든 식물을 도감으로 남기기 위해 판화 모음집을 제작했다.

이 플로라 다니카 식물도감은 스웨덴 식물학자로 생물 분류학의 기초를 놓는 데 결정적 기여를 한 칼 폰 린네Carl von Linné, 1707~1778의 분류법에 따라 손으로 채색한 3천여 개의 판화를 수록하고 있는데, 그 작업이 완성되기까지 무려 122년이 걸렸다. 이 식물도감 출판도 1761년부터 1993년까지 232년에 걸쳐 이루어진 매우 방대하고도 유구한 작업이었다.

로열 코펜하겐의 플로라 다니카 세트는 크리스티안 7세가 1790년 러시아의 여제 예카테리나 2세Ekaterina II, 1729~1796에게 보내는 선물용으로 처음 제작되었다. 국가 위신을 세우기 위해 덴마크에서 자생하는 2,600여 종 식물을 그려넣어 도자기로 굽는 방대한 프로젝트다.

당시 도자기는 외교 활동의 꽃으로 가장 존중하는 사람에게 보내는 선물이란 가치를 지녔다. 그 당시에 도자기를 소유한다는 것은 그 사람의 위신과 깊이 연관되어 있었고, 당시 자기 공장들은 그 나라의 문화와 기술 수준을 집약해 나타내는 상징이었기에 자국 공장에서 생산한 화려한 도자기들이 유럽 궁정들 사이에서 예술로 교환되었다.

그러나 플로라 다니카 세트는 너무 규모가 큰 프로젝트인데다, 이 작업의 책임자도 요한 크리스토프 바이에르Johan Christoph Bayer라고 하는 숙련 화공 한 사람이었기 때문에 작업을 완성한다는 것은 요원한 일이었다. 특히 다니카 시리즈 제작에 들어간 지 6년이 지난 1796년에는 예카테리나 2세마저 세상

'꿈의 식탁', 자연과 어우러진 플로라 다니카 테이블 세팅(로열 코펜하겐 사진)

책과 플로라 다니카 찻잔(로열 코펜하겐 사진)

1 무엇이 자연이고, 무엇이 도자기인지 구분이 필요할까?(로열 코펜하겐 사진)
2 자연주의의 정수, 플로라 다니카

'Everyday Luxury.' 바로 로열 코펜하겐의 슬로건이다(로열 코펜하겐 사진).

을 떠나버렸다. 이에 따라 왕실은 1802년 이 시리즈의 제작을 중지하라고 명령한다.

12년 동안의 작업을 통해 완성된 것은 모두 1,802개의 플로라 다니카였다. 대부분을 바이에르 혼자 만들었고, 173개만 다른 사람의 도움을 받았다. 바이에르는 이렇게 18세기 덴마크 공예품 중 가장 뛰어난 역사적 걸작을 만들어내느라 건강이 악화되고 시력마저 잃게 되었다.

왕립 덴마크 도자기 공장의 한 관리자가 1802년 11월 30일에 작성한 편지를 보면 이 시리즈에 대한 그들의 자부심이 그대로 드러난다.

'플로라 다니카는 가장 독창적이고 완벽한 예술품으로 이보다 더 격찬 받을 것은 없으며, 우리 나라의 뛰어난 공예술에 대한 증거로써 왕실 식탁에서 세브르Sevres, 프랑스 파이앙스를 완벽히 대체할 수 있을 정도로 가치가 있다고 봅니다. 플로라 다니카의 제작을 명하고 장려한 황제 폐하께 경의를 표합니다.'

최초의 플로라 다니카 식기는 1803년 1월 29일 크리스티안 7세의 생일에 왕실 연회에서 공식적으로 사용되었고, 이후 100여 년 가까이 궁정에서만 특별한 경우에 사용되었다. 그러나 1900년쯤 이 위대한 유산을 후손에 전하기 위해 보다 안전하게 보존하기로 결정을 내려, 현존하는 1,503개의 아이템 중 대부분을 코펜하겐 크리스티안보르Christianborg 왕궁과 로센보르Rosenborg 성에 보관, 전시하고 있다.

이후 1863년, 덴마크 공주 알렉산드라Alexandra, 1844~1925와 나중에 영국 왕 에

드워드 7세Edward Ⅶ, 1841~1910가 되는 웨일즈 왕자와의 결혼 선물을 위해 플로라 다니카는 다시 생산되기 시작한다. 1964년에 덴마크 공주 안네 마리Anne Marie 와 그리스 왕 콘스탄틴 13세Constantine ⅩⅢ와의 결혼식에도 덴마크 정부와 국회 가 플로라 다니카 60점을 선물했고, 2004년 덴마크 왕자 프레데리크와 메리 도널드슨Mary Donaldson이 결혼했을 때는 덴마크 국민들이 기금을 모아 왕세자 커플의 모노그램이 새겨진 60점의 플로라 다니카를 선물했다. 이 식기 세트는 현재 덴마크 왕실의 공식 만찬에 사용되고 있다.

이렇게 왕실도 플로라 다니카를 선물로 받아야 하는 것은 로열 코펜하겐이 민 영화되었기 때문인데, 이 얘기는 잠시 뒤에 하자. 로열 코펜하겐은 자체적으로 도 2004년 5월 프레데리크 왕세자의 결혼과 2005년 10월 아기 왕자 크리스티 안의 탄생 그리고 2006년 1월 아기 왕자의 세례식 때 이를 기념하는 접시와 찻 잔, 수프 접시 3점을 제작했다. 이 기념 한정판은 단 두 세트만 제작해 한 세트 는 왕세자 부부에게 선물로 주고, 나머지는 박물관에 전시하고 있다.

2006년 로열 코펜하겐은 기존의 플로라 다니카 시리즈에 새로운 모티브를 넣 은 '버섯Fungi 라인'을 추가한다. 화공들은 개인의 열정과 미적인 기술로 각각 의 모티브에 깊이와 미묘한 감성을 집어넣음으로써 버섯들이 그릇의 표면 위 에 돋아나 있는 듯한 느낌을 주었다. '버섯 라인'을 보고 있노라면 마치 이끼 많고 습기 찬 숲속에 들어와 자연이 뿜어내는 향기에 몸을 내맡기고 있는 것 같다.

버섯 라인은 다른 플로라 다니카보다 만드는 과정에서 더 많은 시간과 노력을 필요로 했는데, 왜냐하면 접시나 그릇의 가장자리에 버섯의 작은 이미지를 반

플로라 다니카에 추가된 '버섯 라인'(로열 코펜하겐 사진)

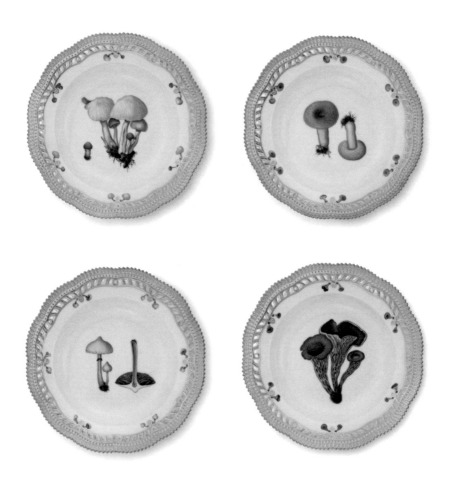

플로라 다니카 버섯 라인

복해서 나타내야 했기 때문이다. 접시의 경우 중앙의 커다란 버섯 말고도 가장자리에 유사한 버섯 그림을 일곱 번, 타원형 접시의 경우는 열두 번이나 더 그려넣었다. 또한 가장자리에 모두 레이스 모양을 주었고, 접시는 불규칙적인 모양새로 만들어 훨씬 친자연적인 느낌을 주었다.

새로운 플로라 다니카 버섯 라인은 모두 26개의 다른 이미지를 담고 있는데, 12개의 만찬용 접시, 12개의 수프 접시deep plate, 2개의 타원형 접시oval dish로 구성되어 있다.

타원형의 플로라 다니카 버섯 라인

꽃을 통한 마음의 전달, 플로라

2011년에 새롭게 등장한 '플로라Flora 라인'은 플로라 다니카의 일종의 자매 시리즈로 디자이너 아냐 방 크라그Anja Vang Kragh, 1971~가 기존의 디너웨어에서 얻은 영감을 꽃으로 새롭게 해석한 것이다. 그녀 이름은 스텔라 매카트니Stella McCartney의 여성복 디자인1999~2004, 갈리아노Galliano와 크리스찬 디올Christian Dior의 오트쿠튀르 디자인 및 일러스트 작업1999~2011으로 디자인계에 널리 알려졌다. 현재는 로열 코펜하겐과 코펜하겐의 유명 극단 의상 디자이너로 일하고 있다.

그녀는 플로라 라인에 대해 "나는 플로라가 고객들 집에 자연의 풍부한 상상력의 에너지를 가져다주고 그들의 식탁에 아름답고 신선한 꽃다발이 놓여 있는 듯한 느낌을 주고 싶었다"라고 말한다.

지금은 많이 사라졌지만 옛날에는 꽃으로 자신의 의사를 표현하는 경우가 많았다. 꽃이 비밀 암호 역할을 담당한 것이다. 영국 빅토리아 시대에는 특히 그러해서 꽃을 통한 의사소통을 '꽃들의 언어Language of flowers'라고 불렀고 이를 학문적으로 연구하는 '플로리오그라피Floriography'도 생겨났다.

빅토리아 시대에 유행했던 꽃말은 오늘날까지 이어져 내려오고 있다. 붉은 장미의 정열과 로맨틱한 사랑, 하얀 장미의 정절과 덕성, 노란 장미의 우정과 헌신은 빅토리아 시대의 산물이다. 해바라기가 오만함을, 데이지가 순수함을 의미하는 것도 이때부터의 관습이다. 그래서 당시 사람들은 남녀노소를 불문하고 평소 꽃말을 열심히 익혔다고 한다. 누가 꽃을 보냈는데 무슨 뜻으로 보냈

1

2

는지 모른다면 곤란하기 때문이다.

이는 동양도 마찬가지였다. 특히 감정 표현을 극도로 절제하는 것을 미덕으로 여긴 일본의 경우 '하나코토바花ことば'라고 하는 '화언집花言集'까지 있을 정도로 꽃을 매개로 하는 감정 표현이 많았다.

로열 코펜하겐의 '플로라 라인'은 이를테면 도자기에 실어 보내는 화사花詞, 즉 꽃 편지다. 꽃이 흔해지면서 보다 격식과 품위를 보이려는 사람들에게는 이보다 더 좋은 방편이 없을 터다. 처음에는 아이리스Iris, 팬지Pansy, 만병초Rhododendron, 금사슬나무Laburnum, 민들레Dandelion, 레몬 블로썸Lemon Blossom, 목련Magnolia, 나팔꽃Morning Glory의 여덟 종류였지만 지금은 좀더 늘어났다.

아이리스붓꽃는 그리스 신화에서 무지개의 여신이다. 하늘과 지상을 연결하기에 신들의 메신저 역할을 한다. 소통과 메시지 전달의 상징인 것이다. 그래서 꽃말은 "좋은 소식 잘 전해주세요", 부제는 '달콤한 키스의 향기'다.

사랑스런 목련꽃은 지역과 문화에 따라 매우 많은 뜻을 가지고 있다. 순결, 아름다움, 위엄, 자연에 대한 사랑 등이 있는데, 목련의 아름다움과 형태는 "당신은 정말 놀랍도록 예뻐"라는 말을 나타낸다.

만병초진달래는 작고 귀여운 꽃 밑에 독소를 숨기고 있기 때문에 주의와 보살핌을 요구한다. 당신이 사랑하는 사람에 대한 안전과 방어의 의미를 전달하므로 꽃말은 "당신을 보살펴줄게"이다.

팬지라는 이름은 프랑스어에서 '생각'을 뜻하는 '팡세pensée'에서 왔다. 왜냐하면 이 꽃 모양이 깊은 상념에 빠진 얼굴과 비슷하기 때문이다. 따라서 이 꽃을 선물하는 것은 "나는 너를 생각하고 있어"라는 의미를 담고 있다.

민들레는 자신의 영어 이름인 'dandelion'이 프랑스어 'dent de lion사자의 이빨'
에서 유래한 것을 아는 듯 자신의 황금색 머리를 아주 자랑스럽게 쳐들고 있
다. 꽃이 충분히 익어서 이윽고 씨앗들이 터져서 날아가는 모습, 그 마법과 같
은 변형은 '풍성함' 그리고 '새로운 시작의 희망'을 나타낸다. 민들레 선물은
이렇게 희망과 행복을 주는 일이라서, 꽃말은 "너의 꿈이 이뤄질 거야"다.

영어로 '황금 사슬 나무golden chain tree'는 독일어로 '황금비goldregen'라 불리는데,
그 이유는 넝쿨에 매달린 노란색 꽃이 땅을 향해 길게 늘어지기 때문이다. 마
치 노란색의 작은 폭포 물줄기가 떨어지는 모습으로도 보인다. 인도 신화에서
는 힌두교 최고의 신인 크리슈나Krishna의 팔찌가 이 꽃이기 때문에, 꽃말은 자
연 행운이 되었고, 이 꽃 선물은 "행운을 드립니다"라는 뜻이 된다.

1 붓꽃: 좋은 소식　　2 목련: 아름다워!　　3 만병초: 보살핌
4 팬지: 나는 너를 생각해　　5 민들레: 꿈의 성취　　6 금사슬나무: 행운

로열 코펜하겐의 플로라는 부활절 계란에서도 화사하게 피어난다. 어둡고 추운 긴 겨울이 지나고 부활절이 되면 사람들은 이제 봄이 올 것이라는 사실을 예감한다. 낮은 길어지고 나무에 잎사귀가 새로 돋는 것처럼 삶에도 예쁜 꽃들이 다양하게 피어날 것이라는 기대를 갖는다. 이게 바로 로열 코펜하겐의 부활절 계란에 꽃 그림이 그려지는 이유다. 로열 코펜하겐은 매년 어김없이 홈 인테리어와 관련해 그해의 가장 인기 색채로 꽃을 그려 부활절 계란을 굽는다. 부활절 계란은 탁자 위에 세울 수 있는 것과 줄로 매달 수 있게 만든 것 두 종류다. 부활절 계란에 그리는 꽃 모티프는 플로라 다니카나 플로라에서도 차용하지만, 새로운 도안을 만들기도 한다. 2014년의 경우 히아신스부터 으아리꽃클레마티스, clematis과 미나리아재비buttercup까지 새로운 꽃들이 탄생했다.

1 2014년 부활절 계란 2 2013년 부활절 계란 3 2012년 부활절 계란
4 2014 부활절 계란(클레마티스) 5 2014 봉봉상자(미나리아재비)

2019년에 출시된 튤립 문양의 부활절 계란(로열 코펜하겐 사진)

봉봉상자사탕상자, bonbonnière도 로열 코펜하겐 부활절 컬렉션의 클래식이다. 쓰임새가 많은 이 상자는 보석, 장신구, 열쇠, 초콜릿 등을 넣어두는 용도로 사용할 수 있다. 이 상자에 디저트를 담아 테이블 위에 단순하게 올려놓는 것만으로도 만찬 식탁을 훨씬 즐겁게 만들어준다.

2008년, 로열 코펜하겐의 홈 데코 컬렉션 부문에서 또 한 번의 혁신이 일어난다. 기존 로열 코펜하겐의 꽃병을 모던하게 재해석한 '아트 오브 기빙 플라워즈The Art of Giving Flowers' 시리즈가 탄생한 것이다.

로열 코펜하겐과의 협업으로 이를 만든 사람은 암스테르담 출신의 디자이너 바우터 돌크. 그는 핸드페인팅 벽지로 세계적인 명성을 얻은 사람이다. 고객의 주문을 받아 손수 그림을 그려 만든, 이 세상에서 단 하나밖에 없는 벽지라니. 얼마나 근사한 일인가!

그의 벽지 그림은 늘 화사한 꽃 그림으로 채워지는데, 그 솜씨를 로열 코펜하겐 홈 데코 부문에서 발휘한 것이 바로 '아트 오브 기빙 플라워즈' 시리즈다. 바우터 돌크가 전 세계의 부호 고객들을 매혹시킨 섬세한 페인팅 기법을 이용하여 만들어낸 수국 모양의 꽃병은 진짜 수국 꽃잎들을 하나하나 붙여서 만든 것처럼 보인다. 수국들이 활짝 피어난 정원에 가득찬 싱그러운 향기가 느껴진다.

수국 모양의 홈 데코 컬렉션 꽃병
(로열 코펜하겐 사진)

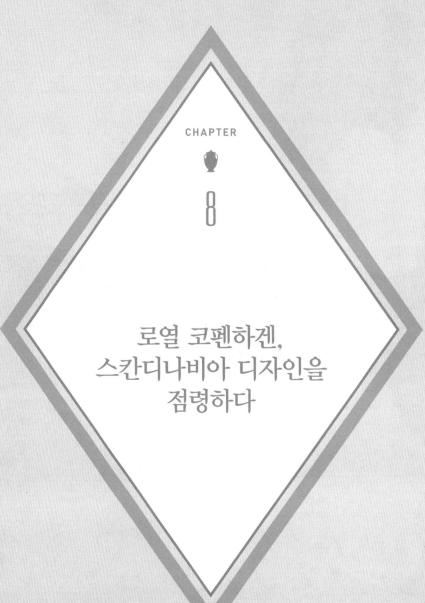

CHAPTER

8

로열 코펜하겐,
스칸디나비아 디자인을
점령하다

왕립 덴마크 도자기 공장이 특권을 잃은 것은 1849년이다. 이 해에 해외에서의 자기 수입 금지령이 철폐되고 덴마크 국민들도 자기 제작을 포함한 직업의 자유를 갖게 된 것이다.

이제는 누구라도 자신의 의사에 따라 자유롭게 도자기 공장을 만들 수 있게 되자, 1853년 왕립 덴마크 도자기 공장의 피겨린 제작자였던 프레데리크 빌헬름 그뢴달Frederik Vilhelm Grøndahl이 미술상이었던 빙 형제Meyer Hermann Bing & Jacob Hermann Bing와 함께 베스테르브로Vesterbro에 '빙 앤 그뢴달Bing & Grøndahl 도자기 공장'을 설립한다. 이 공장이 런던 만국박람회에서 메달을 수상한 것은 1862년의 일이었다.

다음 해인 1863년에는 아우구스트 시외트August Schiøtt라는 사람이 크리스티안스하운Christianshavn에 '알루미니아 파이앙스 공장Fajancefabrikken Aluminia'도 설립했다.

1868년은 덴마크 도자사에서 매우 중요한 해다. 왕립 덴마크 도자기 공장이

코펜하겐 벼룩시장에 나온 '빙 앤 그뢴달'의 피겨린들

1911년부터 같은 자리에 있는 로열 코펜하겐 본점

드디어 민영화되어 예전부터 만들던 제품들을 제조해 팔기 시작했고 이윤을 내기 시작했기 때문이다. 이에 따라 왕실이 아닌 일반 국민들도 도자기를 구입할 수 있게 된 것은 물론이다. 첫 여성 화공도 채용되었고, 블루 페인팅은 점차 여성들의 일이 되어갔다. 알루미니아 파이앙스 공장도 필리프 쇼우 Philip Schou라는 사람이 인수해 코펜하겐 교외에 위치한 프레데릭스베르Frederiksberg로 이전했다. 1875년부터 1885년의 10년 동안 이 회사는 무려 3,300만 개의 도기 제품을 생산했다. 1882년 알루미니아가 드디어 왕립 덴마크 도자기 공장을 사들인다. 이에 따라 1884년 왕립 덴마크 도자기 공장도 알루미니아가 있는 프레데릭스베르로 이전하고, 동시에 상점도 코펜하겐의 아마게르토르브Amagertorv 10번지로 옮겨간다. 오늘날 이 상점이 있는 아마게르토르브 6번지는 1911년에 이사한 것이다.

앞에서 얘기했듯 오늘날 로열 코펜하겐의 명성을 만든 장본인인 아르놀 크로그가 왕립 덴마크 도자기 공장에 들어온 것이 1885년이니, 역시 왕실의 우산에서 벗어나 민영화가 된 다음부터 경쟁력을 갖추기 시작한 것이다. 크로그는 일본 도자기로부터 영향을 받은 제품들을 1888년 코펜하겐에서 열린 '그레이트 노르딕 박람회'에 내놓았다.

알루미니아는 1882년 왕립 덴마크 도자기 공장의 새 주인이 됐음에도 불구하고 1969년까지 무려 87년 동안 독립된 브랜드 이름을 사용하며 그 명성을 쌓아왔다. 품질과 예술성이 좋아서 대중의 인기가 높았기 때문에 가능했던 일이다. 1901년 알루미니아는 크리스티안 요아힘Christian Joachim, 1870~1943과 하랄드 슬롯 묄러Harald Slott-Møller, 1864~1937라는 두 사기장을 영입하는데 이들은 1901년부터 1928년까지 알루미니아에게 최정상의 명예를 안겨준 사람들이다. 1904년 이들은 아르누보풍의 파이앙스로 생 루이St. Louis에서 열린 만국박람회에서 그랑프리의 영예를 안았다.

이들에게 바통을 이어받은 사람은 닐스 토르손Nils Thorsson, 1898~1975이었다. 크리스티안 요아힘에게 도제 수업을 받기도 했던 토르손은 독창적 작품 활동으로 대단한 명성을 누렸는데 1949년부터 1970년까지 21년 동안 알루미니아의 아트디렉터로 일했다.

그는 회사를 떠나기 3년 전인 1967년부터 아무도 감히 상상하지 못했던 파격적인 프로젝트를 선보였다. 당시 젊고 실력이 뛰어났던 디자이너와 건축가, 예술가들을 모아 매년 한 명의 작가가 특별한 주제와 개념을 도입하는 방식으로 예술적인 파이앙스 작품들을 만들기 시작했던 것이다. 사실 유럽의 왕실과 상류층의 사랑을 받는 자기를 만드는 회사가 기술적으로 한층 낮다고 생각되는 파이앙스 제품을 내놓는 일은 상당한 모험이었다. 그러나 토르손은 파이앙스를 통해 도기 예술을 구현할 수 있다는 신념을 가지고 있었다.

이 영향 때문인지는 몰라도 1970년 알루미니아는 공장 이름을 '로열 코펜하

1 코펜하겐 벼룩시장에 나온 '알루미니아' 파이앙스 제품과 타일
2 로열 코펜하겐 접시와 빙 앤 그뢴달 피겨린들

겐 파이앙스'라고 바꾸고, 제품의 마크도 알루미니아나 왕립 덴마크 도자기 공장이 아닌 '로열 코펜하겐 파이앙스'로 통일한다. 이 이름의 마크를 찍기 전에 알루미니아와 왕립 덴마크 도자기 공장은 파이앙스도기와 자기 양쪽에서 모두 성공을 거둬왔던 셈이다. 이러한 연유로 인해 전문적인 컬렉터의 경우 '로열 코펜하겐 파이앙스' 마크가 찍힌 제품보다는 당연히 알루미니아 마크가 있는 제품을 선호한다.

1967년에 시작된 토르손 프로젝트는 그가 로열 코펜하겐을 떠나고 사망1975한 이후에도 계속되어 1986년까지 19년 동안 이어졌다.

한편 이 시기 로열 코펜하겐에는 카를 마르틴 한센Carl Martin Hansen, 1877~1941이라고 하는 걸출한 피겨린 제작자가 있었다. 그는 덴마크 변방 지역과 덴마크 자치령인 페로Faroe 제도, 그린란드 등의 토속 원주민을 묘사한 피겨린으로 유명한 조각가였다.

1940년대 '알루미니아' 피겨린들

유틀란트 콜딩Kolding 출신의 그는 어린 시절 코펜하겐으로 와 도자기 공장에서 견습생으로 일하다가 베르메렌Vermehren예술학교를 우수한 성적으로 졸업하여, 유학 장학금을 받아 이탈리아, 프랑스, 독일 등지에서 수학했다. 1910년 브뤼셀에서 열린 세계 전시회에서 금메달을 수상하는 등 많은 상을 받았고, 능력을 인정받아 왕립 덴마크 도자기 공장에 들어갔다. 거기서 그는 '블루 플루티드'를 만들어낸 예술감독 아놀드 크로그와 함께 일하며 로열 코펜하겐을 명품 반열로 올리는 공로자가 되었다.

특히 한센의 이름값을 올리고 걸출한 작품으로 인정을 받은 것은 그의 '오버 글레이즈over glaze' 피겨린들이다. 오버 글레이즈는 언더 글레이즈와 달리 도자기에 유약을 바른 초벌구이에 채색하여 재벌구이하는 것으로, 반짝거리는 느낌이 없이 더 섬세하고 자연적인 느낌이 나는 레트로 감성을 불러일으킨다.

이러한 오버 글레이즈 기법은 플로라 다니카 제작에서 사용되면서 기틀이 만들어졌으므로, 1780년대 이 공장의 첫 골든 에이지황금시대의 전통이 그에게 훌륭히 전수된 것으로 볼 수 있다.

그는 1906년부터 1925년까지 덴마크 변방의 소녀와 소년, 여성을 주제로 한 피겨린 47개를 만들었는데, 토속 의상을 정확하게 표현해낸 디테일로 인해 최고의 찬사와 각광을 받았다.

이 중 42개의 복제품이 120점의 접시와 함께 1923년 국왕 크리스티안 10세와 알렉산드리네 왕비의 은혼식 파티 때 쓰일 선물로 헌정됐고, 이는 만찬 테이블의 장식품으로 사용되었다. 당시 덴마크 국왕이 지배하는 영토의 토속 복장을 한 피겨린이었기 때문에 왕실에서는 더욱 의미가 깊었을 것이다. 현재 그의 이

카를 마르틴 한센의 피겨린 모음

시기 피겨린들은 부르는 게 값일 정도로 컬렉터들의 수집 품목이 돼 있다.

1973년 알루미니아는 로열 코펜하겐Royal Copenhagen이라는 이름으로 홀메고르Holmegaard 유리공장과 합병하면서 은 식기 등으로 유명한 게오르그 옌센Georg Jensen Silversmith을 사들인다. 빙 앤 그뢴달은 1987년에 로열 코펜하겐 그룹의 일부가 되었고, 1991년에는 한스 한센Hans Hansen Silversmiths이 그 뒤를 따랐다. 이후에도 스웨덴의 유리공예 회사인 오레포스Orrefors와 코스타 보다Kosta Boda, 노바 회가네스 세라믹Nova Höganäs Ceramics, 베네치아의 베니니 유리공예Venini glassworks 등을 잇달아 매수하면서 로열 스칸디나비아 그룹Royal Scandinavia으로 덩치를 키웠다. 그야말로 로열 코펜하겐이 스칸디나비아 최대의 도자기, 유리공예, 세라믹 회사로 급성장한 것이다.

그러나 전통의 기업들이 공격적으로 자본을 운용하는 투자회사들의 먹잇감이 되는 것이 냉혹한 약육강식 자본주의의 숙명인 것인지, 로열 스칸디나비아도 덴마크 사모펀드Private Equity Fund 회사인 악셀Axcel에 넘어갔다가 2012년에 세계에서 가장 오래된 기업2015년 기준으로 무려 창사 366주년에 빛난다의 하나인 핀란드 전통의 공구제조회사 피스카스Fiskars에게 다시 팔렸다. 그나마 제조회사가 최종 주인이 된 것이 다행이라면 다행이다. 피스카스에 대해서는 핀란드를 다루는 항목에서 상세히 말하겠다.

로열 코펜하겐은 현재 자체 박물관과 공장 내부 관람 프로그램을 운영하지 않고 있다. 회사 주인이 바뀐 상황이나 2003년 이후 태국으로 생산 라인이 상당수 이전한 사실 때문인 듯하다. 「스칸디시아 닷컴ScandAsia.com」의 2003년 9월 17일 보도에 따르면 로열 코펜하겐은 2003년 9월 태국의 파트라 세라믹 그

---

1 로열 코펜하겐 본사 건물을 묘사한 2009년 크리스마스 컵과 소서
2 로열 코펜하겐 로고와 문양은 덴마크 국민과 나라의 자존심이다.

1

2

룹Patra Ceramics Group과 합자회사 설립을 위한 협약을 맺고, 방콕 북부 사라부리 Saraburi 지방의 농카이Nongkhai에 공장을 만들어 '블루 플루티드 라인'을 생산 키로 했다. 이 공장의 지분은 파트라 도자기가 51%를, 로열 코펜하겐이 49%를 소유하고 있다.

로열 코펜하겐이 이렇게 덴마크 밖에서 자신들의 제품을 생산하는 것은 이때 가 처음인데, 이런 선택은 역시 생산비 절감 이유가 가장 크다고 할 수 있다. 덴 마크 인건비의 10%에 불과한 고용 임금과 도자기 분야에서 비교적 숙련된 기 술을 가지고 있는 태국의 노동력을 활용해 가격 경쟁력을 확보해보자는 목적 인 것이다. 은제품 분야의 자회사인 게오르그 옌센도 그 전에 이미 일부 생산 라인을 태국으로 이전한 바 있다.

'메이드 인 타일랜드 블루 플루티드'가 나오는 현실은 참으로 안타깝다. 맥주 의 경우지만 '메이드 인 코리아 호가든Hoegaarden'이 나오는 세상이어도 그렇다. 어떻게 해서든 투자자와 주주들의 주머니를 불려주어야 하기 때문에 한 푼이 라도 제조원가를 줄여야 하는 기업 CEO의 입장이 이해는 가지만 씁쓸한 것 은 어쩔 수 없다. 로열 코펜하겐은 단순히 도자기 회사가 아니라, 덴마크 국민 과 국가의 자존심이기 때문에 더욱 그렇다.

크리스마스 기념
플레이트 이야기

오래전부터 유럽에서는 크리스마스가 되면 부자들이 그들의 하인에게 목재 나 금속 장식 플레이트에 쿠키나 캔디를 담아 선물하는 풍습이 있었다. 1895년

1

2

1 1995년에 나온 빙 앤 그뢴달의 100주년 기념 크리스마스 플레이트. 원 안의 그림은 1895년 것 그대로이고, 이 해만 특이하게
  가장자리를 금테로 둘렀다.
2 성냥팔이 소녀를 모티프로 한 빙 앤 그뢴달의 1907년 플레이트

'빙 앤 그뢴달'은 세계 최초로 크리스마스를 기념하는 플레이트를 내놓았다. 크리스마스를 기념하는 이 플레이트는 하얀 백자에 파란 문양이 들어간 기존 스타일이 아니고 접시 전체가 파란 색이었으므로 금방 눈에 띄었고 그만큼 사람들의 관심을 끌기에 충분했다. 로열 코펜하겐이 그 뒤를 따라 크리스마스 플레이트를 정기적으로 생산하기 시작한 것은 그로부터 20년 뒤인 1908년이었다.

로열 코펜하겐이나 빙 앤 그뢴달은 당시 접시 주제를 공장 사기장들이 경합으로 출품한 작품들 중에서 선정했기 때문에 초기 작품들은 매우 다양한 스타일을 보여준다. 그러다가 점차 사기장의 순서를 정해 주제를 미리 정했고, 나중에는 덴마크에서 일어난 다양한 사건들이 주된 주제로 등장하게 되었다. 예를 들어 1935년 빙 앤 그뢴달의 주제는 그해 완성한 셀란 섬과 푸넨 섬을 연결하는 스토레벨트 다리였다.

가장 유명한 주제의 하나는 1945년 로열 코펜하겐의 천사 접시다. 이 접시에 등장한 천사의 기도는 2차 세계대전의 종료와 덴마크의 해방에 대한 감사를 의미한다. 이후 덴마크의 유명한 훈련 전함인 단마르크Danmark, 인어공주 동상, 코펜하겐 중앙역 앞 티볼리Tivoli 공원의 팬토마임 극장, 안데르센Hans Christian Andersen, 1805~1875 생가 등 덴마크의 유명한 랜드마크들도 접시에 등장했다. 안데르센 생가는 그의 탄생 200주년을 기념해 2005년 접시 주제로 선정됐다.

이처럼 크리스마스 플레이트는 덴마크의 자연과 문화의 많은 부분을 반영하고 있다. 최근 가장 인기 있는 주제들은 동물이나 겨울 풍경, 겨울을 즐기는 사람들 모습이다.

로열 코펜하겐 크리스마스 플레이트는 2015년 기준으로 탄생 107년을 맞는다. 지난 2008년 탄생 100주년 기념 플레이트의 주제는 '코펜하겐의 크리스마스'였다. 그래서 접시 그림에 시 청사, 크리스티안보르 궁전, 증권거래소, 성모 마리아 교회, 우리 구세주 교회 등이 모두 나타난다. 이들은 적어도 한 번씩은 다른 해의 기념 플레이트에 각자 나왔던 모티프들이다.

크리스마스 플레이트는 이들이 처음 나왔던 100여 년 전의 방식 그대로 만들어진다. 플레이트는 생산 수량이 매해 철저하게 제한된 '리미티드 제품'이고, 이를 생산하는 몰드^{주형} 자체도 바로 없애버리기 때문에 생산 중단 이후에는 같은 접시를 더 이상 만들 수 없다. 그래서 이 접시들은 해가 지날수록 소장 가치가 계속 올라간다.

접시에는 연도가 들어가 있어 그해에 기념할 만한 일이 있는 사람들에게는 오랫동안 기억하고 싶은 특별한 날을 위한 선물로 인기가 많다. 그렇기 때문에

101주년을 맞은 로열 코펜하겐의 2009년 크리스마스 플레이트.
로열 코펜하겐 본점과 가게가 있는 스트뢰에 거리 풍경을 담았다.

수집가들은 새로운 크리스마스 플레이트 출시를 매년 손꼽아 기다린다. 서로 다른 그림의 접시들로 벽을 장식하거나, 매년 하나씩 추가하는 것은 북유럽에서 19세기 이래로 계속되고 있는 오랜 전통이다.

코펜하겐 등 북유럽 중심 도시들을 여행하다 운 좋게 벼룩시장을 만나면 나이 지긋한 할머니나 할아버지들도 이들 크리스마스 수집품을 구하느라 열심히 벼룩시장을 뒤지는 모습을 흔히 보게 된다. 그들에게는 아마도 이가 빠진 연도가 빈 햇수의 플레이트를 구하는 게 필생의 숙원일 것이다. 그러나 그들이 평생을 들여 그렇게 힘들게 모아놓은 기념 플레이트들이, 그들이 이 세상을 떠난 다음에 무더기로 시장에 나오는 경우도 흔치 않게 있다. 이것이 바로 크리스마스 플레이트의 북유럽식 윤회輪廻이려나…….

서로 비슷하게 보이는 로열 코펜하겐 접시와 빙 앤 그뢴달 접시를 구별하는 가

로열 코펜하겐의 2015년 크리스마스 플레이트(로열 코펜하겐 사진)

1

2

1 빙 앤 그뢴달의 크리스마스 플레이트들
2 스트뢰에 거리를 묘사한 2004년 제작 첫 센티니얼 플레이트

장 큰 특징은 접시 테두리다. 빙 앤 그뢴달은 테두리 없이 접시 전체에 그림이 있고, 로열 코펜하겐은 테두리가 있어 그 안에 그림이 있다. 또 빙 앤 그뢴달은 크리스마스 이브를 뜻하는 덴마크어인 'Juleaften'과 그해의 연도가 함께 새겨 있으나 로열 코펜하겐에는 연도만 표시되어 있다.

위에서 말했듯 로열 코펜하겐의 크리스마스 플레이트 그림과 몰드는 그해 상품이 제작되고 나면 모두 폐기된다. 한정판으로서의 가치를 유지하기 위해서다. 그러나 2008년 크리스마스 플레이트 제작 100주년이 가까워지면서 이러한 제약이 오히려 흥행의 족쇄가 되고 말았다. 무엇인가 기념 플레이트를 만들어야겠는데, 옛 그림과 몰드는 이미 사라지고 없기 때문이다. 그리하여 그들은 1908년과 2008년 사이에 제작되었던 크리스마스 플레이트 가운데 가장 기념비적인 작품 다섯 개를 골라 복원하기로 결정하고 모든 화공과 사기장의 기술을 집결시켜 옛 플레이트를 다시 만들어냈다. 그것이 바로 2004년부터 2008년까지 5년 동안 매년 한 점씩 제작한 '센티니얼Centennial 플레이트'다.

접시 표면의 전통적인 돋을새김 장식과 언더 글레이즈 기법을 이용한 깊은 블루 색채의 페인팅, 마지막으로 가장자리에 금테가 가늘게 둘러지면서 센티니얼 플레이트는 기존 크리스마스 플레이트와는 또 다른 분위기를 갖게 됐다.

첫 번째 센티니얼 플레이트는 1937년 닐스 토르손이 디자인한 것으로 코펜하겐 중심부의 가장 번화한 쇼핑거리인 스트뢰에strøget 거리 풍경을 담고 있다. 스트뢰에 거리는 지금도 여전히 이 플레이트가 그려지던 당시와 거의 변함없는 크리스마스 풍경의 정수를 느낄 수 있는 곳이다. 이 센티니얼 플레이트는 건물들 사이로 전나무 가지로 만든 갈란드 장식◆이 보이고 거기에 종과 별 등

◆ 로프나 와이어에 여러 가지 소재를 매달아 늘어뜨리는 형태의 장식품으로, 고대 이집트 로마 시대부터 경축의 용도로 사용되었다.

코펜하겐 중심부의 가장 번화한 쇼핑가인 스트뢰에 거리. 로열 코펜하겐 본점도 이곳에 있다.

이 매달려 쇼핑가 풍경을 로맨틱하고 달콤하게 만들어주고 있다. 오늘날에도 여전히 볼 수 있는 모습이다. 크리스마스 시즌이 되는 11월부터 연말까지 이곳은 사람들로 북적인다.

2005년의 두 번째 센티니얼 플레이트는 1945년에 제작된 그림을 담고 있다. 2차 세계대전이 종료된 1945년은 덴마크에게도 우리나라처럼 해방의 의미를 갖는다. 눈을 뚫고 피어나기 때문에 '크리스마스 로즈Christmas Rose'라는 별명을 갖고 있는 헬레보루스Helleborus 위로 어린 천사가 몸을 구부려 기뻐하는 모습을 담은 이 플레이트는 독일군이 5년 동안의 덴마크 점령에서 물러날 때의 시대상을 상징하고 있다. 크리스마스 로즈는 덴마크 사람들이 전쟁 기간의 고통을 이겨내고 자유를 되찾을 때까지 용기를 북돋아주었던 강력한 상징이라고 할 수 있다.

아말리엔보르 궁전 모습을 담은 2006년 제작 세 번째 센트니얼 플레이트

프레데리크 5세 동상과 대리석 교회(사진 중앙)가 있는 아말리엔보르 궁전 앞 광장

2006년에 나온 세 번째 센티니얼 플레이트의 모티프는 1794년 이후 왕실 거처로 사용하고 있는 아말리엔보르Amalienborg 궁전이다. 프레데리크 5세 동상이 중앙에 세워져 있는 넓은 광장을 중심으로 4채의 로코코풍 건물이 이를 둘러싸듯 위치하고 있다. 아말리엔보르 성은 원래 네 귀족 가문이 쓰던 별장이었다. 그러나 크리스티안보르 성이 1794년 2월 26일 불타버리면서 왕가는 이 궁정을 사들이고 이사한다.

4개의 주 건물이 독립적으로 궁전을 이루기 때문에 이후 많은 왕들이 네 건물을 돌아다니면서 머물렀다. 현재 일반에 공개하고 있는 것은 크리스티안 7세의 몰트케Moltkes 궁전과 크리스티안 8세의 레베차우Levetzau 궁전 두 채다.

궁전 앞에는 블루 제복을 입고 거의 6kg이나 나가는 검은색 커다란 모자를 쓴 왕실 근위병이 빨간색 초소 입구를 지키고 있는데, 플레이트는 바로 이런 풍경을 담고 있는 1954년도 제품이다.

2007년의 네 번째 센티니얼 플레이트는 내부에 209m의 나선형 계단이 있는 코펜하겐 랜드마크의 하나인 원형탑 꼭대기에서 두 아이가 눈 덮인 코펜하겐 시내를 내려다보고 있는 1988년 제품이고, 마지막 2008년 다섯 번째 플레이트는 아기 예수가 성모 마리아 품에 안겨 있는 1908년 제품이다. 이 그림이 최초의 크리스마스 플레이트로 선정된 것은 크리스마스가 예수의 탄생일인 것처럼, 이 접시 제작도 앞으로 100년 이상 지속되기를 희망하면서 그 시작이라는 상징적 의미를 담았기 때문이다.

물론 지금으로부터 113년도 더 지난 당시에는 이와 같은 크리스마스 플레이트를 수집하는 유행이 대중적으로 각광받을 것이라고는 아무도 생각하지 않았다. 그래서 기념 플레이트를 한정판으로 매우 적게 만들었던 것인데, 이 때문에 이 제품들은 수집가들이 매우 소장하기를 열망하는 '희귀본'이 된 셈이다. 당시 하나의 몰드주형는 30번에서 50번 정도만 사용할 수 있었기 때문에 제품도 30~50개만 나올 수 있었다. 이는 옛 방식을 그대로 따르는 지금도 마찬가지다. 2008년 당시 100주년 기념 플레이트 제작을 축하하는 이벤트는 덴마크 이외에 한국과 대만, 일본 그리고 이탈리아와 미국에서도 열렸다. 로열 코펜하겐 고객들이 유럽 외에도 많이 있다는 얘기다. 이 해에 로열 코펜하겐은 또 지난 100년 동안의 모티프 가운데 26개를 선정해서 그 이미지들로 구성한 블루 실크 스카프를 제작해 유럽과 아시아에서 판매했다.

빙 앤 그뢴달은 1969년부터 어머니날5월 둘째 주 일요일 기념 플레이트도 제작했고, 로열 코펜하겐이 이를 이어 현재도 만들고 있다. 주로 동물 그림이 많은데,

애완견 스패니얼을 모델로 한 빙 앤 그뢴달, 1969년 '어머니날' 첫 기념 플레이트

2021년의 경우 레드 판다Red Panda였다.

로열 코펜하겐 제품에 대한 설명을 마치기에 앞서 하나만 더 보고 넘어가도록 하자. 로열 코펜하겐의 최근 피겨린 가운데 주목할 만한 것은 조디악Zodiac, 즉 12개 별자리황도 12궁를 주제로 한 것이다. 이 제품은 1차로 소성한 다음에 유약을 칠하지 않은, 즉 비스킷biscuit 상태의 제품이지만 마치 벨벳 처리를 한 것과 같이 매끄러운 느낌을 준다. 조디악 피겨린은 여성과 남성 시리즈의 두 종류이

고, 색깔도 화이트와 블랙 2가지로 구성돼 있다.

이 피겨린들은 덴마크의 전설적인 일러스트레이터이자 만화가, 조각가, 화가인 크리스텔 매롯Christel Marott, 1919~1992의 일러스트 작품들을 기초로 한 것이다. 그녀는 불과 17세의 나이에 데뷔해 「보그」나 「하퍼스 바자」 같은 세계적인 패션잡지의 일러스트를 맡아 명성을 떨쳤다. 그녀는 작품에 '크리스텔Christel'이라는 사인을 남겨, 보통 크리스텔로 불렸고 그녀 작품은 다리가 길고 매혹적인 여성의 대명사가 되었다. 그녀가 그린 핀업걸 pin-up girl 또한 수집가들에게 인기 있는 수집 대상이다.

크리스텔의 일러스트

1

2

1 조디악 화이트 시리즈의 토러스(Taurus, 황소자리)　2 조디악 블랙 시리즈의 에리즈(Aries, 양자리)

TIP

로열 코펜하겐 본점과 아마게토르 6번지

로열 코펜하겐이 1911년 4월 21일부터 지금까지 영업을 계속하고 있는 아마게토르 6번지(Amagertorv 6)의 르네상스 빌딩은 코펜하겐에서 가장 오래된 빌딩의 하나. 무려 400여 년 전인 1616년 당시 시장 마티아스 한센(Mathias Hansen)을 위해 세워진 것으로 1728년의 대화재, 1807년의 폭격에도 살아남았다.

그리하여 오늘날 코펜하겐 관광객이라면 반드시 들러야 하는 랜드마크가 되었고, 쇼핑 중심지인 스트뢰에 거리에 있기 때문에 도자기에 전혀 문외한이라고 할지라도 우연히 한번쯤은 들리거나 지나치게 돼 있다. 이곳을 찾아 건물 안으로 들어가는 경험은 그냥 쇼핑의 차원이 아니다. 고색창연한 로열 코펜하겐 박물관 안에 들어와 있는 것 같고, 오래된 목조 계단을 올라 2층으로 올라갈 때의 느낌은 마치 수줍은 새색시 얼굴을 가린 면사포를 들출 때의 그 설렘과 같은 두근거림이다.

이곳은 들어서는 순간부터 무엇인가 굉장히 세련된 문화인이 된 듯한, 'Everyday Luxury!'라는 로열 코펜하겐의 슬로건 그 자체처럼 스스로 귀한 신분이 된 것 같은 기분이 된다. 비록 그것이 비록 자본주의 상술에 의한 '시뮬라시옹(본질 없는 허구의 이미지)'이라 할지라도, 가끔은 이런 행위도 마음에 색다른 위안을 줄 것이다. 그러니 이 브랜드의 명품 그릇들을 보는 것은 부차적 행위이다.

이 가게의 1층은 또 다른 기쁨도 준다. 로열 코펜하겐에서 직접 운영하는 근사한 로열 스무시 카페(Royal Smushi Cafe)가 바로 옆 건물에 있어 매장과 연결돼 있기 때문이다. 여기서 '스무시'란 스뫼레브뢰드(Smørrebrød, 빵에 햄과 채소, 고기 등을 얹어 먹은 덴마크 음식)와 일본 스시를 결합시킨 것을 말하는데, 맛이 이도 저도 아니고 가격 대비 양이 적기 때문에 별로 추천하고 싶지는 않다.

그나저나 로열 코펜하겐이 카페 이름에 일본 스시까지 접합시킨 것을 보면 이 제품에 대한 일본인의 애정이 정말 대단하긴 한가 보다. 로열 코펜하겐이 지난 2008년 '엘레먼츠 서비스'를 처음 출시할 때 덴마크보다 오히려 일본에서 먼저 판매했을 정도다. 덴마크에서는 6월부터 판매를 시작했는데

로열 코펜하겐 본점 진열대의 '플로라' 시리즈

로열 코펜하겐에서 운영하는 '스무시 카페'

일본은 이보다 두 달 빠른 4월부터 매장에 내놓았다. 일본을 비롯해 한국, 싱가포르, 대만에서 거두는 매출액이 전체 매출의 절반을 넘을 만큼 아시아 쪽이 강세인 사실을 반영한 마케팅 전략이다.

어쨌든 이 카페에서의 커피 한 잔은 정말 커다란 기쁨을 준다. 야외에 쾌적한 자리도 있고 실내의 인테리어도 너무 훌륭한데다, 로열 코펜하겐 그릇으로 서비스를 하니 말이다.

게다가 실내는 플로리스트로 이름 높은 니콜라이 베르만(Nicolai Bergmann)의 꽃 장식들로 치장돼 있다. 코펜하겐 출신인 니콜라이 베르만 역시 주로 일본에서 활동하고 있고 일본에서 가장 각광을 받고 있으니, 로열 코펜하겐도 로열 델프트처럼 이래저래 일본과 얽힌 인연이 만만치 않다.

로열 코펜하겐 바로 옆 빌딩이 우리나라 주부들의 로망인 '일룸스 볼리거스(Illums Bolighus)'인 것도 매우 매력적인 요소다. 더구나 이곳은 로열 코펜하겐 매장과 연결돼 있어 밖에 나오지 않고 실내에서 바로 건너갈 수도 있다.

'일룸스 볼리거스'는 북유럽 디자인의 총집결지라고 할 수 있는 전문 백화점이다. 내로라하는 북유럽 브랜드의 가구 장식용품, 주방용품, 실내용품 등이 한자리에 모여 있어 이곳에 가면 지금 가장 뜨고 있는 인테리어 관련 트렌드가 무엇인지 알 수 있다.

로열 코펜하겐 본점은 월요일부터 금요일까지 오전 10시부터 오후 7시까지, 토요일은 오후 6시까지, 일요일은 오전 11시부터 오후 5시까지 문을 연다. 그러나 크리스마스 쇼핑 시즌인 12월에는 오히려 폐점 시간이 한 시간씩 늘어난다. 다만 12월 24일부터 26일까지는 문을 닫고, 12월 31일도

오후 2시까지만 문을 연다.

이곳에 가려면 지하철로는 콩겐스뉘토르 광장(Kongens Nytorv) 역에서 하차. 버스는 1A, 2A, 6A, 15, 350S 노선이 간다. 스트뢰에 거리만 가면 매우 쉽게 찾을 수 있다.

일룸스 볼리거스는 매월 첫째 주 일요일만 빼고 다른 일요일에는 문을 닫는다. 첫째 주 일요일은 정오부터 오후 5시까지, 월요일부터 목요일까지는 오전 10시부터 오후 6시까지, 금요일은 오후 7시까지, 토요일은 오후 5시까지 문을 연다.

로열 코펜하겐 옆의 '일룸스 볼리거스'

일룸스 볼리거스의 내부 디스플레이

TIP

로열 코펜하겐 아웃렛

로열 코펜하겐은 아웃렛도 운영하고 있다. 은그릇 전문 게오르그 옌센 제품도 함께 판매한다. 품질을 검사하는 과정에서 B급 판정을 받은 제품들은 이곳으로 보내 보다 싼값에 판매한다.

문을 여는 시간은 월요일부터 금요일까지 오전 10시부터 오후 6시까지, 토요일은 오후 3시까지, 일요일은 오전 11시부터 오후 3시까지다.

주 소: Søndre Fasanvej 9 2000
　　　Frederiksberg
전 화: +45 3834 1004
E-mail: factoryoutlet@
　　　royalcopenhagen.com

옛 알루미니아 도기 공장이 있었던 프레데릭스베르에 위치해 있지만, 코펜하겐에서 멀리 떨어져 있지 않다. 지하철 파산네베즈(Fasanvej) 역에서 내리면 되고, 버스는 9A, 4A 라인이 간다. 아웃렛 옆에서 옛 공장의 모습과 굴뚝을 아직도 볼 수 있다.

로열 코펜하겐 아웃렛,
일본어 표기가 이들의 인기를 반영한다.

코펜하겐의 왕궁과 도자기

코펜하겐에는 모두 세 군데의 왕궁이 있다. 위에서도 잠깐 언급했지만 왕실이 현재 사용하고 있는 아말리엔보르 왕궁이 있고, 국회의사당과 1972년 즉위한 현재 마르그레테 2세 Margrethe Ⅱ 여왕의 국빈 영접 연회장으로 사용하는 크리스티안보르 궁전, 주로 왕실 박물관으로 사용하는 로센보르 궁전이 있다. 세 곳 모두 덴마크의 자존심으로 내세우는 도자기들이 전시돼 있다. 우선 아말리엔보르의 내부부터 구경해보자.

이곳을 찾은 방문객들이 볼 수 있는 것은 1863년부터 1947년까지 3대에 걸쳐 군주들이 살던 거처와 그들과 관련된 전시물이다. 그들이 사용하던 거실과 서재에는 가구며 초상화, 태피스트리, 온갖 소장품과 잡동사니가 전시돼 있다.

1 1923년 크리스티안 10세와 알렉산드리네 왕비의 은혼식 기념 자기
2,3 공주에 대한 애정이 듬뿍 묻어나는 공주들의 모습을 담은 도자기

이들은 바로 크리스티안 9세Christian IX, 재위 1863~1906, 프레데리크 8세Frederick VIII, 재위 1906~1912, 크리스티안 10세Christian X, 재위 1912~1947다.

현 여왕 마레그레테 2세의 아버지는 프레데리크 9세Frederick IX, 재위 1947~1972인 데, 딸만 셋을 두었기 때문에 200년 만에 처음으로 장녀에 대한 여왕 승계가 이루어졌다. 왕의 이름이 계속 크리스티안과 프레데리크가 반복되는 것은 덴마크 왕자들이 이 두 이름만 번갈아 사용했기 때문이다.

아말리엔보르에는 여러 점의 독특한 도자기들이 전시돼 있는데 그중 하나인 앞 사진의 것은 크리스티안 10세와 그의 부인 알렉산드리네 왕비의 1923년 은혼식 기념 선물이다. 도자기에 배 그림이 그려져 있는 것은 이 도자기 제작을 의뢰한 곳이 우리나라식으로 말해서 해양수산부였기 때문이다. 즉 바다를 관리하는 관청에서 왕의 은혼식을 기념하는 도자기를 만들어 선물한 것이다. 은혼식에는 전혀 어울리지 않는 그림이지만 말이다. 제작은 당연히 로열 코펜하겐에서 맡았지만 참 밋밋하다.

이곳에는 크리스티안 10세와 알렉산드리네의 또 하나의 은혼식 기념 도자기가 전시돼 있다. 그것은 프랑스 칸Cannes에 있는 빌라 웬덴Villa Wenden에서 보낸 세브르 도기다. 칸의 빌라에서 이들 부부에게 이런 선물을 한 것은 바로 이들의 결혼과 관련이 있다.

1897년 5월 크리스티안 왕세자는 칸을 여행했는데, 주된 목적은 바로 칸에 몰려드는 유럽 왕실과 귀족의 딸들 중에서 결혼 상대를 고르기 위해서였다. 그는 칸에서 독일 메클렌부르크-슈베린Mecklenburg-Schwerin 대공 가문이 소유하고 있던 별장인 '빌라 웬덴'을 방문했는데, 거기서 그 가문의 두 딸 가운데 장녀인 17살 알렉산드리네를 만나 사랑에 빠졌고, 그들의 결혼 역시 그 다음해 칸에서 이뤄졌다. 바로 그래서 칸의 '빌라 웬덴'이 은혼식 선물을 보내온 것이고, 당연히 프랑스 세브르에서 만든 파이앙스 제품일 수밖에 없었다.

사람 키 높이보다 큰 거대한 크기의 도자기도 있다. 이는 크리스티안 9세와 루이세Louise 왕비의 1892년 금혼식 기념이다. 그런데 이를 보낸 곳과 사람들이 매우 뜻깊다. 이를 보낸 사람들은 이탈리아 나폴리에서 살고 있는 덴마크 사람들, 즉 이민자의 자손들이었다. 그들이 자신들의 조국을 기리면서 왕 부부의 금혼식을 축하하는 도자기를 보낸 것이다. 이처럼 덴마크에는 왕실에 기념할 만한 일들이 있을 때마다 국민들이 성금을 모아 선물을 보내는 풍습이 있는데, 이는 지금도 여전히 이어지고 있다.

크리스티안보르 궁전은 앞서 말했듯 18세기 말까지 왕실의 거처였으나, 1794년 화재로 아말리엔보르로 왕실이 옮겨갔다. 1828년에 새로운 궁전을 지었지만 프레데리크 6세Frederick VI, 1768~1839는 이곳으로 돌아오지 않고 별장처럼 사용했다. 그 후 다시 화재가 발생해 현재의 궁전은 20세기 초에 지어진 것이다.

크리스티안보르는 아말리엔보르 왕궁과 실내 풍경의 느낌이 확 다르다. 아말리엔보르는 어디까지나 개인의 삶을 영위하는 사적 영역이라면, 크리스티안보르는 외국 사절을 맞이하는 영빈궁답게 대외적인 접견 장소임을 금방 알 수 있다. 그래서 매우 호화스러우며 역대 군주들을 보여주는 대형 초상화가 곳곳에 걸려 있다. 대형 초상화 밑에는 어김없이 도자기가 놓여 있다는 사실도 다른 유럽 국가들의 궁전과 같은 풍경이다.

크리스티안보르에 들어서서 가장 먼저 만나는 것은 1층에 있는 왕립 예배당이

1 아말리엔보르 궁전 내부 벽을 장식한 플레이트들
2 프랑스 세브르에서 만든 크리스티안 10세와 알렉산드리네 부부의 은혼식 기념 도기
3 크리스티안 9세 부부의 금혼식을 축하하는 나폴리 항구의 모습을 담은 마욜리카

다. 16세기 이래로 덴마크 왕실과 관련된, 요람에서 무덤까지의 모든 행사는 이곳에서 치러졌다. 출생 이후의 세례, 결혼식과 대관식, 장례식까지 말이다. 그래서 이 궁전의 본격적인 관람은 2층에서 이뤄지는데, 실내 오염을 방지하기 위해 입실 이전에 반드시 신발 위에 우스꽝스러운 비닐 버선을 신어야 한다. 그렇게 버석거리며 2층에 올라서면 마르그레테 여왕의 대형 초상화가 반겨준다.

대부분의 유럽 왕실이 그렇지만 궁전에 놓여 있는 것은 사실상 도자기라기보다는 트로피trophy에 가깝다. 원래 트로피라는 것이 고대 그리스·로마의 전승기념비에서 비롯되어 무기나 투구에 꽃, 과일, 리본을 추가한 승리 장식품으로 진화한 것처럼, 왕실 도자기는 군주의 권위를 과시하기 위해 크기도 크려니와 군주의 얼굴이나 기념할 만한 역사적인 사건 등이 주로 그려져 있다. 모양도 경기 승리자들이 환호를 지르며 치켜드는 우승 트로피를 기본 바탕으로 이리저리 변형을 주거나 훨씬 크게 만든 것들이다. 미적 가치는 별로 없고 권위의 총체만 부각되었다고 할 수 있다. 그러나 유럽 왕실은 제국주의 이후로 늘 그래 왔으니 새삼스러운 일도 아니다.

그래도 크리스티안보르에는 관람객을 실망시키지 않는 보물들이 있다. 이곳을 꼭 들러야 하는 이유이기도 하다. 바로 왕실에서 사용한 로열 코펜하겐의 '플로라 다니카'들이 전시돼 있기 때문이다. 이곳은 '플로라 다니카'를 위한 별도의 전시실을 특별히 만들어놓았다.

크리스티안보르에서 만나는 '플로라 다니카'는 로열 코펜하겐 본점에서 보았던 것과는 느낌이 또 다르다. 아마 전시된 장소의 분위기 탓일 수도 있고, 왕실에서 직접 사용했던 것이라는 사실 때문일 수도 있겠지만 이곳의 그릇들이

1 크리스티안보르의 매우 호화스러운 대형 연회장
2 왕실의 주요 행사를 보여주는 그림과 도자기들

훨씬 더 좋아 보인다. 아마도 지난 세월의 전통과 권위가 그릇에 묻어 있기 때문일 수도 있겠다.

전시실에 쓰여 있는 설명을 보면 '플로라 다니카'가 완벽한 만찬용 세트였음에도 불구하고, 덴마크 왕실은 이 그릇들을 평상시에는 오직 디저트에만 사용했다고 한다. 정작 음식들은 은으로 만든 그릇에 담았다는 것이다. 도자기 그릇들을 직접 쓰기에는 너무 아까워서 디저트 용도로만 사용한 곳은 사실 덴마크 왕실만이 아니다. 유럽의 다른 왕실과 귀족들도 그랬다. 그들에게 도자기는 식사를 위한 그릇이라기보다는, 어디까지나 권력의 과시를 위한 트로피 역할이 더 컸던 것이다.

특이하게도 덴마크 왕실은 '플로라 다니카'가 계몽주의Enlightenment의 산물임을 강조하고 있다. 즉 계몽주의 시대에는 과학으로 자연의 질서를 조절할 수 있다는 이상을 가지고 있었는데, 그런 이상의 발현이 식물도감이었고 '플로라 다니카'는 식물도감에 기초해서 탄생한 도자기이므로 이 그릇이야말로 자연의 야생과 인간 예술 사이의 갈등이 아슬아슬하게 접점을 이룬 미덕이라는 것이다.

덴마크와 노르웨이 정부가 공동으로 왕립 식물학회를 세운 것이 1752년이고 '플로라 다니카'가 처음 나온 것이 1790년이니, 덴마크 왕실의 이러한 주장은 납득이 간다. 당시 왕립 식물학회를 세운 목적은 두 나라의 전 국토를 샅샅이 답사하여 약용, 농업, 조경으로 쓸 수 있는 식물을 발굴하고 분류하는 데 있었다. 또한 이렇게 수집한 자료를 학자는 물론 일반 시민들에게도 가르치고, 도감으로 발행해 미래에 대비하자는 것이었다.

로열 코펜하겐 역시 '플로라 다니카' 세트를 처음 제작할 때 식물이 그릇 안에 진짜 들어가 있는 것처럼 보여주기 위해 실제 크기를 그릇에 담으려 애썼다. 왕립 식물학회의 도감을 최대한 충실히 반영하려 노력했다는 얘기다. 그러나 항상 식물의 뿌리가 문제였다. 뿌리가 너무 길면 그릇의 범위를 넘어섰기 때문이다. 그럼에도 불구하고 현재 이 그릇들의 식물 그림은 놀라울 정도로 실제 크기에 가깝다.

18세기에 만들어진 '플로라 다니카' 세트 가운데 남아 있는 것은 모두 1,530점이고, 이 중 200점을 크리스티안보르에 전시하고 있다. 이 그릇들은 1803년 크리스티안 7세의 29세 생일 때 처음 사용했고, 나중에는 결혼식과 국빈 만찬 때에만 꺼냈다. 가장 최근에 사용한 것은 1990년 마르그레테 여왕 어머니의 80세 생일 때였다. 이후로는 20년이 넘도록 꺼내지 않은 것이니 왕실도 이를 얼마나 애지중지하는지 알 수 있다.

로센보르 궁전은 역시 코펜하겐 중심부에 위치해 있다. 크리스티안 4세 Christian IV, 1577~1648의 지시에 따라 당시 유행했던 네덜란드 르네상스 양식으로 1606년부터 짓기 시작해 1624년에 완공했다. 1710년 무렵까지 왕실 가족의 주된 거처로 사용했으며, 크리스티안보르에 화재가 발생했던 1794년과 영국의 공격을 받았던 1801년에 각각 왕가의 임시 거처로 사용했다.

1833년에 프레데리크 6세가 이 성에 박물관을 설립해 성에 있는 예술 작품 및 왕실의 컬렉션을 전시하기로 결정하였고, 1838년에 박물관을 완성해 일반에 공개했다. 박물관에는 덴마크 왕실 역사의 상징이라 할 수 있는 왕관과 보석, 공식 석상에서 사용하는 휘장과 예복 등의 컬렉션이 전시되어 있다. 또한 덴마

1 크리스티안보르의 로열 코펜하겐 '플로라 다니카' 특별 전시실
2 '플로라 다니카'는 자연 야생과 인간 예술의 갈등이 아슬아슬한 접점을 이루어낸 미덕이다.

크 왕실 소유의 대관식용 페르시아산 카펫을 소장하고 있다. 이 카펫은 페르시아오늘날 이란의 이스파한Isfahan에서 17세기에 제작한 것으로 실크와 금사, 은사를 소재로 만들었다. 실제로 덴마크 왕들의 대관식에 사용해온 이 카펫은 1년에 한 번 일반에 공개한다.

내부의 3층에 있는 롱 홀Long Hall은 1624년에 만들어진 연회장으로 1700년경까지 왕실의 공식 행사를 위한 공간으로 사용되었다. 덴마크 문장이 새겨진 천장과 17세기부터 전해 내려온 은으로 만든 가구 등을 오늘날까지 보존하고 있다.

'왕의 정원Kongens Have'이라 불리는 로센보르 궁전 정원은 크리스티안 4세의 지시에 따라 로센보르 궁전을 짓기 이전에 르네상스 양식으로 조성했다. 오늘날에는 코펜하겐 시내에서 가장 인기 있는 휴식처로써 매년 수백만 명이 이 정원을 찾는다.

이 궁전의 2층에는 각기 글라스 전시실과 도자기 전시실이 있다. 프레데리크 4세는 1709년 이탈리아 방문 때 베네치아에 가서 많은 양의 유리공예 제품을 선물 받았다. 이후 귀국길에 베를린의 샤를로텐부르크Charlottenburg 왕궁을 들렀는데, 그는 여기서 글라스와 도자기 전시실을 만들어야겠다는 강한 영감을 받았다. 그리하여 글라스 전시실이 먼저 만들어졌는데, 무슨 이유에선지 도자기 전시실은 만들지 못했다.

그리하여 이 궁전에 도자기 전시실이 만들어진 것은 1860년의 일이다. 이 전시실은 크리스티안 7세가 프랑스의 세브르 도자기 공장을 방문했을 때 선물로 받은 세브르 도자기를 비롯해 18세기 독일 마이슨 자기, 중국 도자기 등을 전

1 '플로라 다니카'는 그릇 안의 그림을 식물의 실제 크기에 맞추려 많은 애를 썼다.
2 '플로라 다니카'는 도자기로 만든 식물도감이다.
3 버섯을 모티프로 한 '플로라 다니카' 중 '버섯 라인' 서비스

네덜란드 르네상스 양식의
로센보르 궁전

로센보르 궁전 도자기 전시실의
세브르 도기와 하단부의
'플로라 다니카'

베를린 샤를텐부르크 왕궁의 도자기 전시실을 모방한 로센보르 궁전의 도자기방

시하고 있다. 물론 가장 많은 진열품은 로열 코펜하겐의 '플로라 다니카'다.

로센보르 궁전에서 한 가지 더 특기할 사항은 바로 델프트 타일이다. 궁전의 가장 낮은 곳에 있는 3개의 화장실 전체가 델프트 타일로 덮여 있는 것이다. 원래 이 타일들은 1706년에 네덜란드로부터 들여와 장식한 것으로, 이들 중 일부는 아직도 남아 있다.

이곳은 19세기에 들어와 더 보수했는데, 이때 사용한 타일은 1736년 코펜하겐에서 제작해 코펜하겐 북쪽에 있는 사냥용 노지인 에르미타주Hermitage 궁전의 '네덜란드 부엌'에 사용했던 타일들을 가져온 것이다.

로센보르 궁전 화장실의 델프트 타일

T I P

코펜하겐의
세 궁전 가기

코펜하겐 세 개의 궁전 가운데 시내(중앙역 기준)에서 가장 가까운 곳은 크리스티안보르 궁전이다. 매일 오전 10시부터 오후 5시까지 문을 열지만, 10월부터 4월까지는 월요일에 문을 열지 않으니 주의할 것. 이 궁전과 함께 볼 수 있는 왕립 마굿간은 매일 오후 1시 30분부터 오후 4시까지만 문을 열고, 역시 10월부터 4월까지는 월요일에 쉰다. 다만 7월에는 오전 10시부터 오후 5시까지 문 여는 시간을 연장한다.

버스는 1A, 2A, 26, 40, 66, 350S 노선이 지나간다. 지하철로는 콩겐스뉘토르(Kongens Nytorv) 역이나 노레포트(Nørreport) 역에서 내리면 된다.

아말리엔보르 왕궁은 5월부터 10월까지는 매일 오전 10시부터 오후 4시까지, 11부터 4월까지는 월요일을 제외하고 오전 11시부터 오후 4시까지 문을 연다. 12월 21일부터 26일까지, 31일과 1월 1일은 문을 닫는다.
버스는 1A, 15, 19, 26, 29, 650S, 901, 902 노선이 지나간다. 지하철로는 콩겐스뉘토르 역

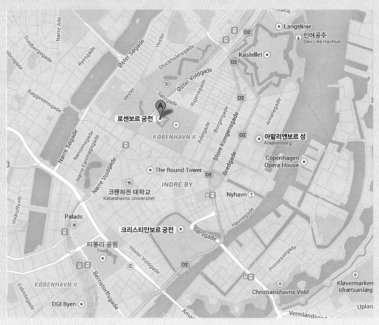

코펜하겐의 세 궁전 위치를 보여주는 지도

(북쪽으로 도보로 11분), 노레포트 역(동쪽으로 도보로 20분)이 가깝다.

로센보르 궁전은 아말리엔보르 맞은편으로 계속 걸어가면 된다. 널따란 정원이 나오면 그곳이 바로 로센보르다. 1월에는 문을 닫고, 2월부터 4월까지는 월요일을 제외한 오전 10시부터 오후 2시까지 문을 연다. 5월부터 10월까지는 오전 10시부터 오후 4시까지(7월만 오후 5시까지) 문을 열었다가, 11월이 되면 다시 오후 2시로 폐관 시간을 앞당긴다. 12월 22일부터 26일까지, 31일은 문을 닫는다.

'왕의 정원'은 노레포트 역에서 200m 떨어져 있다. 왕궁은 정원에서 해자를 건너 들어가도록 돼 있다. 버스는 14, 42, 43, 184, 185, 5A, 6A, 173E, 150S, 350S 노선이 지나가며 역시 노레포트에서 내리면 된다.

그러나 위 세 곳은 모두 걸어 다니기에 충분한 거리에 있다. 코펜하겐 자체가 그리 큰 도시가 아니라서 웬만한 곳은 모두 도보 관광이 가능하다. 로열 코펜하겐 아웃렛에 갈 것이 아니라면 나머지는 건강을 위해서라도 다 걸어 다니자.

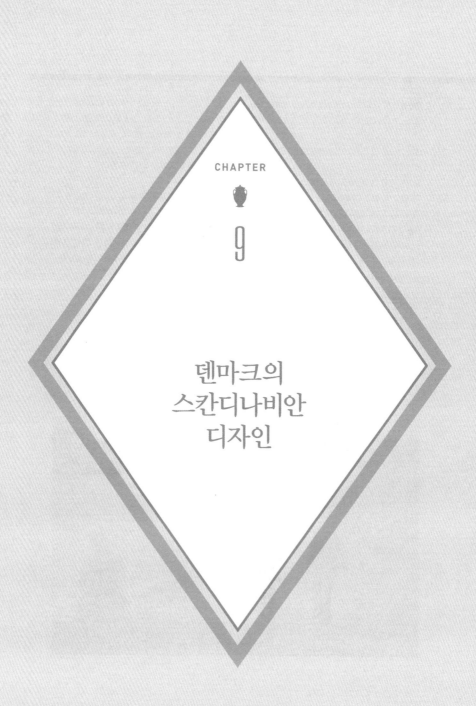

CHAPTER

9

덴마크의
스칸디나비안
디자인

가구와 주방용품, 인테리어 전문 백화점인 '일룸스 볼리거스' 매장

루시 카스
Lucie Kaas

위에서 가구 및 주방용품 전문백화점인 '일룸스 볼리거스'를 잠시 살펴보았다. 젊은 신세대 주부들이 '지름신 강림'의 위험을 기꺼이 감수하면서도 보고 싶어 하는 것은 사실 이 백화점을 가득가득 채우고 있는 스칸디나비안Scandinavian 디자인, 즉 스칸디나비아 반도 주변의 네 나라 덴마크, 스웨덴, 노르웨이, 핀란드 등 북유럽 국가 디자인의 제품들이다. 스칸디나비안 디자인은 노르딕Nordic 디자인이라고도 불리는데, 엄밀히 따지자면 다르지만 요즘은 큰 구별 없이 그냥 다 같이 북유럽 디자인을 지칭하는 말로 쓰이고 있다.

동양권, 특히 한국과 일본에서 북유럽 디자인에 열광하는 이유는 여러 가지가 있겠지만 일단 이들 제품이 북유럽 자연의 순수한 느낌에다 견고함과 실용

'루시 카스'의 '아르네 클라우센 컬렉션' 로터스 볼(루시 카스 사진)

성을 갖추고 있기 때문인 듯하다. 깨끗한 자연을 연상시키는 북유럽의 단순한 패턴은 유행을 쫓지 않아서 질리지 않고 친근하며 오래 곁에 두기 좋은데, 이런 면이 유행을 불러일으킨 것 같다. 과도한 속도 경쟁, 디지털 문화의 빠른 전파 및 확산에 의해 너무 자주 바뀌는 트렌드에 지친 현대인들이 자연 친화적인 단순성의 미학에 매력을 느꼈다고나 할까.

2012년에 설립된, 그야말로 새내기 중의 새내기라 할 수 있는 덴마크 디자인 회사 루시 카스가 빠르게 인지도를 높이면서 폭넓은 사랑을 받고 있는 것도 바로 이러한 디자인 덕택이다. 루시 카스가 성공한 제일 요인은 아이러니하게도 스칸디나비안 디자인이 가장 발전했던 1950~70년대 제품들의 복원, 즉 재생산이다.

한 예로 루시 카스 제품 가운데 가장 인기 있는 '로터스 볼lotus bowl'은 단순한 연꽃 패턴을 그린 다양한 색상의 볼 그릇인데, 이것은 60년대에 인기 있었던 스웨덴 '카트리네홀름Catherineholm' 제품 가운데 '아르네 클라우센Arne Clausen 컬렉션'을 다시 생산한 것이다. 아르네 클라우센1923~1977은 스칸디나비안 디자인에 큰 획을 그은 노르웨이 디자이너로, 카트리네홀름의 데코레이터로 일했다. 그가 1963년에 창조해낸 로터스 패턴은 시대를 초월하는 디자인으로 지금도 여전히 각광받고 있다.

루시 카스가 이렇게 60년대 디자인에 주목한 것은 갑작스러운 일이 아니다. 왜냐하면 루시 카스도 어느 날 하늘에서 뚝 떨어져 생긴 회사가 아니고, 1936년에 설립되어 1969년에 문을 닫은 '덴마크 도자기 공장', 일명 '링비 포슬린 Lyngby Porcelain'에 뿌리를 두고 있기 때문이다.

루시 카스의 로터스 볼은 다양한 연출을 할 수 있다.

루시 카스 로터스 볼은 모두 7가지 색깔로 구성돼 있다.

케흘러
Kähler

케흘러도 덴마크에서 빼놓을 수 없는 도자기 회사다. 비록 로열 코펜하겐의 명성에 눌려서 많은 사람들이 알지는 못하지만, 만만치 않은 역사에 그릇의 디자인 역시 단순 미학의 절정이라 할 만큼 빼어나다.

케흘러의 역사는 1839년으로 거슬러 올라간다. 그로부터 4대에 걸쳐 가족사업으로 130년 넘게 운영된 이 회사는 1974년 다른 사업자의 손에 넘어간다. 그러나 4대 동안 이어진 케흘러의 전통과 장인 정신은 지금도 오롯이 살아남아 있다. 1839년 헤르만 요아힘 케흘러Herman Joachim Kähler, 1808~1884라는 사기장이 독일 북부서 덴마크의 네스트베드Næstved로 이주해왔다. 그는 곧 자신의 공방을 열었고, 케흘러 도자기의 모든 역사가 그곳에서 시작되었다. 매우 숙련된 사기장이었던 그는 오래된 전통 기법으로 매일같이 우유 들통, 수프 접시, 잼 항아리 등을 만들었으나 가장 잘 알려진 그의 제품은 밤새도록 잘 타는 화덕이었다. 그는 1872년 33년 동안의 노동을 끝내고 은퇴했는데, 그동안 7명의 자녀를 두었다. 1872년 그가 64세의 나이로 은퇴하자 공장은 아들 헤르만 아우구스트 케흘러Herman August Kähler, 1846~1917와 카를 프레데리크 케흘러Carl Frederik Kähler가 이어받았다. 공장을 물려받기 전에도 생산 부문은 카를이 담당한 반면, 아우구스트는 회사의 대외 지명도를 높이는 데 주력했다.

그의 아버지로부터 도제 수업을 마친 아우구스트는 유명한 유리제품 회사인 홀메고르Holmegaard에서 유약 페인팅 기법을 연수한다. 그는 거기서 도시락을 유약 가까이 두었다가 심각한 중독을 경험하고, 유약 처리가 매우 위험한 일임

KÄHLER

단순하지만 매력적인 케흘러 '마노(MANO) 라인' 접시와 저그(케흘러 사진)

1 세련된 색감의 마노 라인 볼과 컵, 우르술라(Ursula) 라인 저그(케흘러 사진)
2 보타니카(BOTANICA) 라인의 꽃병들(케흘러 사진)

을 깨닫게 된다. 홀메고르에서 나온 그는 경험을 넓히기 위해 베를린, 스트라스부르Strasbourg, 파리 등을 전전하며 사기장으로 일한다.

1867년 그가 드디어 영감과 감성이 충만해져서 고향으로 돌아왔다. 그는 공장을 운영할 모든 준비가 돼 있었다. 1875년 그는 디자인과 다양한 유약 처리를 위한 새 설비를 도입했다. 이러한 헌신이 덴마크의 유명한 디자이너들을 끌어모았고, 네스트베드는 새로운 미학적 전진기지로 부상했다.

아우구스트 케흘러는 도예가로서 그 자신만의 디자인을 창조해냈다. 그의 작품들은 이리저리 꺾이는 리듬이 없이 매우 간결했다. 대신 그는 자기의 윤기 있는 광택과 색감에 집중했다. 그는 왕립 덴마크 도자기 공장 출신의 조각가이자 화가인 공장의 미술감독 카를 한센 레이스트루프Frederik Karl Kristian Hansen Reistrup, 1863~1929와 함께 새로운 모델을 만드는 작업으로 대부분의 시간을 보냈다. 오늘날 케흘러 디자인의 밑바탕은 이때 이 두 사람에 의해서 거의 이뤄진 것이다.

이렇게 해서 마치 참기름을 바른 듯 표면이 윤기 나는 러스터 채색 도자기는 오늘날까지 이어지는 케흘러 브랜드의 전매특허이자 정체성이 되었다. 이 제품들은 1889년 파리 만국박람회에 출품되자마자 많은 관심을 끌어 뉴욕, 시카고, 샌프란시스코, 베를린, 스톡홀름, 말뫼, 브뤼셀, 파리의 많은 미술관과 딜러들로부터 주문이 몰려들었다. 아우구스트는 제품 밑바닥에 자신의 이름 첫 글자를 따서 'HAK'라는 이니셜을 찍었는데, 드디어 'HAK'가 세계적으로 알려지기 시작한 것이다. 오늘날 제품에도 이 이니셜은 변함없이 찍혀 있다.

헤르만 아우구스트 케흘러는 일하는 자신의 모습을 그림으로 남길 수 있었던

촛대와 꽃병을 이어서
다양한 장식을 하는 피두시아(FIDUCIA) 라인
(케흘러 사진)

몇 안 되는 사기장일 것이다. 그것도 유명 화가에 의해서 말이다. 라우리츠 안데르센 링Laurits Andersen Ring, 1854~1933은 우리에겐 낯설지만 농촌 생활의 진솔한 삶의 모습과 풍경을 주제로 한 걸작들을 남긴 덴마크 화가로 아우구스트의 사위다.

여덟 살밖에 차이 나지 않는 '미래의 장인' 공방에 자주 놀러왔던 L.A. 링은 1896년 아우구스트의 딸이자 동료 화가인 시그리드 케흘러Sigrid Kähler와 결혼했다. 그때 그의 나이는 42세, 시그리드는 21세였다. 그는 아내가 임신한 모습을 그린 그림으로 1900년 파리 공모전에서 동상을 받기도 했다. 그는 도예 작품도 몇 점 남겼지만, 도예가로서의 소질은 별로 없었다.

아우구스트 케흘러 이후 경영은 3대 헤르만 H.C. 케흘러Hermen H.C. Kähler를 거쳐 4대 닐스 케흘러Nils Kähler, 1906~1979로 이어졌다. 3대에 이르러서는 아버지의 성취와 벽을 뛰어넘기 위해 이러저러한 시도를 했지만 자질이 부족한 탓인지 이렇다 할 성과를 내지 못하고 지나갔다.

4대 닐스는 '리틀 아우구스트'로 불릴 만큼 재능이 뛰어났다. 그는 시대가 요구하는 디자인을 선도할 줄 알았고, 트렌드에 잘 적응했다. 그는 특히 깊은 색감의 터쿼이즈 블루 도자기로 유명했다. 그가 만든 '터쿼이즈 블루' 도자

라우리츠 안데르센 링이 그린 헤르만 아우구스트 케흘러의 모습

1

2

기들을 보고 있으면 그 안에 풍덩 빠지고 싶은 충동을 느낀다. 오늘날 케흘러의 그릇들에서 느낄 수 있는 뛰어난 색감은 바로 닐스 케흘러와 같은 장인의 손길이 이어진 것이리라!

그러나 케흘러 가문의 회사 운영은 여기까지였다. 135년 동안 이어졌던 케흘러 가문의 도자기 공방은 1974년 다른 사업자에게 넘어갔다. 현재 이 회사의 주인은 도자기와는 전혀 상관이 없는데다 에너지와 IT 사업에 주력하고 있는 '덴마크 경영 그룹'이다.

그렇다고 해도 케흘러의 새로운 주인이 도자기 사업을 수익 차원에서만 보고 있는 것 같지는 않다. 덴마크 인테리어 잡지인 「보 베드레Bo Bedre」 2014년 7월호에 실린 케흘러 소유주 프란츠 롱기Frantz Longhi와의 인터뷰 기사는 새 경영진이 케흘러 도자기의 옛 명성을 회복하는 일에 무엇보다 많은 노력을 기울이고 있다고 보도했다. 무엇보다 마케팅에 많은 돈을 들였고, 그 결과 2007년에는 케흘러 도자기를 알고 있는 덴마크 여성들의 숫자가 24%에 불과했는데, 2014년에는 58%까지 증가했다는 것이다.

재미있는 사실은 이 같은 인지도 확산에 코펜하겐 티볼리 공원 안에 낸 '케흘러 레스토랑'과 덴마크 제 2의 도시 오르후스Aarhus에 만든 '케흘러 카페'가 상당한 기여를 했다는 점이다티볼리 공원과 케흘러 레스토랑에 대해서는 박스 안의 별도 내용 참조. 시민들이 가장 많이 찾는 '소비의 최전선'에서 바로 승부를 건 것이다. 이런 전략은 우리나라 도자기 회사들도 참조할 만하지 않나 싶다.

케흘러의 전략 가운데는 '남이 쓰다 버린 것을 주워서 새롭게 내놓기'도 있다. 케흘러는 로열 코펜하겐이 생산을 포기한 '우르술라Ursula 라인'의 저작권이

1 닐스 케흘러의 '터쿼이즈 블루' 작품들
2 케흘러의 우르술라 라인 저그와 커피 잔(케흘러 사진)

몇 년 후 디자이너 우르술라 먼치 페테르센Ursula Munch Petersen, 1937~에게 다시 돌아오자 그녀와 새 계약을 맺고 '우르술라 라인'을 다시 생산하고 있다. 이것이 케흘러의 효자 품목이 된 것은 물론이다.

그러나 케흘러가 신제품 개발에 손 놓고 있는 것은 아니다. 케흘러의 CEO 예스페르 홀스트 슈미트Jesper Holst Schmidt는 "우리는 매년 160개 이상의 신제품을 시장에 내놓고 있다"고 말한다. 가장 최근에 나온 황금색 스트라이프의 오마지오Omaggio 라인 꽃병이 좋은 예다.

'오마지오 라인'은 오늘날 케흘러 제품 가운데 가장 인기가 높은 상품이다. '케흘러 = 스트라이프 패턴'이라 할 정도로, 많은 소비자들을 스트라이프 패턴의 단순한 매력에 홀리게 만든 것이 바로 오마지오 라인이다. 이 도자기들의 현대적 감각을 일깨운 사람은 디테 레크베그Ditte Reckweg와 예레나 슈 노르덴토프트Jelena Schou Nordentoft라고 하는 덴마크 디자인스쿨 출신의 두 여성 디자이너인데, '스틸레벤Stilleben, 정물'이라고 하는 디자인 회사를 운영하고 있다.

그녀들은 "우리는 신기원을 만들어가는 케흘러 도자기에 항상 매혹돼 있었다. 케흘러는 덴마크가 예술과 디자인의 중심에 놓이게 하는 데 커다란 역할을 했다. 새로운 시대에 맞게 케흘러의 과거 유산을 새로운 언어로 만들어나가는 것은 커다란 기쁨이다"라고 말한다.

오마지오 라인 작품을 보고 있으면 '단순한 것이 아름답다Less is more!'라는 말이 정말 실감 난다. 이 세상에서 가장 단순한 패턴인데도 무궁무진, 각양각색의 오묘한 변주變奏가 수도 없이 탄생한다. 그러니 질리지도 않는다. 케흘러 오마지오 라인은 아마도 '왜 북유럽 디자인인가?'라는 질문에 대한 가장 훌륭한 대답이 될 것이다.

오마지오 라인의
황금색 띠 꽃병(케흘러 사진)

오마지오 라인은 '왜 북유럽 디자인인가?'라는 질문에 대한 출륭한 답이 된다. 스트라이프의 향연(케흘러 사진)

케흘러의 '양귀비' 라인은 유럽의 여름에 어디서나 피어나는 야생 양귀비를 아주 세련되게 표현해냈다.

케흘러가 2020년에 새롭게 내놓은
'양귀비(poppy)' 라인

TIP

티볼리 공원과
케흘러 레스토랑

코펜하겐에 처음 가는 사람은 중앙역 바로 앞에 매우 넓은 놀이공원이 있다는 사실에 놀라게 된다. 역을 나서자마자 정면에 떡하니 보이는 것이 높은 곳에서 지상으로 급강하하는 '스카이스크레이퍼(Skyscraper)'를 비롯한 각종 놀이시설이고, 롤러코스터를 타는 사람들의 비명 소리가 귓전을 때리니 다른 대도시들과 너무 다른 풍경에 약간 당황할 수도 있다. 아마도 코펜하겐은 중앙역 앞에 놀이공원이 있는 유일한 수도일 것이다.

티볼리 공원은 160여 년 전 개장한 이후 줄곧 덴마크에서 으뜸가는 관광 명소로 주목받아왔다. 화려한 디즈니랜드나 유니버설 스튜디오와는 매우 다른, 소박하고 가정적인 분위기가 매력적이다. 일요일부터 목요일까지는 오전 11시부터 오후 11시까지, 금요일은 새벽 0시 30분까지, 토요일은 자정까지 문을 연다.

케흘러 도자기 회사가 2013년 7월에 문을 연 티볼리 공원 안의 케흘러 레스토랑은 일종의 '콘셉트 레스토랑'인데, 덴마크 디자인과 덴마크 음식의 '행복한 만남'으로 그 의미를 규정할 수 있다. 케흘러 레스토랑은 맛있고 혁신적인 음식이야 기본이고, 다양한 볼거리가 넘쳐난다. 이 레스토랑에 가면 일명 '왕실의 의자'로 유명한 북유럽 최고의 가구 메이커 '핀 율(Finn Juhl)' 의자에서부터 현대 인테리어 조명의 전설인 '폴 헤닝센(Poul Henningsen)'과 '르 클린트(Le Klint)', 가구 디자인의 거장 한스 베그너(Hans Wegner)와 아르네 야콥슨(Arne Jacobsen)의 가구, 그리고 베르너 판톤(Verner Panton)의 플라스틱 의자 등을 만날 수 있다.

한마디로 말해 디자인 전공자라면 누구나 알고 있는 스칸디나비안 디자인계의 거장들 작품이 한 레스토랑에 모두 모여 있는 것이니, 눈의 성찬도 이런 성찬이 없다. 음식들이 모두 케흘러 식기에 담겨 나오는 것은 물론이다. 일요일부터 목요일까지는 오전 11시부터 오후 11시까지, 금·토요일은 자정까지 영업한다.

티볼리 공원 입구

티볼리 공원 안 '케흘러 레스토랑'의 실내 모습

노르만 코펜하겐
Normann Copenhagen

얀 안데르센Jan Andersen과 폴 마센Poul Madsen이 만든 '노르만 코펜하겐'은 1999
년 출범한 브랜드지만, 첫 생산품은 3년이 지나서 나왔다. 그것은 '놈 69Norm
69'라는 램프였다. 그로부터 5년이 지나지 않아 38개의 새로운 상품을 내놓았
고, 2009년에는 가구 쪽으로도 영역을 확장했다.

'모르모르Mormor 라인'은 흔히 볼 수 있는 식당의 탁자보를 모티프로 한 주방용
식기들이다. 친근하고 편안한 직물의 느낌이 그릇에 그대로 살아 있다. 이 라인
을 디자인한 그리 파게르Gry Fager는 "나는 두 개의 전혀 다른 사물을 결합시키

노르만 코펜하겐의 '모르모르 라인' 식기들

단순하지만 매우 뛰어난 조형미를 보여주는 모르모르 라인(노르만 코펜하겐 사진)

는 일이 너무 재미있다. 사람들이 집에서 매일 사용하거나 가지고 있는 일상용품에서 아이디어를 얻어 발전시킨다. 주방은 가족의 구성원이 모두 모이는 중추신경계와 같다. 거기서 모든 일이 시작된다. 나는 할머니 세대들이 사용하던 주방의 특징과 분위기에서 영감을 받는다. 당시의 '키친 클리셰주방의 일상적인 모습'를 현대적인 맥락으로 변환시키는 것이 내 일이다"라고 말한다. 그러니 모르모르 라인은 '모던 키친 클리셰modern kitchen clichés'라고 할 수 있다.

노르만 코펜하겐은 그리 파게르가 2008년 덴마크 디자인스쿨을 마치기도 전에 그녀를 영입했고, 모르모르 라인은 그녀가 이 회사에 들어와 만든 첫 작품이었다. 그녀는 현재 자신의 이름을 브랜드로 걸고 디자인 회사를 만들어 활발한 활동을 하고 있다.

오늘날 노르만 코펜하겐에는 매일 5~10개의 디자인 아이디어가 들어온다고 한다. 그 이유는 이 회사가 초창기부터 외부 디자이너들과의 협업을 통해 생산 라인을 구축했기 때문이다. 이 때문에 이 회사와 관계를 맺고 있는 디자이너들은 연령대가 20대부터 90대까지 매우 다양하다. 디자인을 추구하는 방식은 서로 다르지만, 한 가지 공통적인 사실은 기성의 사고와 틀에 도전하는 디자인과 제품 창조에 대한 열정이 넘친다는 점이다. 이런 다양성이 이 회사의 제품에 충실하게 반영된다.

어느덧 노르만 코펜하겐의 고전이 되어가지만 '스윙Swing 라인'도 이런 다양성의 산물이다. 이러저리 구부러지면서 '유니크' 그 자체를 표현해내고 있는 스윙 라인은 2002년부터 시장에 나왔는데, '기성에의 반역'을 추구하는 노르만 코펜하겐의 정신을 가장 잘 담고 있는 대표작이라고 해도 과언이 아니다.

독특한 형태의 이 디자인을 만든 브리트 보네센Britt Bonnesen, 1971~은 어린 시절 홀메고르에서 아버지와 삼촌이 작업장에서 일하는 모습을 보며 자랐다. 그래서 항상 유리 디자인에 대한 꿈을 꿔왔다. 스윙 라인의 디자인 역시 유리공예 작업을 하는 사람과의 대화에서 나왔다. 스윙 라인은 유리에 공기를 불어넣어서 아래로 늘어질 때 자유롭게 변형되는 모습을 형상화한 것이다. 따라서 이 라인의 꽃병은 똑같은 모습이 하나도 없다.

스윙 라인의 정수는 꽃병 하나하나가 모두 다른, 그 '차이의 독특함'에 있다. 설령 한 명의 공예사가 제품을 만든다고 해도 유리에 숨을 불어넣을 때 조금씩은 다 다를 수밖에 없다. 숙련된 사기장이 초벌구이 위에 똑같은 문양을 그린다 해도 약간의 미세한 차이가 있는 '핸드페인팅'과 마찬가지로 이 세상에서 오직 하나밖에 없는 작품이 나오는 것이다.

자신의 고유한 인테리어 공방을 운영하고 있지만, 오늘날 노르만 코펜하겐에서 매우 중요한 역할을 담당하고 있는 브리트 보네센은 자신의 아이디어 원천에 대해 다음처럼 말한다. "나는 어디를 가든지 들고 다니는 나의 조그만 검정 수첩을 사랑한다. 그 수첩에는 언젠가 현실화될 수 있는 수많은 아이디어와 단상斷想들이 들어 있다. 나는 세계의 많은 호텔을 다니며 음식, 인테리어, 종업원 유니폼 심지어 화장실 비누까지 자세하게 살펴본다. 그런 재치 있는 디자인 제품들의 상세한 부분을 들여다보는 과정에서 아이디어가 생긴다."

노르만 코펜하겐에서 또 하나 소개하고 싶은 것은 '클레이디스Claydies'의 디자인을 작품으로 2008년부터 내놓은 '들풀Grass 라인' 꽃병이다.

'클레이디스'는 점토를 의미하는 'clay'와 숙녀들을 뜻하는 'ladies'의 합성어

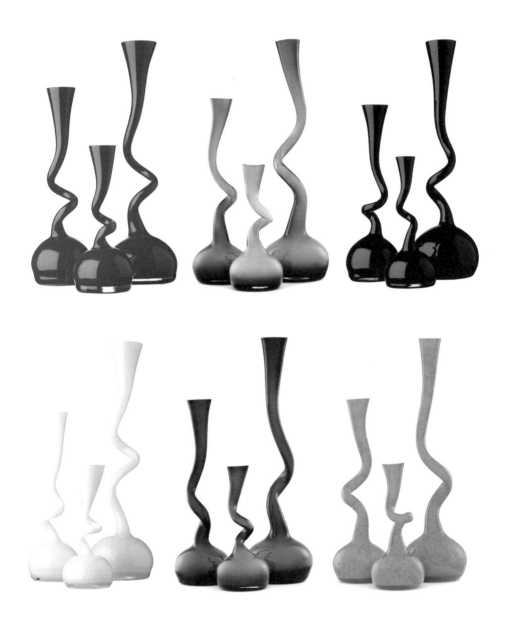

유니크한 스윙 라인의 꽃병(노르만 코펜하겐 사진)

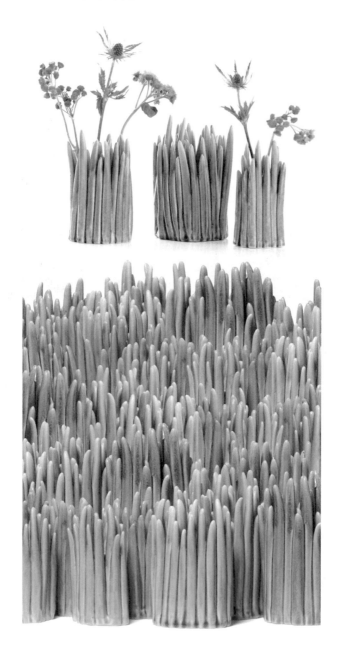

독특한 형태의 '들풀 라인' 꽃병(노르만 코펜하겐 사진)
'들풀 라인'은 가장 덴마크적인 디자인으로 꼽힌다.

로 '흙으로 작업하는 여자들'의 의미를 지닌다. 바로 앞서 보았던 로열 코펜하겐 '블루 플루티드 메가' 라인의 디자이너 카렌 크옐고르 라르센과 티네 브록쇠Tine BroksØ가 공동으로 만든 디자인 스튜디오의 이름이다. 이들은 덴마크 디자인스쿨에서 만나 서로 의기투합, 졸업하자마자 함께 스튜디오를 만들었다. '들풀 라인'은 그야말로 이름 없는 들풀이나 잔디를 형상화한 작품으로 덴마크를 가장 잘 나타내는 디자인의 하나로 선정됐다. '덴마크 디자인Design by Denmark'이 모두 모여 있는 덴마크 디자인 센터 안의 '카페 단스크cafe Dansk'가 2000년 카페 개점 기념으로 덴마크를 대표하는 디자인을 공모했는데, '들풀 꽃병'이 그중 한 작품이었다. 그렇게 해서 카렌과 티네는 덴마크 공예와 산업의 협업을 더욱 공고히 하는 훌륭한 예가 되었다.

매우 파격적이면서도 유머스러운 디자인의 들풀 라인은 문명과 야생 사이의 매우 강력한 대비이면서 아스팔트와 숲속 작은 길의 대조에 대한 표현이다. 사실 도자기로 이런 비정형 형태의, 그러나 너무나 소박한 모습의 작품을 만드는 것 자체가 상당히 혁신적이다. 가장 자연 친화적인 재료로 인위적 작업을 통해 다시 자연을 묘사하고 있기 때문이다.

카렌과 티네는 "들풀 라인은 길가에서 영감을 얻었다. 길가에서 만나는 들풀은 야생의 덴마크 자연을 잘 나타내고 있다. 들풀 라인 꽃병은 소박하기 때문에 오히려 어떤 것을 꽂아도 오브제를 잘 부각시킨다. 길을 걸어가다 이름 없는 들풀이나 야생화 그 어떤 것을 꽂아놓아도 정말 잘 어울린다"라고 설명한다.

노르만 코펜하겐의 제품에서 또 하나 소개하고 싶은 것은 '니하운Nyhavn 라인' 꽃병이다. 항구인 니하운은 코펜하겐을 방문한 관광객들이 반드시 들르는 곳 중 하나다. 과거 선원들이 휴식을 즐기던 술집 거리였으나 현재는 야외 테라스를 갖춘 세련된 레스토랑과 카페가 즐비한 거리가 됐다. 한때 안데르센이 살았던 곳이기도 하다. 운하를 다니면서 시내를 구경하는 운하 투어의 다양한 보트들도 이곳을 지나간다. 운하 양옆으로는 파스텔톤의 주택들이 그림엽서와 같은 풍경을 만들어낸다. 이곳의 역사는 1671년으로 거슬러 올라간다. 제품 이름이 니하운이 된 이유 역시 니하운 주택들의 다양한 파스텔톤에서 영감을 얻어 제품 색상을 결정했기 때문이다.

'니하운 라인' 꽃병들은 다양한 조합이 가능하다(노르만 코펜하겐 사진).

파스텔톤의 건물로 명소가 된 아말리엔보르 궁전 근처 '니하운'

애나 블랙
anne black

그녀의 이름이 무엇인지는 정확히 모른다. 흑인도 아니면서 이름이 '검은 애나'
다. 이름처럼 독특한 덴마크 도자기 회사 '애나 블랙'이 지금까지 유명해졌으
면, 최소한 어디에라도 그녀의 본명이 무엇인지, 언제 출생했는지 나와 있을 법
하련만 아무리 찾아도 나오지 않는다. 아마도 그녀가 피하고 있을 것이란 추
측만 해본다. 이 회사의 이름이 그녀의 이름을 따서 만든 것이라고는 하지만,
실상 그녀의 이름이 '애나'인지도 확실치 않다. 개인적인 생각으로는 실제 이
름은 애나가 아닐 가능성이 더 많다고 본다.

어쨌든 그녀가 1991년 세라믹을 공부하는 최연소 학생으로서 덴마크 콜딩에
있는 디자인스쿨에 들어가 디자인과 공예를 배우고 5년 만인 1996년에 졸업
했다는 사실은 여기저기 나와 있다. 졸업 후 그녀는 코펜하겐으로 가서 곧 그
녀가 디자인한 도자기를 만드는 공방을 차렸다. 그러나 이 창업이 그녀에게 디
자이너와 도예가로서의 명성을 가져다준 것은 아니다. 그녀는 대중적인 도자
기 제조를 멈추고 임시교사로 생계를 이었다.

  2005년 그녀는 베트남으로 여행을 떠났는데, 이 여행길이 도예가로서의 인
생 항로를 바꿔놓았다. 하노이에서 13km 북쪽의 밧짱Bát Tràng 마을에서 7대
째 도자기를 굽고 있는 항 씨 노부부를 만나 동양적 도자 예술의 세계를 접하
게 된 것이다. 밧짱은 베트남의 유명한 도자기 산지로, 마을 이름부터 '밧bát'
은 그릇, '짱tràng'은 작업장이란 뜻을 담고 있다.

애나는 이곳에 머물면서 동양의 도자 기술에 눈을 뜨고 감명을 받았다. 동

1 독특한 제품 명칭 '블랙은 블루다' 라인의 그릇들(애나 블랙 사진)
2 동양의 산수화를 옮겨놓은 듯한 '루스 엠' 라인의 그릇들(애나 블랙 사진)

anne black

양 도예 장인의 철학에서 비로소 그녀의 갈 길을 발견한 것이다. 그릇 안에 손으로 패턴을 그려넣는 '애나 블랙'만의 독특한 디자인도 바로 거기서 비롯되었다.

한 잡지와의 인터뷰에서 그녀는 다음처럼 말하고 있다. "많은 사람들이 제 작품을 보고 동양의 감성이 묻어난다고 해요. 화이트와 블루 컬러를 주로 사용하기 때문이겠지만, 저는 사실 도예 수업을 받을 때에도 중국 미술을 전공했어요. 당연히 아시아적인 테크닉과 감성이 제 작품 속에 묻어나겠죠."

'루스 엠ruth m' 라인은 아시아적 감성이 묻어나는 대표적인 제품들이다. 동양의 산수화를 스케치한 듯한 제품 제목에 왜 '비애'를 뜻하는 'ruth'라는 단어를 붙였는지는 모르겠지만, 핸드페인팅으로 아름답게 그린 컬렉션이다.

루스 엠 라인은 덴마크 패션 디자이너인 미스 도티Miss Dotty와의 협업으로 나온 디자인이다. 오래된 영국의 생선접시와 덴마크의 벽지 디자인 그리고 동양의 산수화까지 한데 어우러진 '도자기의 하이브리드'다.

오늘날 '애나 블랙'의 이름을 대변하는 제품은 '블랙은 블루다black is blue'라는 독특한 이름의 라인이다. 그녀 스스로도 이를 자신의 대표작으로 꼽고 있다. 매우 간결한 청화백자처럼 보이는 이 라인에 이렇게 특이한 이름이 붙은 배경이 무엇인지 알 수 없지만, 동양 사람들에게는 매우 친근하게 느껴지는 탓인지 역시 아시아권에서 많은 인기를 얻고 있다.

'블랙은 블루다'는 그 이름과는 다르게 색채가 강하지 않기 때문에 동서양 음식에 두루 잘 어울린다. 바탕이 하얘서 색채가 짙은 한국 음식과도 자연스럽게 조화를 이룬다. 현재 일본에는 '애나 블랙' 전문 판매장이 있다.

1 일룸스 볼리거스에 전시된 '블랙은 블루다' 라인 제품들
2 '블랙은 블루다' 그릇에 담긴 한국의 비빔밥(애나 블랙 facebook 사진)

그녀는 덴마크 발전 프로그램DANIDA에 따라 베트남의 여 사기장들을 지원하고, 영감을 얻었던 항 씨 부부의 공장은 그녀의 디자인 제품을 생산하며 파트너십을 다졌다. 오늘날 항 씨 부부의 아들이 운영하는 '카인 안 공장Khanh An Ceramics'에서는 '애나 블랙'의 제품은 물론 유럽의 다른 아티스트들의 제품도 생산하고 있다.

그녀는 2014년 3월 한국과 덴마크 수교 55주년을 기념하고 덴마크 총리의 한국 방문을 축하하여 개최한 덴마크 전시회 'World of Denmark' 행사 참석을 위해 한국도 방문했다.

포스터의 귀재, 비욘 윈블라드가 만든 도자기

덴마크를 떠나기 전에 비욘 윈블라드Bjørn Wiinblad, 1918~2006의 이름을 빼놓아서는 결코 안 된다. 코펜하겐에서 태어난 그는 드로잉스쿨을 나와 1940년부터 1943년까지 덴마크 왕립예술아카데미에서 그림과 일러스트를 전공했다. 그런 다음 1947년 파리의 미국 대사관에서 포스터 디자이너로 일하기도 했다. 그런 다음 코펜하겐의 티볼리 공원을 홍보하는 포스터로 일약 이름을 얻었는데, 이렇게 시작된 그의 포스터 작업은 평생 이어져서 수많은 전시회와 오케스트라 연주회, 오페라와 발레, 합창단 공연, 올림픽, 캠페인 포스터들을 만들어냈다. 이 숫자는 너무 많아서 헤아리기도 힘들 정도다. 그는 특히 1988년 서울 장애인올림픽 포스터를 만들기도 했다.

또한 그의 텍스타일 작업은 수많은 발레와 연극 무대나 공연의상 등으로 이용되었다. 디자이너이기 전에 화가와 도예가로서도 빼어난 재능을 보여준 그는 1954년 무렵부터 유럽과 미국에, 1968년에는 일본과 호주 등에 널리 알려졌다.

안데르센Hans Christian Andersen의 유명한 이야기 『양돈업자들The Swineherd』을 다룬 1975년 그의 일러스트 작업은 전미도서협회American Library Association 상을 받았고, 짧은 애니메이션 필름으로도 제작됐다.

비욘은 로젠탈Rosenthal 도자기의 핵심 디자이너이기도 했다. 그가 1971년 디자인한 '로망스Romance' 라인은 로젠탈의 대표적인 제품이었고, 그 외에도 많은 작품을 남겼다. 그는 매년 크리스마스 플레이트 그림도 그렸다.

그는 나중에는 코펜하겐에서 북쪽으로 약 28km 떨어진 알레뢰드Allerød 시에

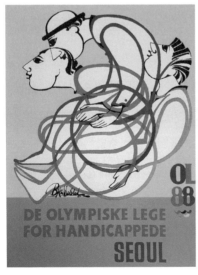 

1 1988년 서울 장애인올림픽 포스터　　2 1983년 코펜하겐 소년합창단 연주회 포스터

로젠탈의 '로망스' 라인

로젠탈의 '로망스' 라인

있는 뉘몰르Nmølle 도자기와 협업했다. 그는 이 도자기에 파랑, 빨강, 검정의 한 가지 색으로 디테일한 드로잉 펜 그림을 그렸다. 그 양이 너무 엄청났기 때문에 비욘은 이를 '빵과 버터'에 비유했다. 결국 그는 이 도자기 공장을 사들였고, 제품들을 1990년대 중반까지 생산했다. 비욘은 1977년에도 '크납스트럽Knabstrup' 도자기 공장을 구입했는데, 이는 뉘몰르에 편입시켰다.

뉘몰르 도자기에서 자주 볼 수 있는 비욘 그림은 1950년대 말부터 덴마크의 벽 장식이나 플라크로 자주 사용되었던 '달력 시리즈'였다. 이는 1월에 만난 시골의 젊은 연인들이 사랑을 키워 나가는 주제인데, 각 달마다 그들의 사랑 이야기를 묘사하고 12월에는 아기가 태어나는 것으로 끝났다.

장식벽으로 사용되었던 뉘몰르 도자기의 비욘 그림. 시골 남녀의 사랑 이야기를 12계절에 담았다.

비욘 플레이트와 피겨린

1950~1960년대 덴마크 감각을 현대적으로 재해석한 '수퍼리빙(super living)'의 찻잔과 저그(수퍼리빙 사진)

CHAPTER

10

I
have
a dream

스칸디나비아 반도는 외레순드 해협의 외레순 다리Öresundsbron를 통해 유럽 본토와 연결된다. 덴마크 코펜하겐과 스웨덴 말뫼를 연결하는 이 다리는 길이가 7,845m로 유럽의 교량 가운데 가장 길다. 위로는 도로 4차선, 밑에는 복선 철도 교량이지만, 철도는 바다에 다다르면 바로 해저터널로 들어간다. 다리 중간으로 국경선이 지나지만, 국경 통관 절차는 없다.

1995년부터 건설이 시작되어 1999년 8월 14일 완공되었다. 완공 축하를 위해 덴마크 프레데리크 왕자와 스웨덴 빅토리아 공주가 다리 가운데에서 만났다. 공식 개통식은 완공 후 거의 일 년이 지난 2000년 7월 1일 두 나라 왕들이 만나 치러졌고, 그 다음날부터 통행이 이뤄졌다.

코펜하겐서 말뫼까지는 40여 분 거리지만, 스톡홀름까지는 한참 걸린다. 당시 기차를 예약했던 영수증을 찾아보니 내 기차는 오후 4시 29분에 코펜하겐 중앙역을 출발해 밤 9시 40분에 스톡홀름 중앙역에 도착했다. 5시간 10분쯤 걸렸다. 승용차로 갔으면 7시간이 훨씬 넘게 걸릴 거리였는데, 가장 빠른 기차라서 그나마 2시간을 단축했다.

기차 요금은 저녁 식사 값을 포함해 728크로네, 우리나라 돈으로 약 14만 원 정도다. 초고속열차라서 그런지, 유럽 기차에서 흔히 볼 수 있는 객실은 아니었고, 우리 KTX 같은 좌석에 간이 탁자가 붙어 있는 형태다.

기차에는 식당 칸이 있지만, 요리를 주문해 먹을 수 있는 식당은 아니다. 편의점처럼 음료와 맥주, 스낵이나 샌드위치 등이 쭉 진열돼 있어서 각자 가져와 계산하면 되는 시스템이다. 저녁 식사를 미리 주문한 사람에게는 도시락 같은 것을 데워 준다. 다만 커피는 주문하는 사람의 취향에 따라 직접 뽑아서 만들어준다.

기차가 해저터널로 들어가기 직전에 기차 안에서 찍은 외레순드 해협 풍경

외레순드 해협을 지날 때의 내 심정은 참 복잡했다. 드디어 스웨덴으로 진입
한다는 설렘 때문이기도 하지만, 이곳에 오기까지 너무 오랜 세월이 흘렀다는
생각에 약간 착잡하기도 했다.

내게 스웨덴은 곧 '아바ABBA'다. 스웨덴의 그 어느 것도 '아바'에 대한 내 사랑
을 대신할 수는 없다. 1980년대 초 20대 초반의 나는 ABBA 네 글자가 검정색
으로 선명하게 인쇄돼 있는 여름 티셔츠를 마치 목숨처럼 아꼈다. 그 글자 위
에 조그맣게 베니 앤더슨과 애니 프리드 린스태드, 비요른 울바에우스와 아
그네사 펠트스코크 두 부부 네 명의 얼굴이 문신처럼 붙어 있었다. 영화로도
만들어 공전의 히트를 한 1977년 호주 공연 이후 마치 '아바'의 상징처럼 돼버
린 그 사진이다.

코펜하겐서 스톡홀름으로 가는 546호 초고속열차 식당 칸에서 바라본 바깥 풍경

내 젊은 날의 굴곡, 고비 고비마다 항상 '아바'가 있었다. 그럴 때 아바의 노래
가 희망을 일구어주고 앞날에 대한 긍정적 시선을 주었다고 말하지는 않겠다.
다만 너무 힘들 때 조금이나마, 가끔이나마, 잠깐이나마 위안을 주긴 했다. 그
것은 참으로 실낱같은 불빛이었으나, 그래도 저 유명한 마틴 루터 킹 목사의
연설처럼 의지하고 싶은 마음이 들었다.

I have a dream

                                                    by ABBA

I have a dream, a song to sing
난 꿈이 있어요, 부를 노래도 있고요.

to help me cope with anything

뭐든지 극복할 수 있도록 날 도와주죠.

if you see the wonder of a fairy tale,

만약 당신이 동화 같은 경이로움을 본다면

you can take the future even if you fail

비록 실패하더라도 당신에겐 미래가 있어요.

I believe in angels, something good in everything I see

내가 보는 모든 선한 것에 천사가 있다는 걸 믿어요.

I believe in angels, when I know the time is right for me.

나를 위한 시간이라는 걸 알 때 천사를 믿어요.

I'll cross the stream.

나는 저 시냇물을 건널 거예요.

I have a dream.

내겐 꿈이 있어요.

I have a dream, a fantasy to help me through reality

내겐 꿈이 있어요. 현실을 헤쳐 나가게 해줄 판타지 같은 거죠.

And my destination makes it worth the while

나의 마지막 목적지는 그만큼 가치 있는 곳이에요.

Pushing through the darkness still another mile

어둠을 몰아내고 더욱더 헤쳐나갈 만큼.

영화 「맘마미아」의 초반부에서 여주인공 소피는 친아버지를 찾기 위해 아버지라 추정되는 세 남자에게 자신의 결혼식 청첩장을 보낸다. 그녀가 우체통으로 걸어올 때 부르는 노래는 바로 'I Have a Dream'이다. 그리고 청첩장을 우체통에 넣으면서 소피는 나지막이 말한다.

"비록 실패하더라도……(even if I fail)."

그렇다. 비록 실패하더라도 시도할 필요는 있는 것이다.

산천은 의구하되
인걸은 간데없고……

스웨덴 도자기 산업의 양대 메카는 뢰르스트란드와 구스타브베리Gustavsberg였다. 그러나 이제 두 회사는 없다. 아니, 이름은 살아 있지만 더이상 스웨덴 회사가 아니다. 미리 결론부터 말하자면 뢰르스트란드는 피스카스가, 구스타브베리는 빌레로이 앤 보흐Villeroy & Boch가 새 주인이다.

앞에서 로열 코펜하겐을 얘기하면서 주인이 핀란드 전통의 기업 피스카스로 바뀌었다고 한 대목을 기억할 것이다. 더 자세한 이야기는 핀란드에서 말하겠지만, 오늘날의 북유럽 도자기 업계는 피스카스가 천하 평정을 이루었다고 해도 과언이 아니다. 아니, 사실상 삼국 통일을 달성했다. 덴마크의 로열 코펜하겐, 스웨덴의 뢰르스트란드 그리고 핀란드의 이딸라Iittala가 모두 피스카스 소유가 됐으니 말이다. 가위와 삽, 도끼를 만드는 회사가 북유럽 전통의 도자기

구스타브베리는 도자기 마을이라는 사실이
연상되지않을 정도로 아름다운 항구 마을이다.

명문들을 싹 쓸어 담았으니 상전벽해桑田碧海가 따로 없다.

핀란드는 1581년부터 1809년까지 무려 228년 동안 스웨덴의 식민지였던 시절이 있다. 더 거슬러 올라가면 스웨덴 역시 핀란드와 함께 덴마크의 통치를 받았다. 그런데 도자기를 통해서 이제 거꾸로 핀란드가 스웨덴과 덴마크를 지배하게 됐다.

영국 회사에 뿌리를 둔 구스타브베리

뢰르스트란드를 말하기에 앞서 우선 '구스타브베리의 굴욕'부터 살펴보기로 하자. 구스타브베리는 회사 이름이기에 앞서 동네 이름이기도 하다. 시내 중심에서 차로 약 30여 분 거리에 있는, 스톡홀름 외곽의 매우 아름다운 항구 마을이다. 이 마을에 구스타브베리 공장과 박물관, 아웃렛이 함께 모여 있다. 게다가 이딸라와 뢰르스트란드 아웃렛도 바로 옆에 있다.

구스타브베리는 1640년경 마리아 소피아 드 라 가르디에Maria Sophia de la Gardie, 1627~1694라는 여성이 남편인 구스타브 가브리엘손 옥센스티에르나Gustav Gabrielsson Oxenstierna, 1613~1648를 기리기 위해 세운 벽돌 공장으로부터 출발했다. 그가 죽자 마리아는 공장 이름을 '구스타브'에서 '구스타브베리'로 바꾸었다.

이 벽돌 공장은 무려 180여 년 동안 이어지다 1821년 요한 헤르만 외만Johan Herman Öhman이라는 사람에게 넘어갔다. 그는 1825년 나라로부터 도자기를 만들어도 좋다는 허가를 받아 구스타브베리를 도자기 공장으로 변모시켰다.

1827년 마침내 첫 석기 제품을 내놓았으나 품질은 매우 낮았다. 1828년 새 주인을 맞은 이 회사는 1829년부터 영국 방식의 도자기 제조법을 도입해 접시를 만들기 시작했으나 원료점토를 독일에서 수입해 사용했으므로 품질은 그리 만족할 만한 수준이 아니었다.

이 회사 도자기 품질에 혁신이 이루어진 것은 1839년 영국에서 '본차이나'를 만드는 데 사용하는 원료를 수입하고 제조 공정도 영국 방식으로 바꾼 다음부터였다. 아무런 무늬도 없는 접시의 가장자리에 문양이 들어가기 시작한 것도 이 무렵부터였다. 당시 영국 '대번포트Davernport' 도자기에서 아이디어를 얻은 문양이었다.

고색창연한 분위기가 풍기는 구스타브베리 공장

대번포트는 스태퍼드셔Staffordshire 롱포트Longport에 있는 공장으로 1794년에 설립되어 가족 사업으로 운영되다가 1887년에 문을 닫았는데, 1839년 만든 구스타브베리의 회사 로고가 선박의 닻이 된 것은 전적으로 대번포트의 영향이 크다.

사진에서 보듯 구스타브베리와 대번포트의 로고는 놀랍게 닮아 있다. 구스타브베리가 작지만 항구 마을이라서 닻을 차용해 쓴 것일까? 그러나 영국의 롱포트는 이름만 '포트'이지 항구 마을도 아닌데 대번포트는 닻을 로고로 사용했다. 무슨 이유일까?

유럽에서 닻은 기독교의 한 상징이다. 『사도행전』에는 성 바울St. Paul의 로마 여행과 관련해 "이 희망은 영혼의 닻The anchor of the soul과 같아서 우리의 영혼을 완전하고 든든하게 보호해주며 하늘 성전의 지성소까지 들어가게 해준다히 6:19"는 말이 나온다. 그러므로 닻은 단순히 배를 정박시켜주는 도구가 아니라, 내 영혼을 보호해주고 하늘 성전까지 들어가게 해주는 '희망의 닻'을 상징하는 것이다. 그래서 영국에서는 심지어 술집펍의 상호와 간판으로도 닻이 심심치 않게 등장한다.

1 구스타브베리 로고
2 대번포트 로고들

구스타브베리는 공장 종업원들이
늘어나자 공장 안에 이들의 숙소
와 자녀를 위한 학교 그리고 이들
이 주말에 다닐 교회를 세우는 등
기독교적 공동체 성격이 매우 강
한 회사였다. 그러므로 이 회사의
기독교적 성향과 대번포트의 로
고가 동시에 영향을 미쳤으리라
고 추론해볼 수 있다. 어쨌든 구스
타브베리가 영국 도자기에 기울어
져 있는 것만큼은 확실해 보인다.

런던의 한 펍 간판

1857년에는 영국인이 공장의 총감독으로 부임하기도 했다.

이처럼 구스타브베리가 초창기에 영국 도자기와 밀접한 관계를 맺은 것은 유
럽의 대다수 도자기 회사들이 독일 마이슨에 그 뿌리를 두고 있는 것과 비교
할 때 매우 이례적인 일이다. 아마도 마이슨이 최초의 경질자기를 만든 시점에
서 무려 120년이나 지났고, 영국도 이 무렵에는 본차이나로 독자적인 기술을
확립하고 있던 시절이기 때문에 가능했던 일로 보인다.

영국에서는 1748년 토마스 프라이Thomas Frye가 처음으로 동물의 뼈와 점토를
섞어 도자기를 만드는 본차이나 기법을 발명하고, 조사이어 스포드Josiah Spode
가 1790년경 본차이나를 상업화하는 데 성공했다. 이후 민턴, 콜포트, 대번포
트, 더비, 우스터 그리고 리버풀에 있는 허쿨레니움 등 스포드와 경쟁 관계에

있는 공장들이 본차이나 제품을 따라 만들기 시작했다. '웨지우드'가 '여왕의 자기Potter to Her Majesty'라 불리는 '파인fine 본차이나' 세트를 처음으로 내놓은 것은 1812년이었다.

1863년에는 스웨덴 국왕인 칼 15세Karl XV , 1826~1872가 구스타브베리 공장을 방문하는 '사건'이 일어났다. 국왕은 왕실에서 사용할 디너웨어 세트를 제조하라고 명령했고, 이를 계기로 1864년 구스타브베리는 본차이나 기술로 스웨덴 최초의 '파인 본차이나' 디너웨어 세트를 만들었다. 이는 곧 구스타브베리를 특화하는 상품이 되었고, 북유럽에서 본차이나 제품이 널리 퍼지는 계기가 되었다.

구스타브베리가 유럽 시장에 알려진 것은 1869년부터였다. 그해 스톡홀름에서 열린 '스칸디나비아 예술과 산업 박람회'에 구스타브베리는 피겨린과 화려한 본차이나 디너웨어 세트를 출품했고, 그 다음해에 파리서 열린 만국박람회에 참가했다.

1875년 구스타브베리가 주식회사로 바뀌면서 빌헬름 오델베리Wilhelm Odelberg가 최대 주주로 부상했다. 이후 이 회사는 안정적인 경영을 바탕으로 근대적인 틀을 잡기 시작했고, 1925년 파리 박람회에서 그랑프리를 수상하기도 하는 등 1937년 오델베리 가문의 경영이 끝날 때까지 지속적으로 성장했다.

1947년이 되면서 구스타브베리는 세면대와 욕조, 변기 등을 생산하는 시설을 새로 만들고 욕실용품 쪽으로 시장을 확장시키기 시작했다. 1974년에는 회사 설립 150주년을 앞두고 박물관을 만들었고, 1975년이 되면서 회사 이름을 구스타브베리 주식회사로 바꾸었다.

1 북유럽 특유의 문양이 잘 살아 있는 구스타브베리 초창기의 찻잔 세트들(구스타브베리 박물관)
2 카린 비욜퀴스트의 1950년대 '차(tea)' 세트(구스타브베리 박물관)

근로자와 서민을 위한
도자 식기의 출현

구스타브베리의 20세기 역사에서 가장 중요한 두 사람은 빌헬름 코게Wilhelm Kåge, 1889~1960와 스티그 린드베리Stig Lindberg, 1916~1982다. 빌헬름 코게는 1917년 부터 1960년까지 43년 동안 구스타브베리의 생산 총감독을 지냈다. 1917년 코게는 '릴예블로Liljeblå'라는 이름의 디너웨어 세트를 처음으로 디자인한다. '릴예블로'는 우리말로 '푸른 백합' 즉 'Lily Blue'다.

'릴예블로'는 '근로자들을 위한 그릇 세트Arbetarservis'라는 별명을 갖고 있는데, 이런 별명이 붙은 이유를 알기 위해서는 다음과 같은 당시의 시대적 배경을 알아야 한다.

빌헬름 코게의 이 작품은 원래 1917년 스톡홀름 유르고르덴 섬 유원지에 있는 '릴예발크스Liljevalchs 예술 갤러리'에서 열린 가정용품 전시회의 출품작이었다. 코게는 이 전시회의 포스터도 디자인했다. 스웨덴 역사학자들은 이 행사를 스웨덴의 근대 공예와 디자인의 출발점으로 평가한다. 왜냐하면 이 전시회가 스웨덴 공예예술 산업의 발전과 예술가들의 일자리 증진을 위해 1914년에 생긴 스웨덴공예예술협회의 첫 행사였기 때문이다.

1917년은 스웨덴 역시 매우 혼란스러운 해였다. 전쟁1차 세계대전과 러시아 '2월 혁명'의 여파로 소위 '배고픈 자들의 시위'가 전국에서 벌어졌다. 이로 인해 그해 가을에 치른 총선거에서 역사상 처음으로 사회민주당이 집권한다.

사회민주여성연합의 기관지인 「모르곤브리스Morgonbris」, 즉 「아침 산들바람 Morning Breeze」은 가정용품 전시회가 '시민들에게 재정적인 자립 수단을 알려줄

1 빌헬름 코게가 구스타브베리에 들어와 처음으로 만든 '푸른 백합' 세트
2 빌헬름 코게의 '푸른 백합'은 스웨덴 민속의 전통 문양에서 온 것이다.

뿐만 아니라, 집 안의 조화와 스타일을 어떻게 만들어야 하는지 알려주는 기회'라고 보도했다. 적절한 가격으로 뛰어난 디자인 제품을 구입할 수 있기 때문에 '아름다움의 민주화'를 이뤘다고 평가한 것이다. 공예예술협회에서 발행하는 협회보 역시 "산업화가 공예를 망쳐놓기 전 시대의 대표적인 공예작품을 내세움으로써 소위 '좋은 문화'가 있던 시절을 다시 각인시켜주었다"고 이 전시회에 의미를 부여했다.

'릴예블로'는 바로 이런 배경을 전제로 노동자들을 위해 만든 디너웨어 세트였다. 그들을 위해 값싸면서도 아름답고 일상에서 부담 없이 사용할 수 있는, 간결한 도자기 세트였던 것이다. 그러므로 '릴예블로'의 장식은 '통합inclusion의 문양'으로 통했다.

'릴예블로'는 문양부터가 스웨덴 전통의 민속에서 차용한 것이므로 다분히 '민중 친화적'이었다. 그리하여 코게의 '푸른 백합'은 '스웨덴다운 시각 전통'을 추구하는 문화를 구축하기 위한 담론 속에 확실히 자리잡을 수 있었다.

이와 같은 '릴예블로'의 민주 지향적 관점에서 볼 때, 가정이 가난한 사람들의 윤리 의식을 제어하여 계층 간극을 극복할 계기를 만드는 '전쟁터'가 되기 위해서는 코게의 도자기 같은 사물들이 그런 역할을 수행하는 도구가 되어야 했다. 당시 사회민주당 지도자들은 건전하고 지속 가능한 주거 환경을 구축하기 위해 부모와 자식들 사이는 물론 남녀 간 상호작용의 개혁 및 청결의 관점에서 '릴예블로' 같은 테이블웨어가 위생적이라고 여겼다. 그의 이 작품은 구스타브베리에서 1920년부터 1936년까지 생산했다.◆ 이 제품은 현재 스웨덴 국립미술관의 영구 전시품이다.

◆ 이상의 내용은 다음의 책 참조.
『The Grove Encyclopedia of Decorative Arts, Vol Ⅰ』, 459p~460p, Gordon Campbell(Editor), Oxford Univ. Press, 2006, UK
『Scanndinavian Design : Alternative Histories』, Kjetil Fallan(Editor), e-book by Bloomsbury Publishing Plc, 2012, UK

코게는 오븐에 넣어도 안전한 디너웨어를 처음으로 내놓아 인기를 끌기도 했다. '퓌로Pyro'라는 이름을 가진 이 세트는 1929년부터 1955년까지 생산되었는데, '퓌로'는 그리스어 'pyr'에서 온 말로 '불'을 뜻한다. 그야말로 불 위에 있어도 안전한 그릇이라는 뜻이 담겨 있다.

'퓌로'는 당시로써는 매우 혁신적인 제품이었다. 왜냐하면 요리한 음식을 다시 그릇에 옮겨 담지 않고, 오븐에서 그릇째 바로 꺼내 식탁 위에 올려놓을 수 있어서 시간도 절약하고 주부들의 일손을 덜어주기 때문이었다. 이로 인해 이 그릇에 그려넣은 조그만 꽃, '코게의 꽃'은 당시 테이블웨어의 품질보증 마크가 되었다.

너무나 많이 팔려 나간 제품이기 때문에 오늘날도 스웨덴 가정집에서 이 제품을 흔히 볼 수 있다. 퓌로 세트는 갈색 이외에도 녹색과 청색, 붉은색이 있지만 갈색이 가장 일반적이고 다른 색은 거의 찾아보기 힘들다.

코게가 이렇게 서민적인 그릇만 만들었던 것은 아니다. 역설적으로 그의 작품 중 가장 성공한 것은 가장 럭셔리한 제품이었고, 그 이름은 '아르헨타Argenta'다.

'아르헨타'는 터쿼이즈의 기본색에 은으로 도금한 그림이 들어간 석기 제품으로 1930년 스톡홀름 전시회에서 처음 선을 보였다. 선물하기에 좋은 관상용 도자기의 전형으로 나오자마자 베스트셀러가 되어 그해 말에는 이 제품만을 전용으로 생산하는 라인이 별도로 만들어져 30명의 사기장들이 배치되었다.

1931년에는 런던, 1936년에는 뉴욕에서도 판매되었고, 구스타브베리의 상징이라 할 만큼 대표작으로 인정받았다. 이 제품에 대한 인기는 1940년대에도 지속되었다.

1

1 갈색 계열이 중심을 이루는 코게의 '퓌로' 세트
2 도자기 역사에 빌헬름 코게의 이름을 뚜렷하게 새겨놓은 '아르헨타' 시리즈

'아르헨타'를 재탄생시킨 린드베리의 흰색 '그라치아'. 1970년 제작한 석기 제품이다.

'아르헨타'의 인기가 식지 않자 스티그 린드베리도 1946년에 '그라치아Grazia'라는 이름으로 새 버전을 내놓았고, 1955년에 코게가 다시 '아르헨타 노바nova'를 제작하는 등, 1980년대까지 내로라하는 아티스트들이 이를 응용한 작품을 계속 만들어냈다.

코게의 걸작들은 실용성을 내세운 자기보다는 예술성을 앞세운 석기 제품에서 많이 나타났다. 그의 '파르스타Farsta' 시리즈도 그 사실을 잘 보여준다. 형태와 유약 처리에서 매우 뛰어나고 독특한 파르스타는 구스타브베리 공장과 가까운 파르스타 만에서 채취한 점토로 만들었기 때문에 그렇게 이름이 붙여졌다.

파르스타는 패션 디자이너에게도 영감을 주어 이탈리아 명품 브랜드인 '로샤스Rochas'의 2013년과 2014년 패션쇼에서도 차용되었다. 밀라노 출신의 창의적인 디자이너 마르코 자니니Marco Zanini의 손에 의해 60여 년의 시차를 뛰어넘어 패션 작품으로 다시 등장한 것이다. 마르코 자니니는 로샤스 이전에 돌체 앤 가바나와 베르사체에서도 일한 바 있는 촉망 받는 디자이너다.

마르코 자니니는 "파르스타는 시간이 지나도 변하지 않는 세련미와 정교함의 극치를 보여주고 있다"고 말했다. 그의 이 말은 예술의 근원origin에 대한 영원한 질문을 다시 한 번 일깨워준다. 즉 어디부터가 창조이고, 어디까지가 모방이냐는 물음이다.

사실 코게의 도자기들이 자니니의 옷으로 재탄생하는 과정은 예술과 일상생활의 경계가 무너지고, 일상생활이 예술화되는미학화하는 '포스트모던 사회'의 한 전형이다. 여기서 코게와 같은 대가들의 도자기는 소비되는 환상과 이미지

코게의 또 다른 석기 제품 걸작인 '파르스타' 시리즈

마르코 자니니의
패션과
'파르스타'의
만남

의 공장 노릇을 한다. 그들이 흙을 빚어 도자기를 만들었을 때 자신의 작품들이 걸출한 후배에 의해 새로운 예술로 재탄생할 것이란 생각은 미처 하지 못했을 것이다.

그도 작품을 빚을 때 선사시대의 암각화나 어느 대가의 그림에서 영감을 얻었는지 모르지만, 그 자신이 다시 상상력의 공장이 됐다는 사실이 중요하다. 비록 그것이 자본주의 사회에서 소비자들을 도취시키는 꿈과 이미지일지라도, 그리하여 이미지가 상품과 결합하여 우리를 결박할지라도, 이미 우리는 이미지와 예술, 상품이 잘 분간되지 않는 '뫼비우스의 띠'에 들어와 있는 것이다.

스웨덴 디자인계의 모차르트, 린드베리

나는 빌헬름 코게와 스티그 린드베리 두 사람을 생각하면 안토니오 살리에리 Antonio Salieri와 모차르트가 연상된다. 이를테면 코게는 살리에리, 린드베리는 모차르트다.

살리에리가 유년기부터 음악적 재능을 보여 사망 직전까지 비엔나의 궁정 작곡가로 지내는 등 세속적 지위와 명성을 다 누렸지만 결코 모차르트의 천재성을 쫓아갈 수 없듯, 코게도 무려 43년 동안 구스타브베리의 총감독으로 군림했지만 가히 신동이라고 말할 수밖에 없는 린드베리의 디자인적 감각을 쫓아갈 수는 없었다. 두 사람은 작품의 취향도 살리에리와 모차르트처럼 다르다. 코게가 기본에 충실하고 전통에 가까이 있다면, 린드베리는 변화무쌍하고 현란한 기교 위에서 마음껏 뛰놀고 있다.

린드베리는 소위 스웨덴 '국민 디자이너'다. 재능이 차고 넘쳐 도자와 직물, 유리공예, 산업 등 거의 모든 분야의 디자인에 업적을 남겼고, 화가이자 일러스트레이터였다. 그가 1937년 대학을 졸업하고 구스타브베리의 코게 밑으로 들어간 것이 1949년, 그의 나이 33세 때였다. 코게와는 17살 차이가 난다. 그는 '코게의 후계자'로서 두 번이나 1949~1957, 1972~1978 구스타브베리의 아트 디렉터로 일했다. 1948년 밀라노 비엔날레에서 금메달을 받은 것을 시작으로 1973년 파엔차Faenza 비엔날레 금메달까지 수많은 상을 받았다.

린드베리라고 하면 가장 먼저 떠오르는 작품은 그의 '베르소Berså' 시리즈다. 우리나라에서는 영어 발음을 그대로 써서 흔히 '베르사'로 통하고 있다. 1960년부터 1974년 사이에 제작했는데, 당시 컵이나 플레이트는 물론 저그 등 가장 다양한 아이템으로 생산한 디자인이다.

'베르소'는 스웨덴에서도 요즘은 잘 쓰지 않는 옛 단어로 '잎이 무성한 나뭇가지 울타리에 싸인 정원의 한 공간'을 뜻한다. 이름에서 알 수 있듯 '베르소' 디자인의 특징은 나뭇잎 문양이다.

집밖으로 나서기만 하면 얼마든지 볼 수 있는 나뭇잎에서 영감을 얻어 이렇게 자연스럽고도 친밀한 감정을 느끼게 해주는 디자인으로 만들어낸 린드베리의 창조적 감성은 정말로 놀랍기만 하다. 아주 단순한 나뭇잎들을 쭉 늘어놓고 반복하기만 했는데 어쩌면 이리도 정겹고 친숙해서 늘 곁에 두고 싶은지 이해할 수 없다. 앞에서 덴마크 케흘러 도자기의 '오마지오 라인'을 설명하면서 '단순한 것이 아름답다Less is more'라고 했는데, '베르소' 역시 똑같은 찬사를 보내지 않을 수 없다.

1 현란한 기교와 아이디어가 돋보이는 스티그 린드베리의 작품들
2 린드베리의 '베르소' 시리즈 그릇들

1

2

'베르소' 시리즈가 특히 인기 있었던 이유는 여름을 연상시켜서인데, 긴긴 겨울
을 보내야 하는 북유럽 사람들에게 햇살 가득한 여름의 짧은 기간은 기다림과
설렘의 대상이기 때문이라고 한다. 초록이 넘실대는 여름의 기쁨을 이 베르소
그릇을 통해 사시사철 느낄 수 있어서 사랑받을 수밖에 없었다는 얘기다.

그러나 북유럽 사람들만 '베르소' 라인을 좋아하는 것은 아니다. 나뭇잎을
활용한 그의 작품은 한국과 일본에서도 엄청나게 인기 있다. 이러한 인기를
반영하여 2005년부터 일부 베스트셀러 아이템을 재생산하고 있는데, '뉴 베

린드베리 '베르소'

르소'는 플레이트의 모양과 나뭇잎 배열이 옛것과 약간 달라서 빈티지를 선호하는 경향이 짙다. 현재 복각판으로 생산하는 제품 라인은 커피, 티, 스프 컵과 받침, 18cm와 22cm 플레이트, 머그 정도다.

린드베리는 나뭇잎을 활용한 파이앙스 작품인 '스펙트라뢰브Spektralöv' 시리즈를 여러 점 남겼다. '스펙트라뢰브'는 영어로 'Spectrum leaf', 즉 '나뭇잎의 파장'이다. '스펙트라뢰브' 시리즈가 자기가 아니라 파이앙스일 수밖에 없었던 것은, 표면에 구현할 수 있는 색채와 형태의 자유분방함 때문이다. 높은 온도에 굽는 자기로는 마치 재즈jazz 연주와도 같은 린드베리 상상력을 미처 따라갈 수 없었다.

다양한 모양과 색채의 스펙트라뢰브를 보고 있노라면 린드베리 도자 작업은 하나의 즐거운 놀이였을 것이란 생각이 든다. 마치 모차르트가 머릿속에 떠오르는 악상을 음표로 거칠 것 없이 써내려갔듯, 그 역시 순간순간 머리를 스치고 지나가는 상상력의 단상들을 도자기로 빚어놓았다. 형태도 색깔도 그 마음대로, 자유분방하다.

이보다 더 행복한 작업이 또 있을까. 놀이가 일상이고, 일상이 작업이며, 작업이 곧 예술 행위가 되는, 그래서 궁극적으로는 예술 행위가 곧 놀이인 선순환의 경지다. 하나의 관념으로만 존재하던 생각이 구상적인 실체로 눈앞에 나타나는 순간 그는 조물주와도 같은 전지전능의 기쁨을 얻었으리라!

이러한 놀이의 기쁨은 그의 실용 도자기인 '핀타Pynta', '폴Pall', '프루누스Prunus' 라인에서도 공통적으로 나타난다.

'프루누스'와 '폴', '핀타' 라인은 모두 1962년부터 생산이 시작됐다는 공통점

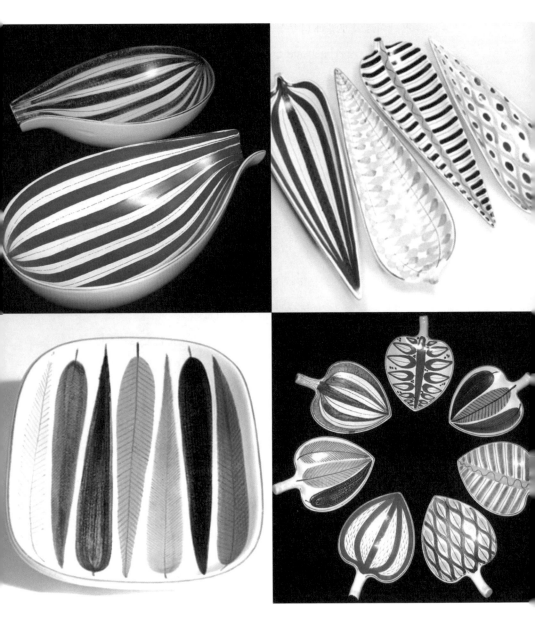

스펙트라뢰브는 즐거운 상상력 놀이다.

너무 아름다운
1960년대 스펙트라뢰브

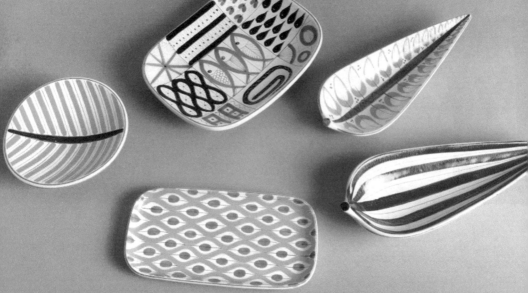

을 갖고 있다. 다만 제조를 중단한 시기는 모두 다르다. 벚꽃나무를 모티프로
했지만, 푸른 열매를 상큼하게 배치함으로써 보는 사람들의 마음까지 맑고
싱그럽게 해주는 '프루누스'는 1974년까지 비교적 오랫동안 생산되었다.

그러나 커피 잔, 물고기, 포크, 그라인더, 레몬, 과일 등을 디자이너의 감각대
로 자유분방하게 배치해서 저 옛날 소꿉놀이를 하던 시절의 동심으로 돌아
가게 만드는 '폴' 라인은 1963년까지 일 년만 생산되었기 때문에 많은 수집가
들의 마음을 애태우는 제품이다. 어찌 보면 매우 유치한 듯 보이나 오히려 약
간의 유치함이 주부들에게 친근하게 다가서는 듯하다. 또한 장미꽃이 '베르
소' 라인의 앙증맞은 나뭇잎과 절묘하게 어우러져 있는 '퓐타' 라인도 1965년
까지만 생산되어서 시중에서 구하기가 매우 어렵다.

린드베리는 이외에도 '살릭스Salix', '스피사 립Spisa Ribb', '베클라Veckla', '테르마

장미꽃과 '베르소' 시리즈의 나뭇잎이 어우러진 '퓐타' 라인

1

2

1 린드베리 폴 라인의 다양한 그릇들
2 린드베리의 프루누스 라인

Terma', '페스통Festong', '푼고Pungo' 등 다양한 라인의 디자인을 만들었다. 이들 모두 일일이 소개하고 싶은 마음은 굴뚝같으나, 모든 이들이 린드베리를 좋아하는 것은 아닐 듯해서 이쯤에서 접도록 하겠다.

다만 소개할 필요가 있는 라인 몇 개가 있는데, 그중의 하나가 매우 독특한 파이앙스 작품인 '카르네발Karneval' 즉 '축제Carnival' 라인이다. '카르네발' 라인은 1958년부터 1962년까지, 즉 린드베리가 실용 도자기를 본격적으로 만들기 이전에 만든 초기 작품에 해당된다. 꽃병이나 재떨이, 장식용 패널 등 32가지 제품을 만들었는데, 옥션에서 내놓는 작품들에는 주로 꽃병과 벽걸이용 장식 패널이 많다.

'카르네발'에서 보이는 그림들은 린드베리가 모두 직접 그린 것인데, 그야말로 축제 그 자체다. 자유스럽고 따뜻하며 활달한 그의 특징이 그대로 드러난다. 그가 일러스트레이터로 동화작가와 협업으로 동화책을 내놓아 아주 성공했던 사실을 알면 이러한 작품 경향이 이해될 것이다.

'파충류'라는 단어를 제목에 붙인 '렙틸Reptile'은 라인 명칭에 맞지 않게 아마도 '스펙트라뢰브'와 더불어 린드베리 제품 가운데 가장 예술성이 높다고 보인다. 적어도 개인적인 취향으로는 그렇다. 마치 귀여운 개미핥기의 피부를 덮고 있는 비늘을 보는 듯한 이 도자기들의 표면은 비늘 느낌을 주기 위해 돋을 새김으로 처리됐다. 그러나 색깔은 하얀색과 파란색, 파스텔톤이 많다. 주로 비대칭의 꽃병이 많고, 나뭇잎 모양의 플레이트도 있다. '렙틸' 라인은 1953년부터 1963년까지 10년 동안 생산됐다.

'베르소'와 더불어 가장 대중적이며, 베스트셀러로 지금까지 꾸준한 인기를

1 1960년대 생산한 '카르네발' 작품들
2 색깔을 달리해서 만든 쌍둥이 벽걸이 장식용 패널인 '카르네발'
3 린드베리의 말 피겨린과 '렙틸' 라인의 꽃병들

구스타브베리의 '아담과 이브'. 파란색이 '아담'이고 빨간색이 '이브'다.

얻고 있는 '아담과 이브Adam & Eva' 라인을 아직 소개하지 않았다. 아마도 국내 소비자들이 구스타브베리를 가장 먼저 알게 되는 것은 '베르소' 아니면 '아담과 이브' 라인을 통해서일 것이다.

'아담과 이브' 라인은 본차이나 제품으로 1959년에 처음 만들기 시작해서 1974년에 생산을 중단했다. 그러나 이의 복각復刻을 희망하는 요구가 많아 2005년부터 다시 생산하고 있다. 복각판은 핸드페인팅 제품은 아니지만, 오븐과 자동 세척기에 넣어도 되는 '편리함'은 있다. 파란색이 아담이고, 빨간색이 이브에바다.

리사의 피겨린,
카린의 찻잔

구스타브베리를 떠나기 전에 두 명의 여성 디자이너를 더 소개하고 싶다. 우선
리사 라르손Lisa Larson, 1931~은 1953년부터 1980년까지 구스타브베리에서 일했
다. 스티그 린드베리에 의해 발탁된 그녀는 이후 그와 함께 서로 영감을 교류
하며 구스타브베리의 발전에 기여했다. 1981년 이후는 프리랜서로 독립하여
스웨덴의 여러 회사 및 독일의 로젠탈 도자기 디자인을 담당했고, 1992년부
터는 그녀가 대학을 졸업한 북유럽 최대의 항구도시 예테보리Göteborg, 영어로는
Gothenburg에서 대학 동문들과 함께 도자기 공방을 운영하고 있다.

　그녀의 이름값을 높여주었고, 지금도 많은 수집가와 미술 중개상들의 수집
대상으로 뜨거운 인기를 누리고 있는 것은 아이들과 동물들을 묘사한 피겨
린이다. 그녀의 피겨린은 친근하고 유머가 있는데다, 형태의 곡선이 부드러워
서 보면 볼수록 정감이 간다. 특히 동물 피겨린은 우리 민화와 도자기에 등장
하는 호랑이나 고양이처럼 얼굴이 매우 해학적이다.

그녀는 1975년에 유엔아동기금UNICEF의 기금 모집을 위해 각 나라 아이들 특
징을 묘사한 '하나의 세상 아이들' 피겨린을 제작했고, 지금도 여전히 그녀의
딸이자 디자이너인 요한나 라르손Johanna Larson과 함께 유니세프를 위한 제품
디자인을 맡고 있다.

그녀의 피겨린은 고양이를 좋아하는 일본에서 특히 인기가 많아 일본어로 된
공식 홈페이지www.lisalarson.jp도 있고, 2014년 이후 일본 오사카 등지에서 특별
전이 열리기도 했다.

1 리사 라르손의 고양이 피겨린
2 정겨운 리사의 피겨린. 맨 왼쪽은 도나(Donna), 맨 오른쪽은 샤를로타(Charlotta)다.

카린 비욜퀴스트Karin Björquist, 1927~는 실용성과 미학을 결합해 스웨덴예술협회의 '매일을 아름답게!'라는 구호를 가장 잘 구현해낸 디자이너였다. 1954년 밀라노 비엔날레 금상, 1963년 루닝 상Lunning Prize 금메달*과 1982년 '에우겐 왕자 메달Prince Eugen Medal**'을 수상하는 등 뛰어난 실력과 업적을 잇달아 인정받았다. 1992년에는 노벨재단 창립1900년 90주년을 맞이해 만든 그녀의 '노벨Nobel' 세트가 스웨덴공예예술협회의 '가장 뛰어난 스웨덴 디자인상'을 받았다. 그녀의 많은 작품이 전 세계 유명 미술관에 전시되어 있다.

카린은 1950년 대학을 졸업하자마자 구스타브베리에 입사해 1994년까지 44년 동안 근무했다. 스물세 살의 나이에 들어가 예순일곱의 나이에 퇴사했으니, 그녀의 생애 대부분을 구스타브베리와 함께했다고 해도 과언이 아니다. 1981년부터 1986년까지는 예술 총감독을 맡았고, 빌헬름 코게, 스티그 린드베리와 더불어 20세기 구스타브베리의 가장 뛰어난 아티스트로 꼽힌다.

그녀가 디자인한 테이블웨어를 보면 1953년 '검은 다이아몬드Black Diamonds', 같은 해의 '리빙living', 1958년 '코발트Cobalt', 1968년 '붉은 가장자리Red Edge'와 '줌Zoom', 1986년 '스톡홀름Stockholm' 등 탁월한 것들이 많다. 1991년에 만든 본차이나 제품인 '노벨' 라인은 지난 1990년에 구스타브베리와 뢰르스트란드가 합병한 다음에 나온 것이기 때문에 지금은 구스타브베리가 아닌 뢰르스트란드에서 생산하고 있다.

카린은 익명으로 고급 레스토랑의 디너웨어 세트를 위한 디자인을 하기도 했다. 이런 세트의 일부는 전혀 시중에 나오지 않았기 때문에 구할 수 없다. 그러나 1980년에 디자인한 '벨Bell' 세트는 레스토랑을 위한 것으로, 흰 바탕에 아

 ♦ 1951년부터 1970년까지 덴마크, 스웨덴, 노르웨이, 핀란드 4개국 디자이너 가운데 매년 가장 뛰어난 두 명을 선정해 수상
 ♦♦ 1945년 스웨덴 국왕 구스타브 5세가 화가이자 예술품 수집가인 그의 막내 동생 에우겐의 생일을 기념해 만든 상으로, 매년 가장 뛰어난 업적을 남긴 예술가에게 수상

1 리사는 유니세프 기금 모집을 위한 '하나의 세상 아이들' 피겨린을 만들었다.
2 리사의 '라이언 킹'. 사자의 얼굴이 너무 정겹다.

카린의 테이블웨어, 위에서부터 '차(Tea)', '코발트', '벨'

노벨재단 창립 90주년을 기념해 만든 구스타브베리의 '노벨' 라인

주 조그만 블루 꽃을 장식한 소박한 디자인이었는데도 이에 대한 소비자들의 인기가 높아지자 아예 구스타브베리에서 대량으로 생산해서 시중에 내놓았기 때문에 많은 가정에서 소유하고 있는 제품이 되었다.

구스타브베리의
마지막 크리스마스 플레이트

구스타브베리는 1971년부터 매해 크리스마스 플레이트를 만들어왔다. 이것 역시 로열 코펜하겐과 마찬가지로 한 번 만든 판형을 없애 재생산이 불가능하도록 한 한정판이다. 로열 코펜하겐은 나중에 특별한 해의 판형을 복원해서 '복원 한정판'을 만들기도 했지만, 구스타브베리는 그렇게 하지 않아서 수집가들 사이에 경쟁이 뜨겁다.

이 중에서도 가장 인기 있는 것은 역시 스티그 린드베리가 스웨덴 풍속을 모티

린드베리의 크리스마스 플레이트

파울 호프의 크리스마스 플레이트

프로 해서 디자인한 크리스마스 플레이트인데, 더구나 1981년부터 1985년까지 다섯 해만 그의 디자인이기 때문에 소장 가치가 훨씬 높다.

1986년부터 1991년까지는 파울 호프Paul Hoff, 1945~라는 디자이너가 담당했다. 1972년부터 구스타브베리에서 일한 그는 주로 피겨린 제작을 담당했는데, '꽃Fleur'과 '엠마Emma'라는 디너웨어 세트를 디자인하기도 했다.

안타깝게도 구스타브베리의 크리스마스 플레이트는 1991년이 마지막이다. 왜냐하면 1990년에 뢰르스트란드와 합병되면서 독자적인 크리스마스 플레이트 제작을 중단했기 때문이다.

1987년 이후 구스타브베리의 역사는 치욕과 굴종 그 자체다. 1987년 경영권이 핀란드의 세계적인 선박용 엔진 생산업체인 바르질라Wärtisilä에게 넘어갔

1900년에 제작한 구스타브베리의 찻잔 세트. 자태가 정말 수려하다.

고, 이듬해인 1988년에는 하크만Hackman 그룹에게 다시 이전되었다가, 1990년 뢰르스트란드와 합병되었고, 1994년에는 다시 덴마크의 스핑크스 그룹N.V. Koninklijke Sphinx에 넘어갔다. 이때가 실질적으로 공장의 문을 닫은 시점이다.

그리고 다시 6년이 지나 2000년에는 독일의 '빌레로이 앤 보흐' 그룹이 뢰르스트란드에서 구스타브베리만을 따로 떼어내 지금의 주인이 되었다. 그러니까 구스타브베리가 뢰르스트란드와 합쳐져 있던 기간은 1990년부터 2000년까지 약 10년이다.

이처럼 바람이 부는 대로 이리저리 꺾이고 흩어지는 구스타브베리의 최근 역사에서 가장 안타까운 것은 현재의 구스타브베리가 욕실용품, 즉 세면기나 변기만을 전문으로 생산하고 있다는 사실이다. 어찌하다가 구스타브베리가 이 지경이 되었는지……. 남의 나라 기업이지만 이러한 굴욕의 역사를 가져봤던 우리 입장에서는 남 일 같지가 않다. 정말 허무하기 짝이 없다.

물론 인류 역사에서 수세식 화장실의 발명과 욕실용품 생산은 매우 중요한 의미를 지닌다. 이것이 있었기에 그만큼 인류의 생명이 연장되고 건강이 증진되었다. 그렇다 해도 전통의 명문 구스타브베리가 세면기와 변기만을 만들고 있다니! 위에서 우리가 봐왔던 구스타브베리의 수많은 걸작의 역사는 그냥 이대로 사라지고 마는 것인가?

현재 구스타브베리 홈페이지www.gustavsberg.com에 들어가 생산품을 찾아보면 옛적 아름다운 도자기들의 자태는 어디서도 찾아볼 수 없다. 마치 한때 지구를 지배했던 공룡들처럼 흔적도 없이 사라졌다. 오직 나오는 것은 변기와 세면대뿐이다.

1

2

박물관에만 남아 있는
구스타브베리의 영광

그러니 구스타브베리 영광의 자취를 보기 위해서는 박물관에 가야만 한다. 박물관은 구스타브베리 공장 바로 옆에 있는데, 그나마 다행인 점은 박물관이 위치한 베름되Värmdö 커뮤니티가 이 박물관의 소유주이고, 박물관의 많은 전시품 역시 커뮤니티와 스웨덴협동조합Swedish Cooperative Union이 구스타브베리의 전 소유주에게 구입해서 2001년 1월 스웨덴국립박물관에 기증한 상태라는 사실이다. 다시 말해 '빌레로이 앤 보흐'가 웹사이트에서는 구스타브베리의 흔적을 모두 지워버렸지만, 옛 영광을 생생하게 보여주고 있는 박물관은 어찌할 수 없는 것이다.

구스타브베리 박물관은 원래 대중에게 공개할 목적으로 만든 게 아니었다. 그러나 1956년부터 소장품을 일반인에게도 공개하는 것으로 내부 방침을 바꿨다. 이곳에는 1830년대부터 구스타브베리 공장이 문을 닫은 1994년까지의 제품 중에서 선별한 3만 5천여 점의 작품들이 전시돼 있다. 앞에서 우리가 이미 본 디자인 명장들, 즉 빌헬름 코게, 스티그 린드베리, 카린 비욜퀴스트와 리사 라르손의 작품들은 물론 다른 디자이너들의 제품들도 잘 정리돼 있다.

박물관은 1층과 2층의 두 개 층으로 구성돼 있는데, 1층에는 주로 일상에서 사용하는 다양한 찻잔들이 쭉 진열돼 있다. 북유럽의 많은 도자 후배들에게 오늘날까지도 끊임없이 영감을 불어넣는 '오리지널 패턴'들이다.

뒤 사진을 보면 벽면 안내판 맨 위에 'The som fika'라고 쓰여 있고, 옆에도 한 여성 얼굴 옆에 'FIKA'라고 쓰여 있다. '피카'는 굳이 영어식으로 말하자면 '애

1 구스타브베리 도자기 박물관에서 여성 관람객이 다양한 플레이트들을 살펴보고 있다.
2 이제 구스타브베리 걸작의 흔적은 이 박물관에서만 볼 수 있다.

박물관 1층의 찻잔들. 코발트, 블랙 다이아몬드, 핀타, 스피사 립 등의 라인이 보인다.

프터눈 티afternoon tea'다. 바
쁜 일상에서 잠시 짬을 내어
휴식을 취하며 커피나 차 등
을 마시는 행위, 그게 바로
'피카'다. 스웨덴에서는 차
와 '카넬불레kanelbulle'라고
불리는 계피 빵을 주로 곁
들여 먹는다. 'kanel'은 계피,
'bulle'는 동그란 모양의 빵
을 뜻하는 것이니까 카넬불
레는 곧 시나몬롤이다.

이처럼 스웨덴에는 차를 마
시는 행위에 대한 고유 단어

구스타브베리 박물관 앞의 포스터,
여성이 들고 있는 찻잔은 '스피사립' 라인이다.

가 있을 정도로 차 문화가 발달해 있다. 이것은 스웨덴뿐만 아니고 추위가 심
한 북유럽의 공통된 특징이다. 그러므로 동양 못지않게 찻잔 문화 역시 발달
했고, 추위에 얼어붙은 심신을 어루만져줄 수 있는 도자 디자인에 대한 요구
역시 강하다. 그러니까 '피카'라는 단어를 통해 우리는 북유럽 사람들의 차와
도자 문화에 대한 열정을 읽을 수 있다.

유럽의 거의 모든 도자기 박물관은 1710년에 유럽 최초로 경질자기를 만드는
데 성공한 요한 뵈트거Johann Friedrich Böttger와 마이슨 도자기 이야기부터 소개
한다. 그리고 마이슨이나 오스트리아, 프랑스 등의 도자기를 '맛보기'로 보여

주고 자신의 작품들을 전시한다. 구스타브베리 역시 마찬가지다.

다만 이 박물관은 특이하게도 2층에 올라서면 커다란 벽화로 중국의 도자기 공방 모습을 보여주면서 그 밑에 커다란 글씨로 '高岭土고령토'라고 써놓았다. 도자기 제조에서 가장 중요한 흙이 고령토라는 사실과 도자기의 원류가 중국에서 온 것임을 알리는 것인데 이렇게 중국어 간자체로 고령토를 써놓은 곳은 유럽에서 처음 봤다.

2층의 전시품 중에서 앞에서 미처 소개하지 못한 작품을 중심으로 몇 개만 살펴보도록 하자. 우선 내 마음을 홀딱 빼앗은 린드베리의 1940년 파이앙스 작품 '호박'이다. 호박하면 떠오르는 사람은 일본 화가이자 조각가 구사마 야요이草間彌生, 1929~지만, 린드베리의 이 작품은 구사마가 울고 갈 정도로 정말로 훌륭하다.

구스타브베리 박물관은 중국의 도자 공방을 묘사한 벽화와 자기 파편들을 입구에 전시해 놓았다.

린드베리의 파이앙스 작품 '호박', 1940년 제작

두 번째로 소개할 것은 우르술라 프린츠Ursula Printz, 1920~1993의 피겨린 작품들이다. 독일 출신인 우르술라는 열일곱 살에 전쟁의 고통을 피해 화가인 유태인 어머니, 바이올리니스트인 독일인 아버지와 함께 스웨덴으로 망명했다. 대학 졸업 후 구스타브베리에 입사해 빌헬름 코게의 가르침을 받으며 사기장으로서의 입지를 다졌다.

그러나 1949년 코게가 사직하자, 그녀만의 스튜디오를 만들어주겠다는 린드베리의 제안도 거절하고 덴마크로 건너갔다. 그녀는 덴마크에서 역시 사기장인 남편 예르겐 모겐센Jørgen Mogensen을 만나 코펜하겐 근처 홀테Holte에 공방을 열었다. 그녀의 파이앙스 피겨린 작품들은 스웨덴공예협회의 상을 받을 정도로 뛰어났다.

군나르 벤네르베리Gunnar Wennerberg, 1863~1914는 파리에서 그림을 배운 화가였다. 1895년 서른 두 살에 구스타브베리와 연결돼 패턴 일러스트레이터와 예술감독이 되었다.

그의 디너웨어 패턴은 스웨덴의 가냘프고 여린 야생화였는데, 기존의 문양과는 사뭇 달랐다. 1897년 스톡홀름 전시회에서 그는 이 작품으로 스웨덴 아르누보의 선두주자로 부상했다. 그는 역시 아르누보 유리공예에서도 꽃을 활짝 피워 기린아가 되었지만, 1919년에는 파리로 돌아가 세브르 도자기 디자이너로 활약했다.

이들 외에도 소개하고 싶은 걸작들은 더 많이 있지만 한도 끝도 없을 것 같아서 이만 줄이도록 하겠다. 구스타브베리 공장과 박물관이 있는 베름되는 넓은 호수 안에 있는 일종의 섬이다. 경관이 엄청 아름답고 평화스럽다. 이런 축

우르술라 프린츠의 파이앙스 피겨린

군나르 벤네르베리는 스웨덴 야생화 패턴으로 아르누보의 선두 주자가 되었다.

복받은 환경이 예술가들의 재능을 끌어당기는 요인이 되었을 것이다.

이를 두고 스웨덴의 한 저널리스트는 "대량생산의 고속도로 옆에 있는 영혼의 자전거 길"이라고 표현했다. 그러나 구스타브베리가 오로지 욕실용품과 위생 용기만 생산하는, 그야말로 공장이 되면서 '영혼의 자전거 길'은 사라지고 오로지 '대량생산의 고속도로'만 남았다.

구스타브베리는 다시 부활할 수 있을까? 다시 깨어나 옛날의 저 화려한 노래들을 다시 부를 수 있을까? 그리하여 다시금 '영혼의 울림이 있는 자전거 길'로 되돌아갈 수 있을까? 호수가 내려다보이는 너무나 아름다운 버스 정류장에서 다시 스톡홀름으로 돌아가는 버스를 기다리며 내내 이런 생각이 들었다.

〈Hasta Mañana〉

by ABBA

Where is the spring and the summer?

봄과 여름은 어디 갔나요?

That once was yours and mine······

한때 우리 것이었는데······

Where did it go?

어디로 갔나요?

I just don't know

도대체 모르겠어요

But still my love for you will live forever

하지만 아직도 당신에 대한 내 사랑은 영원히 계속될 거예요

Hasta Mañana 'til we meet again

하스타 마냐냐 또 봐요 , 우리가 다시 만날 때까지

Hasta Mañana, Don't know where, don't know when

하스타 마냐냐, 언제, 어디가 될지 모르지만

Darling, our love was much too strong to die

우리의 사랑은 정말 강했어요

Darling, We'll find a way to face a new tomorrow

우리는 새로운 내일을 찾을 수 있을 거예요

Hasta Mañana, say we'll meet again

우리가 다시 만날 거라고 말해주세요

Hasta Mañana, I can't do without you

나는 당신이 없으면 아무것도 못해요

구스타브베리 마을은
호수 안에 있는 일종의 섬이다.

TIP

구스타브베리 마을 가는 방법과 이딸라 아웃렛

구스타브베리 마을에는 공장과 박물관 그리고 여러 개의 아웃렛이 있다. 구스타브베리 아웃렛 이외에도 핀란드 이딸라, '빌레로이 앤 보흐'와 글라스 제품 유명 브랜드인 '코스타 보다(Kosta Boda)'와 '오레포스(Orrefors)' 아웃렛이 있어서 쇼핑하는 사람들로 붐빈다.

이곳으로 가려면 스톡홀름 중심부의 슬루센(Slussen) 역 버스 터미널에서 474번 버스를 타고 파르스타비켄(Farstaviken) 정거장에서 내리면 된다. 대략 20분에서 30분 정도 걸린다. 이른 아침의 경우 매표소가 문을 열지 않는데, 그럴 때는 터미널 안의 편의점에서 표를 사면 된다. 현찰이 없어도 신용카드로 표를 구매할 수 있다.

구스타베리 박물관은 5월부터 8월까지 화~금요일 오전 10시부터 오후 5시까지, 토~일요일 오전 11시부터 오후 4시까지 문을 연다. 9월부터 4월까지는 화~금요일 오전 10시부터 오후 4시까지 열고 토~일요일 위와 같다. 월요일은 휴관이다.
비록 주인은 바뀌었지만 구스타브베리 아웃렛에서는 예전의 인기 품목 일부를 살 수 있다. 이곳에서 볼 수 있는 것은 '아담과 이브', '베르소', '살릭스', '스피사 립' 라인 등이다.
월요일부터 금요일까지는 오전 10시부터 오후 6시까지, 토요일과 일요일은 오전 11시부터 오후 5시까지 영업한다.

이딸라 아웃렛에서는 이딸라 제품뿐만 아니라 뢰르스트란드 제품들도 모두 구입할 수 있다. 모두 피스카스의 자회사들이기 때문이다. 월요일부터 금요일까지는 오전 10시부터 오후 7시까지, 토요일과 일요일은 오전 11시부터 오후 6시까지 영업한다.

장소	운영시간
구스타브베리 박물관	5월~8월 : 화~금_10:00~17:00 토~일_11:00~16:00 9월~4월 : 화~금_10:00~16:00 토~일_11:00~16:00 ※ 월요일은 휴관
구스타브베리 아웃렛	월~금_10:00~18:00 토~일_11:00~17:00
이딸라 아웃렛	월~금_10:00~19:00 토~일_11:00~18:00

스톡홀름행 버스를 타는 구스타브베리 마을 정류장

구스타브베리 아웃렛의 '베르소' 라인과 '아담과 이브' 라인 컵들(위)
이딸라 아웃렛의 이딸라 머그(아래)

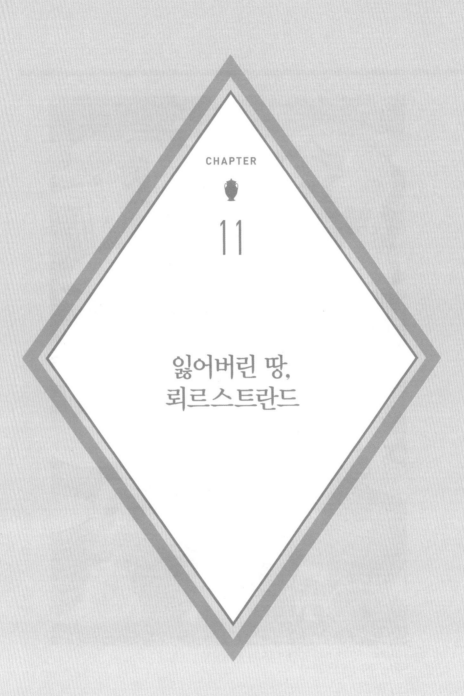

CHAPTER

11

잃어버린 땅,
뢰르스트란드

뢰르스트란드 '오스틴디아(Ostindia)' 라인의 타원형 접시

뢰르스트란드는 스톡홀름에서 차로 5시간 넘게 떨어진, 베네른Vänern 호수가의 리드셰핑Lidköping이라는 한적한 마을에 공장이 있었다. 1934년부터 1936년까지 새 공장을 짓고, 이사를 완료한 시점이 1939년이었다. 뢰르스트란드의 미래를 대비해 대단위 공장을 건설한 것이다.

그러나 지금 이 공장은 폐쇄되어 먼지를 뒤집어쓰고 있다. 2004년 12월 8일 문을 닫기로 최종적으로 결정되었고, 공장 시설은 헝가리와 스리랑카로 옮겨졌다. 150여 명의 직원들도 일자리를 잃고 짐을 싸야 했다. 2005년 12월 22일 오후 1시 30분, 리드셰핑 공장의 80m에 달하는 긴 가마klin의 철거를 마지막으로 뢰르스트란드는 영원히 사라졌다.

현재 스웨덴, 아니 전 세계 어디에도 '공식적인' 뢰르스트란드 매장은 없다. 오직 이딸라 매장의 한편에만 존재한다. 이딸라가 뢰르스트란드를 흡수한 것이 2003년, 피스카스가 뢰르스트란드를 포함해 이딸라를 사들인 것이 2007년 이다. 이제 뢰르스트란드는 '로스트 랜드lost land'가 되었다.

뢰르스트란드의 역사는 1726년으로 거슬러 올라간다. 2021년을 기준으로 할 때 무려 295년 전이다. 독일 마이슨에서 최초의 경질자기를 생산한 것이 1710년이니, 엄청 일찍 생긴 공장이다. 요한 볼프Johan Wolff라는 독일인에 의해서였다. 그러나 엄밀히 말해 이때의 뢰르스트란드는 경질자기가 아니라 연질자기, 즉 파이앙스를 만드는 공장이었다.

사실 뢰르스트란드가 창립될 때의 여건은 좋지 않았다. 왜냐하면 18세기 스웨덴은 중국 도자기를 2백만 점도 넘게 수입해서, 이때도 웬만큼 산다는 집에서는 중국 도자기의 우수성을 잘 알고 있었기 때문이다. 그러니 뢰르스트란드는 더 늦게 생기는 편이 미래를 위해 더 나을 수도 있었다. 독일이나 덴마크 사람이 아닌 스웨덴 사람이 뢰르스트란드의 감독으로 처음 부임한 것은 공장 설립 후 15년이나 지난 1741년의 일이었다. 이때는 스

구스타브베리 박물관에 전시된 뢰르스트란드 초기 파이앙스

웨덴에서 도자기 공장이 오로지 뢰르스트란드 하나밖에 없었으므로 그릇에 찍히는 상표에도 '스톡홀름'으로만 표기했다.

1758년 드디어 스웨덴 두 번째의 공장인 마리에베리Marieberg가 설립되었고, 경쟁자가 생기자 비로소 뢰르스트란드도 모든 상품에 '뢰르스트란드' 마크를 찍기 시작했다. 그러나 마리에베리는 설립 20년 만인 1788년 뢰르스트란드에 흡수되었다.

1770년에는 영국 기술 혁신으로 새롭게 만들어진 '플린트웨어flintware'가 뢰르스트란드에 도입됐다. 자기에 비해 연약한 파이앙스의 단점을 보완하려는 시도였다. '플린트웨어'는 우리나라 말로 번역하기가 참 어렵다. '플린트flint'는 부싯돌이나 그처럼 딱딱하고 단단한 돌을 뜻한다. 플린트웨어는 파이앙스도 아니고 그렇다고 자기도 아닌, 그 중간쯤에 있는 물건이었다. 그러니까 좀더 단단하게 만든 파이앙스, 즉 '강화 파이앙스' 쯤으로 생각하면 될 듯하다.

그러나 이것의 품질은 그리 좋지 않았던 것으로 보인다. 그릇이 변색되거나 뜨거운 스프를 붓지도 않았는데 그릇에 균열이 생긴다는 소비자들의 항의가 1790년대까지도 들어왔다.

1807년에는 드디어 증기기관 엔진이 도입돼 열두 마리의 말이 하던 일을 대신했다. 1824년 스웨덴 최초의 산업 전시회가 스톡홀름에서 열리자 뢰르스트란드도 제품을 출품했다. 뢰르스트란드는 이 해에 영국의 앞선 도자 기술을 배우기 위해 견습 팀을 파견하는 한편 황동을 이용한 새로운 장식 기법을 도입했다. 이러한 노력들에 의해 새로운 서비스 모델과 패턴 창작이 급속도로 이루어지기 시작했다.

1855년 뢰르스트란드는 '카켈룽kakelugn' 즉, 타일로 만든 벽난로 산업에 뛰어들면서 공장 규모를 좀더 확장했다. 스웨덴에게 타일로 만든 벽난로의 출현은 매우 깊은 의미가 있다.

유럽에서 1,500년 무렵부터 1,800년 무렵까지의 기간은 '소小 빙하기'라 불리는 매우 추운 시절이었다. 스웨덴 역시 지금보다 훨씬 추운 겨울을 보내야 했고, 땔감 때문에 전 국토의 삼림이 황폐화되는 결과를 가져왔다. 그리하여 1776년 스웨덴 왕 구스타프 3세Gustaf III, 1746~1792는 칼 요한 크론스테트Carl Johan Cronstedt에게 더욱 효율적인 벽난로 제작을 명한다.

그리하여 그는 땔감을 더 적게 사용하면서도 열 효율성이 높은 벽난로를 설계하는 데 성공함으로써 스웨덴을 환경의 대재앙으로부터 구해내기에 이른다. 철로 만든 벽난로는 불을 땔 때 보통 650~700℃의 열을 냈으나, 그가 만든 '카켈룽'은 1,110~1,200℃의 열을 냈고, 연기도 적게 배출했으며 불이 꺼진 다음에도 밤새도록 온기를 보존하는 놀라운 발명품이었다. 게다가 철난로보다 안전하기까지 했다.

스웨덴의 국민 화가라 불리는 칼 라르손Carl Larsson, 1853~1919은 가정생활의 소박하고 평화로운 모습을 그린 그림들로 유명한데 그의 그림에는 벽난로가 자주 등장한다. 그리고 그림 속 벽난로는 사진에서 보는 실제 모습과 매우 닮아 있다.

일 년 중 오랜 기간을 추위에 시달려야 하는 북유럽은 물론이고 독일이나 폴란드, 헝가리 등 남부 유럽을 제외한 유럽 전체 사람들의 일상생활에서 벽난로는 빼놓을 수 없는 매우 소중한 필수품이었다. 또한 벽난로는 매우 크기가

아름다운 장식 타일의 스웨덴 벽난로 '카켈룽'

칼 라르손의 1894년 그림 「구석에서」

컸기 때문에 투박한 모습을 상쇄할 수 있는 벽난로 장식도 매우 중요했다. 그러나 단순 장식으로는 벽난로의 열을 버틸 수 없어서 타일과 세라믹이 벽난로 장식에서 각광받았다.

칼 라르손이 1894년에 그린 「구석에서」라는 작품은 한 소년이 벽난로 옆 의자에 앉아 벌서고 있는 모습을 묘사했는데, 그림에서도 보이듯 벽난로 장식이 매우 화려하다. 벽난로 장식 타일은 처음에는 코발트블루의 파란 무늬뿐이었으나 점차 노랑, 녹색, 갈색, 보라색 등으로 확장되었는데, 이는 전적으로 뢰르스트란드 덕택이었다. 뢰르스트란드는 1758년부터 여러 종류의 빛깔을 낼 수 있는 타일을 제작할 수 있었다. 그러나 하나의 벽난로에 세 개 이상의 색깔을 가진 패턴으로 장식한 제품은 여전히 매우 드물었다.

1700년대 중반까지는 디너웨어 패턴을 벽난로에 사용하지 않았으나, 이후로는 건축가들이 벽난로 장식에도 관심을 가지면서 다양한 벽난로 장식 타일이 발전했다.

1857년이 되면서 뢰르스트란드는 마침내 뼛가루를 절반 정도 섞어서 만든 본차이나로 경질자기를 만드는 데 성공했다. 그러나 여전히 동양과 같은 자기는 아니었다. 이 회사는 이로부터 몇 년이 더 지나서야 비로소 중국 자기와 같은 장석feldspar을 활용한 도자기를 만들 수 있었다. 독일 마이슨이 마침내 동양의 자기를 만들어낸 시점으로부터도 140여 년이나 지난 뒤였다. 참으로 오랜 여정이었다.

1874년 뢰르스트란드는 거대한 러시아 시장을 공략하기 위해 핀란드 헬싱키 외곽에 '아라비아Arabia' 공장을 만들었다. 그러니 현재 핀란드의 '아라비아 핀란드Arabia Finland' 도자기 역사도 뢰르스트란드로부터 비롯된 것이다. '아라비아 핀란드' 역시 지금은 피스카스 소유지만.

1884년이 되면서 뢰르스트란드는 왕관이 들어간 현재의 로고를 사용하기 시작한다. 이때의 로고는 이탤릭체로 된 뢰르스트란드 글자를 세 개의 왕관이 둘러싸고 있는 것이었다. 세 개의 왕관은 원래 마리에베리와 다른 공장이 사용하고 있던 상표를 1782년에 뢰르스트란드가 사들인 것이다.

1895년이 되면서 뢰르스트란드는 매력적인 아티스트와 디자이너를 영입하기 시작했는데, 유명한 아르누보 디자이너인 알프 발란데르Alf Wallander, 1862~1914도 그중의 한명이었다. 파리의 왕립순수미술아카데미에서 공부한 그는 1895년에 뢰르스트란드에 들어왔는데 1897년에 열린 스톡홀름산업전시회에 안나 보베리Anna Boberg 등 동료들과 함께 작품을 내놓아 금메달을 받았다. 이후 그는 스웨덴 아르누보 도자기에서 십여 년 이상 독보적인 존재로 군림했다.

구스타브베리에 군나르 벤네르베리가 있었다면, 뢰르스트란드에는 알프 발란데르가 있었다. 둘 다 1897년 스톡홀름 전시회를 통해 이름을 날린 아르누보 예술가였다. 알프 발란데르 덕택으로 1900년에 열린 파리 만국박람회에서는 뢰르스트란드가 아르누보 작품들을 내놓아 국제적 명성을 얻기 시작한 계기가 되었다.

뢰르스트란드는 1911년이 되면서 스톡홀름 바로크 성에 있는 오래된 공장으로는 생산에 한계가 있다는 판단에 공장을 이전하고, 1914년 예테보리에 있는 1898년 창립의 예테보리 도자기 공장을 사들인다.

1916년 뢰르스트란드는 헬싱키에 있던 자회사 '아라비아'를 핀란드 사업가에 매각하고 나중에 '뢰르스트란드의 위대한 어머니'라 불리는 아티스트 루이세 아델보리Louise Adelborg, 1885~1971를 영입한다. 그녀는 프랑스와 이탈리아 유학을 마치고 막 그해에 한 갤러리에서 데뷔를 했는데, 뢰르스트란드가 그녀의 재능을 곧바로 알아본 것이다.

1 알프 발란데르의 찻잔 세트인 '잠자리(Dragonfly)' 라인
2 알프 발란데르의 아르누보 도자기들
3 '스웨덴의 우아함'이라 불리는 루이세 아델보리 작품

그녀는 예순두 살이 되던 1957년까지 40년 동안 뢰르스트란드를 위해 일했다. 많은 서비스를 내놓았지만 그녀의 가장 유명한 작품은 '밀 이삭ear of wheat 패턴'으로 오늘날까지 생산하고 있다. 말 그대로 밀 이삭 모습이 돋을새김돼 있고, 그 위에 또 밀 이삭 문양이 있는 이 작품은 2000년에 '스웨덴의 우아함 Swedish grace'이라는 칭호를 얻었다.

1922년 뢰르스트란드는 리드셰핑에 있는 ALP 도자기 공장과 협력하기 시작했다. ALP 도자기공장은 뉘만 도자기 화실Nyman's porcelain painting이 1912년에 세운 경질자기 회사였다.

루이세 아델보리가 1930년 스톡홀름 박람회에 출품한 작품

IFÖ는 1887년에 설립된 욕실 세면기와 화장실 위생 용기를 주로 생산하는 회사였다. 이 회사는 1923년에 ALP를 인수하더니 1929년에는 뢰르스트란드도 사들였다. 그러나 1931년에 뢰르스트란드와 ALP는 다시 독립했고, ALP는 1943년까지 존속했다.

1932년에 프레데리크 베셰Fredrik Wehtje가 새 경영자로 와서 뢰르스트란드의 발전에 커다란 기여를 했다. 그는 뛰어난 아티스트와 디자이너가 매우 중요하다고 판단해 군나르 뉠룬드Gunnar Nylund, 1904~1997를 비롯해 유명한 아티스트들을 대거 영입했다. 그는 1963년까지 경영자로 일했다.

군나르 닐룬드는 원래 '빙 앤 그륀달' 디자이너로 1925년부터 1928년까지 일했다. 그 후 잠깐 자신의 공방을 운영하다가 1931년에 뢰르스트란드에 들어와 1955년까지 일하면서 공공 부문을 포함해 많은 작품을 남겼다.

1932년은 스웨덴 동인도회사의 창립 200주년을 기념해 저 유명한 '오스틴디아Ostindia' 라인을 만든 해다. '오스틴디아'는 바로 '동쪽의 인도the East Indies'를 의미한다. 이 제품의 문양에 영감을 준 무늬는 1745년에 침몰한 스웨덴 동인도회사 소유의 배에 실려 있던 중국 화물에서 비롯된 것이다.

동양의 정취가 물씬 풍기는 꽃무늬와 연한 코발트블루가 잘 어울리는 오스틴디아는 '세기의 그릇Service of the Century'으로 불리며 지금도 여전히 인기가 높은 클래식 디너 세트다. 2012년에 이 세트 탄생 80주년을 기념하여 새로운 문양의 그릇을 출시했다.

앞에서 이미 얘기했듯 1934년부터 1936년까지는 리드셰핑에 새로운 공장을 건설했고, 1939년까지 모든 이주를 완료했다.

1941년에는 스물네 살의 디자이너 헤르타 벵손Hertha Bengtson, 1917~1993을 영입한다. 그녀는 '매일의 일상을 아름답게!'라는 뢰르스트란드의 구호에 가장 걸맞은 작품들을 내놓았다. 오늘날까지도 생산하고 있는 두 종류의 서비스, 즉 1951년의 '블로 엘드Blå Eld' 즉 '파란 불꽃Blue Fire'과 1956년의 '코카 블로 Koka Blå' 즉 '끓는 파랑Boil Blue'이 그녀의 작품이다. 그밖에도 상당수 예술 작품을 만든 그녀는 1964년까지 일하다가 회가네스Höganäs로 자리를 옮겼다.

1943년부터 1946년까지는 스웨덴의 유명한 화가 이삭 그뤼네발트Isaac Grünewald, 1889~1946가 참여했다. 그는 군나르 닐룬드가 디자인한 파이앙스 표면

1 군나르 뉘룬드의 독특한 화병
2 오스틴디아의 문양은 침몰한 동인도회사 선박의 중국 화물에서 유래했다.
3 '세기의 그릇'으로 불리는 뢰르스트란드의 '오스틴디아'

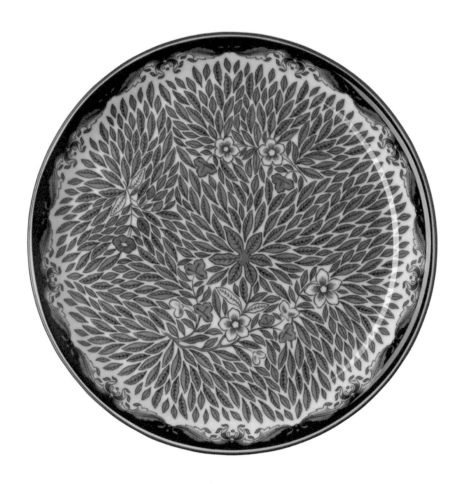

2012년 탄생 80주년을 기념하여 출시한 새 문양의 '오스틴디아' 플레이트

헤르타 벵손의 '푸른 불꽃' 화병들

1 '끓는 불꽃' 라인의 그릇들
2 이삭 그뤼네발트 도자기

에 그림을 넣는 공동작업으로 뢰르스트란드에 새로운 영감을 주었다. 그러나 그들의 협업은 이삭 그뤼네발트가 오슬로 공항에서의 비행기 사고로 사망하는 바람에 짧게 끝났다.

1949년에 뢰르스트란드에 합류한 실비아 레우쇼비우스Sylvia Leuchovius, 1915~2003는 원래 화가가 되려고 했으나 그녀가 졸업한 공예학교의 학교장이 뢰르스트란드에 추천하면서 삶이 바뀌었다. 그녀는 1971년까지 뢰르스트란드에 있었으나, 1976년에는 뢰르스트란드 250주년을 기념하는 그릇의 패턴을 만들었고, 이 그릇은 그녀의 이름을 붙여 '실비아Sylvia' 라인이 되었다.

실비아는 석기 타일과 장식 타일에 많은 관심이 있었고, 또 그 방향에 많은 작품들을 내놓았다. 걸작 역시 석기 작품에서 많이 나왔다.

1950~60년대는 마리안네 베스트만Marianne Westman, 1928~2017의 시대였다. 그녀는 이를테면 '뢰르스트란드의 린드베리'였다. 열여덟 살 때부터 사기장 생활을 시작한 그녀는 뢰르스트란드에 처음 들어왔을 때 임시직이었으나, 곧 '영구직'의 자격을 부여받았다. 1950년부터 1971년까지 21년 동안 뢰르스트란드에서 일한 그녀는 누구도 넘볼 수 없는 디자이너로서의 지위와 대접을 받고 있었기 때문에 '도자기 엄마china mom'라는 별명으로 불렸다.

뢰르스트란드 최고의 히트작이라 할 수 있는 '나의 친구Mon Amie' 라인을 디자인한 것은 입사 후 2년도 채 지나지 않은 1952년의 일이다. 이 라인은 1987년까지 생산했는데, 소비자들의 열화와 같은 복각 요청에 2008년 이후 다시 만들고 있다.

마리안네는 회사에 속해 있으면서도 자유롭고 독자적인 예술 활동을 인정받

1 뢰르스트란드 창립 250주년을 기념하는 '실비아' 라인
2 20세기 뢰르스트란드 최고의 히트작 '나의 친구' 라인

아 '피크닉Picknick', '프리스코Frisco', '포모나Pomona', '나의 정원My Garden' 등을 잇달아 내놓았다. 그녀의 작품들은 뢰르스트란드의 수익률을 무려 450%나 올려놓는 전설적인 실적을 만들었다.

그녀와 함께 뢰르스트란드의 최고의 황금기도 왔다. 당시 종업원 숫자는 1,500명에 달했는데, 이는 리드셰핑 인구의 10%에 해당하는 숫자였다. 그릇에 찍히는 스탬프도 'Rörstrand, Sverige'에서 'Rörstrand, Sweden'으로 바뀌었다. 해외에서의 주문량이 늘어났기 때문이었다.

마리안네의 두 번째 히트작은 '피크닉'이다. 1956년부터 1969년까지 제조했고, 이후 재생산은 하지 않았다. 그녀가 디자인한 제품으로는 이 밖에도 '아니카Annika', '향기 요법Aromatherapy', '체리Cherie', '엘리자베스Elisabeth', '에버그린Evergreen', '플로리Flori', '프리스코', '고란Goran', '리사Lisa', '로타Lotta', '마야Maya', '메뉴Menu', '미라마레Miramare', '페트라Petra', '페루Peru', '피게린Piggelin', '비터 오렌지Bitter Orange', '포모나', '레드 탑Red Top' 등 너무도 많이 있다.

이처럼 회사 명성이 올라가자 '아라비아 핀란드'의 최고 아티스트인 비에르 카이피아이넨Birger Kaipiainen, 1915~1988도 뢰르스트란드를 찾아왔다. 그는 대학 졸업 후 바로 '아라비아 핀란드'에 들어가서 50년 넘게 일하면서 핀란드 최고 디자이너로서의 명성을 쌓았다. 그가 1960년대에 디자인한 '파라티시Paratiisi' 즉 '천국Paradise'은 꽃과 과일이 잘 어우러진 상큼한 문양으로 인기를 끌어 지금까지도 아라비아의 유명세를 이어주고 있는 제품이다. 이에 대해서는 잠시 뒤에 핀란드 대목에서 살펴보기로 하자.

뢰르스트란드에 들어와서도 그는 주로 동양과 러시아에서 영감을 얻은 상상력

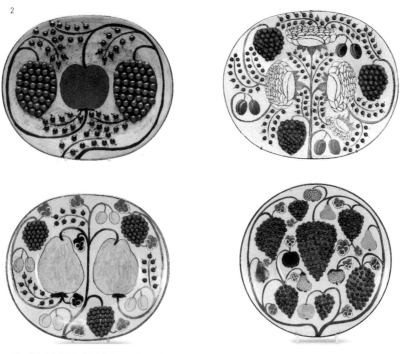

1 린드베리처럼 발랄한 상상력의 마리안네 '피크닉' 라인
2 비에르의 아트웨어 플레이트

이 풍부한 아트웨어artware를 만들면서 그의 나머지 생애 최고 전성기를 열었다.

1960년대 중반이 되면서 뢰르스트란드의 위기와 굴욕이 시작되었다. 1964년 웁살라 에케비Uppsala-Ekeby 그룹이 뢰르스트란드를 매입하고, 새 기계를 도입해 작업의 효율성을 높이려 했지만 뜻대로 되지 않았다. 1970년이 되면서 200명의 종업원이 일자리를 잃고 집으로 돌아갔다. 1970년대는 뢰르스트란드에 있어 '잃어버린 시기'였다. 1971년에는 260명이 실직하면서 '마리안네의 동화'도 끝을 맺었다.

이제 뢰르스트란드의 영광은 쇠퇴했다. 남은 것은 뢰르스트란드의 명성을 이용해 돈을 벌어보려는 자본의 욕심뿐이었다. 이 참담한 상황을 위로하는 것은 다음 페이지 한 장의 사진이다. 아니, 어쩌면 더 슬프게 만드는 사진이다.

1954년에 찍은 이 사진에는 뢰르스트란드의 황금기를 이끈 명장들이 모두 모여 있다. 뢰르스트란드를 이끌었으며, 스웨덴을 대표하는 사기장들이 한자리에 모여 찍은 것이라는 점에서 이 사진의 의미는 매우 각별하다. 옛날이나 지금이나 내로라하는 아티스트들이 이렇게 함께 모이는 것부터가 쉽지 않다.

실비아 레우쇼비우스, 마리안네 베스트만, 비에르 카이피아이넨, 헤르타 벵손 등의 얼굴이 모두 보이는 이 사진은 선배에서 후배로 이어지는 뢰르스트란드의 끈끈한 도제 전통을 말해준다. 얼굴에서 자부심과 온화한 미소를 보여주는 이들은 이제 없다. 사진 중앙에 다소곳이 앉아 있는 마리안네, 당시 나이가 제일 어렸으므로 가장 앳된 얼굴의 그녀만 아직 생존해 있다. 그러나 이제 그녀도 아흔두 살이 넘어 사진 속 얼굴은 온데간데없이 사라져버렸다.

이 사진을 보노라면 ABBA의 다음 노래가 떠오른다.

뢰르스트란드가 위대했던 시절의 어느 한때,
왼쪽부터 실비아 레우쇼비우스, 칼 하뤼 스톨하네, 마리안네 베스트만, 비에르 카이피아이넨, 헤르타 벵손

Happy New Year

by ABBA

No more champagne

샴페인도 다 떨어지고

And the fireworks are through

불꽃놀이도 끝났어요

Here we are, me and you

여기 우리, 나와 당신

Feeling lost and feeling blue

허전하고 우울하죠

It's the end of the party

파티는 끝났어요

And the morning seems so grey

아침도 너무 쓸쓸하네요

So unlike yesterday

어제와는 전혀 달라요

Now's the time for us to say

이제 우리 서로 말할 때죠

Happy new year

Happy new year

May we all have a vision now and then

때로 우리 모두는 꿈을 꿔요

Of a world where every neighbour is a friend

모든 이웃들이 친구처럼 지내는 세상을

Happy new year

Happy new year

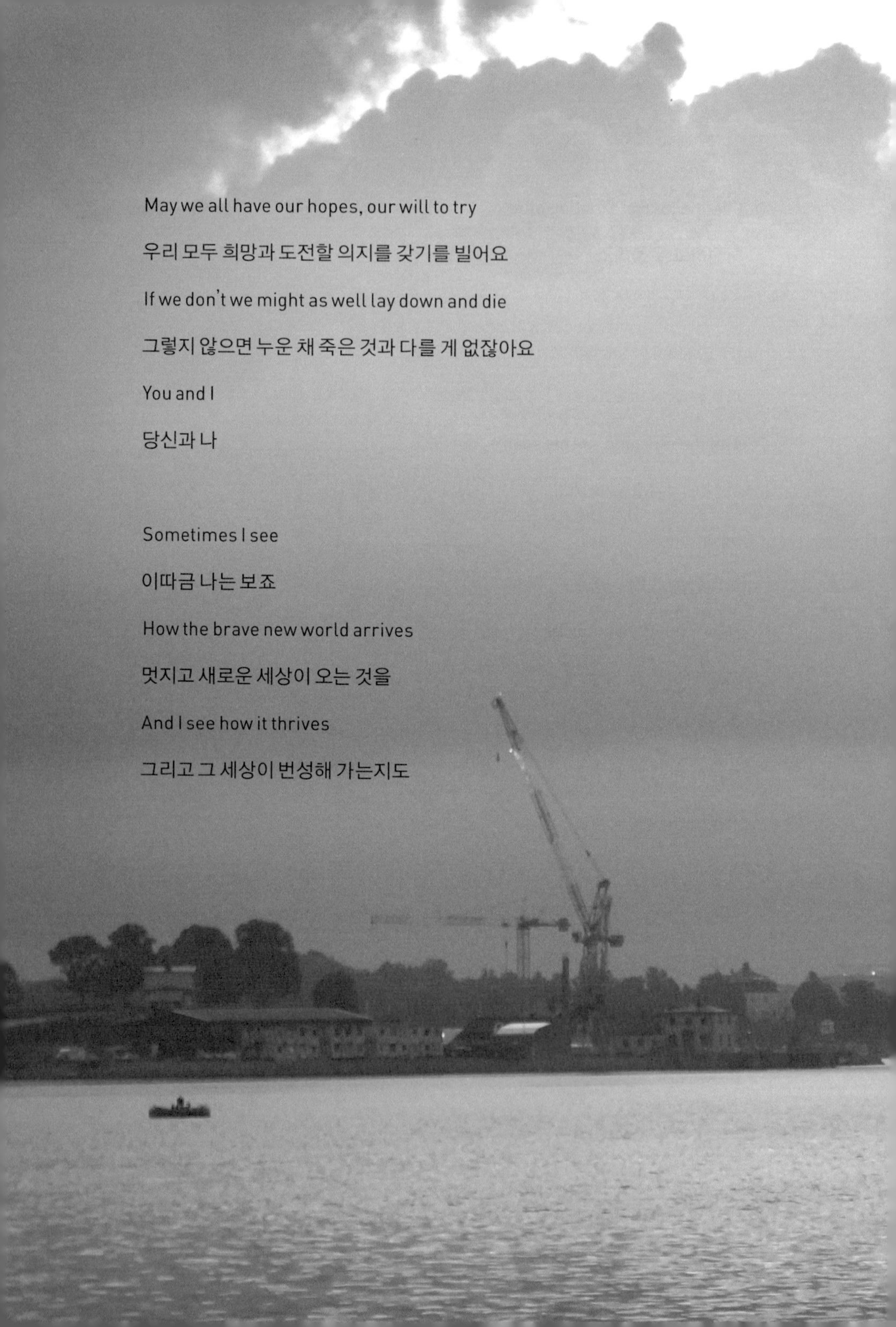

May we all have our hopes, our will to try

우리 모두 희망과 도전할 의지를 갖기를 빌어요

If we don't we might as well lay down and die

그렇지 않으면 누운 채 죽은 것과 다를 게 없잖아요

You and I

당신과 나

Sometimes I see

이따금 나는 보죠

How the brave new world arrives

멋지고 새로운 세상이 오는 것을

And I see how it thrives

그리고 그 세상이 번성해 가는지도

In the ashes of our lives

우리 삶의 잿더미 속에서 말이죠

Oh yes, man is a fool

그래요, 인간들은 어리석어요

And he thinks he'll be okay

괜찮을 거라고 생각하면서

Dragging on, feet of clay

진흙투성이가 된 발을 질질 끌고 가죠

Never knowing he's astray

길을 잃은 줄 모르고

Keeps on going anyway

계속 나아갈 뿐이죠

Seems to me now

지금 나는 느껴요

이른아침의
스톡홀름앞바다

That the dreams we had before

예전에 간직했던 꿈은

Are all dead, nothing more

모두 사라져버리고 아무것도 남지 않았다고

Than confetti on the floor

바닥에 흩어진 색종이 조각과 같다고

It's the end of a decade

이제 한 시대가 끝나가요

In another ten years time

다음에 올 새로운 10년에

Who can say what we'll find

우리가 무엇을 찾을지 아무도 모르죠

What lies waiting down the line

무슨 일이 기다리고 있는지 누가 알까요

사진에서 언급을 하지 않은 사람은 왼쪽에서 두 번째, 선 채로 칵테일처럼 보이는 음료를 마시고 있는 칼 하뤼 스톨하네Carl Harry Stålhane, 1920~1990다. 이 사진을 찍은 장소가 바로 그의 집이다. 그 역시 뢰르스트란드에서 34년 동안 일한 화가이자 조각가, 디자이너다.

그가 1939년 처음 뢰르스트란드에 들어왔을 때 처음 맡았던 일은 이삭 그뤼네발트의 지도에 따라 석기 제품에 그림을 그리는 일이었다. 이후 그는 군나르 닐룬드의 교육을 받으며 뢰르스트란드의 차세대 리더로 성장해나갔다. 그 역시 아래 사진처럼 그만의 개성 있는 그림이 그려진 다수의 플레이트와 꽃병 그리고 조형미 넘치는 뛰어난 자기 그릇들을 남겼다. 그는 1973년 뢰르스트란드를 떠나 개인 공방을 열었고, 개인전 준비를 하던 도중에 사망했다.

안타깝게도 새로운 10년, 1970년대가 되면서부터 사진 속 주인공들은 거대한 자본의 물결에 의한 급격한 단절을 경험하게 된다. 1975년에는 아라비아가

칼의 1943년 제작 파이앙스 장식 플레이트

읍살라 에케비를 사들였다. 읍살라에 속한 뢰르스트란드도 당연히 아라비아 소유가 됐다. 옛날에 뢰르스트란드가 만들었던 자회사였던 아라비아가 이제 거꾸로 자신의 모기업을 흡수한 것이다.

1976년은 뢰르스트란드 설립 250주년이 되는 해라서, 그동안 생산해온 2,700점의 제품을 전시하는 대규모 전시회가 열렸다. 또한 뢰르스트란드 박물관을 처음으로 연 해이기도 하다. 오늘날 이 박물관은 뢰르스트란드의 1만 5천여 제품을 소장하고 있다.

1947년 뢰르스트란드는 바르질라 그룹에게 넘어갔고, 1989년에는 하크만 그룹이 사들여 뢰르스트란드와 아라비아, 구스타브베리가 모두 한 우산 밑으로 들어갔다. 이때 회사 명칭은 '하크만-뢰르스트란드'였다. 구스타브베리는

1994년 다시 떨어져나갔다. 위에서 이미 말한 대로 2003년 이딸라가 뢰르스트란드를 흡수했고, 2005년 리드셰핑의 공장이 문을 닫았다. 2007년에는 피스카스가 이딸라와 뢰르스트란드를 사들였다.

자, 이렇게 해서 스웨덴 도자기의 맏형은 역사의 뒤안길로 스러졌다. 이름은 남아 있으되, 영광은 사라졌다. 구스타브베리와 더불어 진정 안타까운 일이다.

뢰르스트란드 제품은 오직 이딸라 매장에서만 볼 수 있다.

아웃렛에 진열된 '퍼걸러' 라인 플레이트와 컵

뢰르스트란드의 문을 닫기 전에 이 회사와 함께 작업한 두 명의 여성 디자이너를 더 소개하도록 하겠다.

카타리나 브리디티스Katarina Brieditis, 1967~는 요즘 '퍼걸러Pergola' 라인으로 국내서도 인기가 많은 디자이너다. 퍼걸러는 등나무, 담쟁이, 덩굴장미 등의 넝쿨가지가 뻗어 올라가도록 만든 구조물을 뜻한다. 뢰르스트란드에서 2008년부터 생산하기 시작한 '퍼걸러' 라인은 지중해를 연상시키는 코발트블루 나뭇가지와 꽃이 넝쿨을 이루며 서로 얽혀 있는 문양이 매우 아름답다.

카타리나가 뢰르스트란드와 함께 작업한 라인을 보면 '퍼걸러' 이외에도 2007년 '쿠르비츠Krubits', 2009년 '고데라프톤Goderafton', 2012년 '빈테르사가Vintersaga' 등이 있다. 이중에 1790~1850년 사이에 유행했던 매우 상징적인 그림의 스웨덴 민속화법에서 비롯된 '쿠르비츠'는 또 하나의 인기 제품이고, 나

1 카타리나 브리디티스의 '쿠르비츠' 라인은 직물 디자이너의 특색이 묻어난다.
2 크리스마스 트리를 연상시키는 '빈테르사가' 라인

머지 두 라인은 크리스마스 분위기가 물씬 풍기는 송년용 제품이다.

카타리나는 뢰르스트란드와 협업하기 이전에 스웨덴의 대표적인 가정용품 회사인 리눔Linum에서 직물textile 디자인을 담당했다. 그녀 스스로도 자신의 본업이 직물 디자인과 제작임을 분명히 밝히고 있다. 그녀뿐만 아니라 북유럽 도자기 디자이너들은 대부분 직물과 벽지 디자인도 겸하고 있는 것이 특징이다. 현재 그녀는 가구 회사의 대명사인 이케아를 비롯해 많은 회사의 디자인을 맡고 있다.

한나 베르닝Hanna Werning, 1973~ 역시 도자기와 직물 양쪽 분야에서 두각을 나타내고 있는 디자이너다. 그녀의 벽지 디자인은 2004, 2007, 2008년 세 차례나 '올해의 벽지'로 뽑혀 상을 받았다. 그러나 실내장식과 가구, 타일, 디너웨어, 인사카드 등 다방면에서 그녀의 디자인은 주목받고 있다. '안나 수이Anna Sui', '보다 노바Boda Nova', '이스트팩Eastpak', 이케아, 이딸라, '사가폼Sagaform' 등이 그녀의 디자인 고객이다.

런던의 세인트마틴컬리지Saint Martins College of Art & Design에서 그래픽 디자인을 공부한 그녀는 2004년부터 스톡홀름에서 그녀의 독자적인 '스프링 스트리트Spring Street 스튜디오'를 운영하고 있다. 이 스튜디오 이름은 그녀가 런던에서 공부할 때 살았던 곳에서 따왔다고 한다.

그녀가 뢰르스트란드와 손잡고 2008년부터 선보이고 있는 디너웨어는 '쿠니나라Kuninara' 라인이다. '쿠니나라'는 완두콩과 브로콜리, 당근, 양파, 카네이션 등이 마치 스웨덴 농촌의 텃밭에 들어와 있는 것처럼 아름답게 배치된 패턴으로 채식주의자들을 위한 그릇처럼 느껴진다.

채식주의자를 위한
그릇 같은 '쿠니나라' 라인

아웃렛의 '쿠니나라' 머그들

그녀는 2009년 영국에서 발행하는 디자인 관련 잡지인 「퀸Quinn」과의 인터뷰에서 "내게 세상은 서로 다른 문화로 짜인 커다란 조각보patchwork와 같다. 때로 내 작품들은 거대한 콜라주로 보이거나, 각자 자신의 고유한 리듬을 갖고 있는 DJ의 샘플링 음악처럼 느껴진다"라고 말했다. 그녀의 세계관과 작업관이 고스란히 느껴지는 말이다.

뢰르스트란드 문을 닫고 나가기 전에 앞에서와 마찬가지로 크리스마스 플레이트를 보지 않을 수 없다. 뢰르스트란드는 1968년부터 크리스마스 기념 플레이트를 만들기 시작해 1999년에 중단했다. 그러니까 모두 32개의 플레이트를 남겼다.

첫 크리스마스 플레이트를 디자인한 사람은 앞에서도 소개했던 군나르 닐룬드였다. 플레이트 그림은 숲속에서 한 사내가 크리스마스트리로 쓸 나무를 말이 끄는 썰매에 매달고 가는 모습이다. 하늘에는 커다란 별이 빛나고 있다.
사실 뢰르스트란드의 모든 크리스마스 플레이트는 군나르 닐룬드의 디자인
이다. 그는 1995년에 회사를 그만두었지만, 뢰르스트란드는 끝까지 그에게 크
리스마스 플레이트 그림을 맡겼다.

군나르 닐룬드의 크리스마스 그림들은 상당수가 『닐스의 신기한 여행Nils
Holgerssons underbara resa genom Sverige』이라는 동화책에서 모티프를 얻은 것이다. 우
리나라에는 『닐스의 신기한 모험』으로 알려져 있다. 시골 마을에 살고 있는
주인공 닐스는 부모님이 집을 비운 어느 날 할아버지 요정을 쫓는 장난을 하

1971년 크리스마스 플레이트

다가 요술에 걸려 난장이로 변했고, 거위 '몰텐'을 타고 하늘을 날아 이곳저곳으로 다니며 신기한 모험을 한다는 내용이다. 1982년에는 일본 애니메이션으로 제작되기도 했다.

1906년과 1907년에 걸쳐 출판된 이 동화집은 셀마 라게를뢰프Selma Lagerlöf, 1858~1940라는 여류 작가의 작품으로 스웨덴 교육부의 의뢰를 받아 아동들의 독본용으로 집필한 것이다. 그녀는 이 작품으로 1909년 여성 최초 노벨문학상 수상자가 되었다.

『닐스의 신기한 여행』이 모티프가 된 뢰르스트란드 크리스마스 플레이트

레트로 디자인의 꽃,
로타 오델리우스와 비옐크-포스

스웨덴을 떠나기에 앞서 세 명의 걸출한 디자이너를 소개하지 않으면 매우 섭섭할 듯하다. 바로 로타 오델리우스와Lotta Odelius 비옐크-포스Björk-Forth다. 로타는 그런대로 우리나라에 조금 알려졌는데, 비옐크 포스는 거의 알려지지 않은 이름일 터다.

로타는 '사가폼'이라는 회사의 제품을 통해 세상에 알려졌다. 1998년에 설립된 이 회사는 역사나 배경, 심지어 설립자가 누구인지 감추고 있는 좀 이상한 회사인데, 로타가 디자인한 일련의 제품들을 내놓으면서 일약 주목을 받는 곳이 되었다. 레트로 감성에 기반한 로타의 디자인이 워낙 독창적이고 좋았기 때문이다.

사실 많은 부분이 베일에 싸여 있는 것은 로타 그녀도 마찬가지다. 웁살라Uppsala대학에서 디자인을 공부하고 십여 년 동안 광고업계에서 그래픽 디자이너로 활동하던 2006년 봄에 그녀 자신의 디자인 스튜디오를 설립하고, '클리프트그Klyftig'라는 냄비받침 패턴을 디자인한 것이 눈에 띄어 사가폼과도 연결되어 협업을 시작했다는 것이 알려진 내용의 전부다.

그 외에는 몇 년생인지, 어디 출생인지, 어떤 궤적을 그렸는지 알려진 바가 거의 없다. 앞에서 본 덴마크 도예가 애나 블랙의 경우처럼, 아마 자신의 상세한 신상이 알려지는 것을 원하지 않는 듯하다.

하여튼 그녀가 사가폼에 디자인을 제공해 만들었던 그릇 중 가장 인기를 끌었던 것은 '레트로Retro'와 '튤립Tulip', '킵Keep' 라인이다. '레트로'는 말 그대로

사가폼의 레트로 라인은
지나간 세월에 대한
노스탤지어를 불러일으킨다.

1960년대의 디자인을 현대적으로 재해석한 '복고풍 디자인'이다. 레트로는 북유럽 패턴의 바이블이라 할 수 있는 나뭇잎과 나무열매를 간결하고도 재치 있게 배열하여 상큼한 생명의 기운을 나타내면서도 무엇인가 지나간 노스탤지어를 자극한다.

로타는 북유럽 디자인이 '아름다움'을 위해 탄생하지 않았다고 강조한다. 그래서 이탈리아처럼 화려하지도 않고 프랑스처럼 우아하거나 로맨틱하지도 않으면서, 그저 사람들 일상의 모습을 그대로 투영한 실용적 작업들이 디자인의 바탕이라는 것이다. 그래서 1950년대 디자인이나 오늘날 그것이 모두 똑같이 모던하다고 느낄 수 있다는 얘기다.

'킵' 라인도 로타만의 독창성을 충분히 보여준다. 매우 단순하게 표현된 물고기와 과일, 채소 등 문양이 반복되는 이 라인은 폴란드 그릇처럼 감자를 새겨 만든 패턴을 찍어 만든다.

'댄디' 라인의 머그와 앞치마

비열크-포스는 비열크룬트Pia O. Björklund와 포스메이에Magnus Forthmeiier라는 두 명의 디자이너가 만든 회사 이름이다. 둘의 이름에서 한 자씩 가져왔다. 보로스Borås텍스타일 학교를 졸업한 이들은 1977년 디자인 회사를 시작한 이후 국내외 많은 회사들과 디자인 협업을 해오고 있다.

1

2

1 단순한 문양의 반복이 즐거움을 주는 사가폼 킵 라인
2 레트로 라인(왼쪽)과 튤립 라인(오른쪽)의 산뜻한 디자인

이들 디자인이 주목을 받은 것은 역시 사가폼에서 나온 제품 '댄디Dandy'와 'SOS' 라인을 통해서다. '댄디'는 시트러스나 오렌지의 단면을 자른 모습의 패턴으로 매우 앙증맞고 깜찍한 느낌을 전해준다. 'SOS'는 북해 특유의 청어를 해조류와 산뜻하게 표현해냈다. 둘 다 사가폼의 머그와 기타 제품에 도입돼 인기를 끌었다.

그러나 위 디자인들은 현재 사가폼 판매 라인에서 모두 사라졌다. 아마 모두 디자인 계약을 연기하지 않고, 디자이너들이 도로 회수해갔기 때문인 듯하다. 따라서 사가폼 회사도 제품 라인을 거의 주목할 필요가 없어졌다.

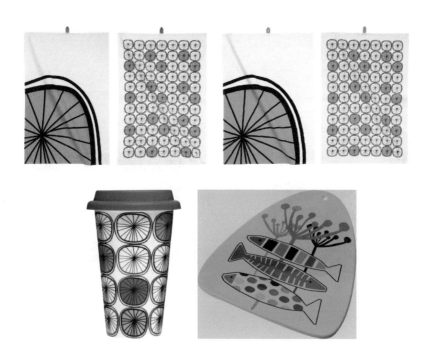

'댄디' 라인 텀블러와 텍스타일 그리고 'SOS' 라인 플레이트

비엘크-포스의 '시즌(season)' 라인 그릇들

CHAPTER

12

그녀들은
왜
핀란드로
떠났을까?

"핀란드에 대체 뭐가 있어?"

윗사람이 물었다.

"시벨리우스Sibelius, 아키 카우리스마키Aki Kaurismaki의 영화, 마리메꼬, 노키아,

무민."

쓰쿠루는 생각나는 대로 말했다.

　　　　　　　－무라카미 하루키, 『색채가 없는 다자키 쓰쿠루와 그가 순례를 떠난 해』 중에서

누군가 내게 위와 똑같은 질문을 했다면, 아마 내 대답에서도 시벨리우스와
마리메꼬, 무민Mumin이 나왔을 것이다. 아키 카우리스마키는 누군지 전혀 모
른다. 이름만으로는 꼭 일본인 같다. 컬트영화를 주로 만드는 핀란드 출신의
세계적인 거장이라고 하는데, 그의 영화를 한 번도 본 적이 없다. 대신 일본영
화 「카모메 식당」과 아라비아 핀란드 그리고 화가 악세리 갈렌 칼렐라Akseli
Gallen Kallela와 헬레네 셰르프벡Helene Schjerfbeck의 이름이 더 나왔으려나?
스톡홀름에서 헬싱키로 가는 크루즈 선 실야Silja 라인과 바이킹Viking 라인은
거의 동시에 출발한다. 실야 라인은 일정한 거리를 유지하면서 바이킹을 뒤쫓
아 간다. 이렇게 두 척의 크루즈 선이 동시에 가는 것은 타이타닉 호의 비극이
준 교훈이다. 행여 두 척의 배 중 어느 한 곳에서 사고가 발생하면 나머지 배가
구조하기 위함이다. 목적지에 도달할 때까지 이 위치는 변함이 없다.
나는 새벽에 일찍 깨어나 갑판 위에 나가보았는데 여전히 바이킹이 일정한 거
리 앞에서 묵묵히 파도를 헤치며 나아가고 있었다. 그 모습을 보는 순간, 왜
그리 마음이 놓이던지! 나는 그 순간 삶에서도 이렇게 항로를 유도하는, 목적

1

2

지에 무사히 도달할 수 있도록 길을 안내하는 그런 길잡이가 있다면 얼마나 좋을까, 라는 생각을 잠시 했다.

작은 싱글 침대 두 개가 중간에 약간의 공간을 두고 사이좋게 놓여 있는 2인실 캐빈에서 어둠이 깔리는 창밖 바다를 홀로 바라보며 나는, 평소 핀란드에 대해 알고 있는 것을 떠올리려 애썼다. 그러나 막상 그리 아는 게 없다는 사실에 스스로 놀랐고, 왜 일본인들은 북유럽으로 가기_{도피하기} 위해 그토록 애를 쓰는지 궁금해졌다.

『색채가 없는 다자키 쓰쿠루와 그가 순례를 떠난 해』에서 쓰쿠루는 고등학교와 대학 시절 내내 친밀하게, 일종의 그룹을 이루었던 네 명의 여자들 가운데 핀란드로 '사라져버린' 구로黑, 즉 '까망'을 찾아 핀란드로 불쑥 찾아간다. 구로가 핀란드로 간 것은 마음에 깊은 구멍이 뚫린 듯한 상실감 때문이다. 가장 절친했던 친구인 시로白, '하양'이 강간을 당해 원치 않는 임신을 하고 거식증에 걸리는 처절한 과정에서 친구를 도왔지만 급기야 그녀가 목 졸려 살해당하는 일까지 벌어지자 더 이상 버티지 못하고 핀란드로 떠난 것이다.

'온통 헛발질만 해대다가 결국 나 자신을 잃어버릴 지경에 놓인' 구로를 구원한 것은 바로 도자기였다. 구로는 자신을 찾아온 쓰쿠루에게 이렇게 말한다.

> "물레를 돌리면 나 자신에 대해 정말 정직해질 수 있었어. 오로지 형태를 만드는 일에 의식을 집중하고 다른 온갖 일을 깡그리 잊어버릴 수 있었지."

1 어디로 가는 배일까? 스톡홀름 항구를 빠져나가는 거대한 크루즈 선
2 새벽녘 갑판에서 본 바이킹 호. 밤새도록 앞서가며 길을 안내한다.

하루키가 만들어낸 판타지,
일본식 북유럽

이 책의 맨 앞에서 얘기했듯 영화「카모메 식당」에도 각각의 사연들을 안고 일본 여인들이 핀란드에 정착한다. 개개의 사정에 대해 구체적 설명은 없지만, 어쨌든 이런저런 이유로 많고 많은 나라 중에 핀란드를 찾아온 사람들이다. 과연 핀란드의 무엇이 이들을 찾아오게 만드는 것일까?

핀란드는 말 그대로, '핀족Finns의 땅'이란 뜻이다. 핀족이 전체 인구의 90%를 차지한다. 핀족은 우랄 알타이어계, 즉 아시아에서 건너간 종족이다. 먼 옛날에는 동양인처럼 검은 머리에 키가 작았지만 바이킹덴마크와 스웨덴 등의 지속적인 침략과 정복에 따른 혼혈로 인해 지금의 서양인 모습으로 변화했을 것으로 인류학자들은 보고 있다. 그래도 핀족에는 여전히 우랄 알타이어족의 DNA가 존재한다. 바로 이런 핏줄이 동양인들을 핀란드로 이끄는 것일까?

이유는 알 수 없지만 북유럽은 일본인들에게 '치유의 땅'으로 곧잘 등장한다.「카모메 식당」에서 그랬고 하루키의 소설에서도 마찬가지였다. 어쩌면 하루키가『노르웨이의 숲』이란 신기루 혹은 판타지를 데리고 나와 일본인들을 미혹시킬 때부터 그들의 마음에 상실의 치유는 곧 북유럽이란 등식이 성립되었는지 모른다.

소설『노르웨이의 숲』이 모티프로 삼은 노래 즉 존 레논이 가사를 붙이고 비틀즈가 부른「Norwegian Wood」는 사실 '노르웨이의 숲'이라기보다 '노르웨이 가구'라고 하는 게 가사 전체의 정황에 더 맞는다. 폴 매카트니도 한 인터뷰에서 "숲이 아니라 가구"라고 말한 적이 있다. 그렇지만 하루키가 '가구' 라는

1

2

단순한 사물 대신에 '숲'의 추상적 의미를 강조해 '노르웨이의 숲'이라는 은유적 이상향을 만들어냄으로써 지치고 방황하는 일본 젊은이들이 숨어들고 싶은 도피처로써의 '북유럽'이란 허상을 만들어낸 것이다.

사실 일본인에게 노르웨이, 스웨덴, 핀란드의 국가 분류는 중요하지 않은 듯 보인다. 그냥 이들 모두 아우른 북유럽이라는 이미지가 더 크게 작용한다.

우리로선 선뜻 이해하기 어려운 일본인들의 북유럽 선호도는 북유럽과 일본의 교류 역사를 보면 그 일단이 이해된다. 일본과 북유럽 수교는 꽤 오래됐다. 1918년 5월에 수교하여 핀란드와 국교를 맺은 5번째 국가가 일본으로, 수교 역사가 100년이 넘었다. 의외로 수교가 빠른 이유는 일본이 핀란드 독립을 발빠르게 승인했기 때문이다. 한국이 1973년에야 수교한 사실과 비교할 때 무려 55년이나 앞섰다.

일제강점기와 한국전쟁 탓이 크지만, 이를 감안해도 우리 수교는 무척 늦었다. 스웨덴 수교는 더 빠르다. 일본과 스웨덴의 우호 관계는 메이지유신이 성립되던 1868년 수호통상 항해조약을 체결한 것으로 막을 열었다. 150년이 훌쩍 넘었다. 한국은 1959년에 수교를 맺었다.

일본과 스웨덴은 그 이전에도 몇 가지 교류가 있었으며, 기록에 의하면 가장 빠른 시기에 일본 땅을 밟은 스웨덴 인 중 한 명은 1647년에 항해 도중에 들른 요한 올로프손 베리엔셰나Johan Olofsson Bergenstierna, 1618~1676 제독이었다. 또 '현대 식물학의 시조'라 불리는 칼 폰 린네의 제자인 칼 페테르 툰베리Carl Peter Thunberg, 1743~1828는, 1775년에 의사로서 일본을 방문해 일본의 식물학이나 난학 발전에 기여했다. 귀국 후에는 일본 식물지『플로라 자포니카Flora Japonica』를

헬싱키와 도쿄를 오갔던 무민 그림이 그려진 핀에어 항공기

집필했다.

국교 수립 후인 1871년에는 이와쿠라巖倉 사절단◆이 1873년 4월 말에 스웨덴에 들러 공업 시설이나 학교, 국립박물관 등을 시찰하고, 오스카르 2세Oscar II, 1829~1907 국왕을 알현했다. 일본 선수단 4명이 처음으로 올림픽에 참가한 것도 1912년에 개최된 스톡홀름 올림픽이었다.

두 국가 왕실은 전통적으로 양호한 관계를 구축해, 1926년 구스타프 6세 아돌프Gustaf VI Adolf, 1882~1973는 자신의 신혼 여행지로 일본을 선택했다. 고고학을 전공한 그는 경주에서 신라 고분 하나를 발굴한다는 소식을 듣고 일제강점기의 조선에 와서 당시 경주 노서리에 있던 129호 고분 발굴에 동참했고, 거기서 찬란한 신라 금관 하나를 직접 발굴했다. 그 후 고분의 이름은 '서봉총瑞鳳塚'으로 명명됐는데, 이 또한 스웨덴의 한자어인 '서전瑞典'의 앞 글자와 봉황 문양이 있던 구스타프 6세 발굴 금관을 합쳐서 지었다. 당시 그는 조선도 일본으

◆ 메이지유신 초기인 1871년, 아직 정부의 권력이 안정되지도 않았던 시점에 일본은 대규모 정부 사절단을 구미로 파견했다. 우대신 이와쿠라 도모미를 단장으로 메이지 정부의 실력자인 오쿠보 도시미치, 기도 다카요시, 이토 히로부미 등 메이지유신의 핵심 세력이 참가했다. 수행원과 유학생을 포함해 106명으로 구성된 대규모로, 근대화 정책의 방향성을 찾기 위해 미국과 유럽을 2년에 걸쳐 둘러보았다.

1926년 자신의 신혼여행 때 일본을 방문한 구스타프 6세 왕세자(왼쪽에서 4번째 안경 쓴 이)가 막 발굴한 도자기를 살펴보고 있다.

로 알았을 것이다.

1953년에는 아키히토明仁 왕세자가 스웨덴에 처음 방문해, 스톡홀름 국립민족박물관에 만든 유럽 최초의 다실 '즈이키테이瑞暉亭'를 방문했다. 일본이 외교 목적의 다실을 스웨덴에 제일 먼저 만든 것만 보아도 양국 관계의 두터움을 알 수 있다.

현재의 칼 16세 구스타프Carl XVI Gustaf, 1946~ 국왕은 수교 150주년인 2018년을 포함해 지금까지 수십 번이나 일본을 방문하는 등 일본과의 교류는 매우 끈끈하다. 이를 보면 노벨상을 심사하고 수여하는 스웨덴 왕립과학아카데미의 일본에 대한 태도를 엿볼 수 있다.

스웨덴과 일본의 돈독한 관계를 의식한 탓인지, 주 일본 핀란드 대사관은 홍보 트위터를 통해 '미필적 고의'로 다음과 같은 소문을 퍼뜨렸다. 즉, '단풍이란 말은 전 세계에서 핀란드와 일본밖에 없다'는 내용이었다. 정말 황당하기 그지없지만, 일본대사관 트위터 팔로워가 15만 명이 넘는 등 핀란드 '오다쿠'가 많아서 이 내용은 순식간에 퍼져서 만화에 등장하기도 했다. 그 만화에는 단풍이라는 말을 서로 공유하고 있으므로, 일본인과 핀란드 사람은 마음속 어디엔가 서로 연결되어 있다는 대사가 등장한다.

이 정도만 보아도 무민 캐릭터가 왜 특별히 일본에서 인기를 끄는지 잘 이해될

일본풍의 소메쓰케(染付) 양식(위)과 이시카와 현(石川県)의 독특한 구타니(九谷) 양식(아래)으로 제작된 무민 캐릭터들

것이다. 핀란드 항공사 핀에어는 무민 캐릭터를 동체에 그린 특별 비행기를 스톡홀름-도쿄 노선에 투입하기도 했다.

노르웨이와의 수교는 우리가 스웨덴과 같은 1959년, 일본이 1912년이다.

이제 도자기 이야기로 돌아가자. 이 책의 맨 앞에서 우리는 「카모메 식당」으로 유명세를 타게 된 아라비아 핀란드의 '24h 아베크' 플레이트를 보았다. 그런데 이 접시는 일본 19세기 에도江戸 시대의 한 접시와 기막히게 닮아 있다. 바로 이마리에서 제작한 '그물무늬 접시'다.

앞에서 이미 설명한 내용이지만 다시 톺아보자면 이마리는 일본 규슈 사가 현에 있는 도자기 마을이자, 항구다. 원래는 이마리와 가까이 있는 아리타 등지가 도자기 주산지이지만, 네덜란드 상인들이 일본 채색 자기들을 유럽에 수출하던 항구가 이마리였으므로 유럽에서는 아리타보다 이마리라는 이름이 훨씬 더 알려졌고, 규슈 일원에서 제작된 도자기들을 통칭 이마리 자기라고 부른다.

아라비아 핀란드의 '24h 아베크'와 이마리 '그물무늬 접시'는 엄밀하게 보면 물론 문양이 약간 다르다. 핀란드 것은 세로의 작은 막대들이 동심원을 이루고 있는 것이고, 이마리 것은 서로 얽힌 그물무늬가 중심으로 빨려 들어가고 있다. 그럼에도 나는 이 두 개가 꼭 닮은 친형제라는 느낌을 지울 수 없다. 구성이 같기 때문이다. 더구나 19세기는 이마리 자기가 대대적으로 유럽 시장에 수출되던 때였다. 아라비아 핀란드 '24h 아베크'를 만든 아이디어가 그물무늬 이마리 자기로부터 비롯되었을 것이란 생각은 너무 터무니없는 것일까?

그럼 본격적으로 아라비아 핀란드이하 '아라비아'라 지칭 얘기를 시작해보기로 하

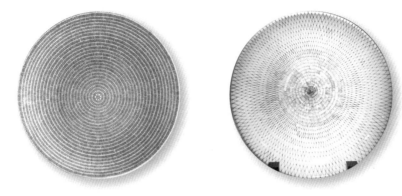

아라비아 '24h 아베크'(왼쪽), 일본 이마리 19세기 그물무늬 접시(도쿄국립박물관, 오른쪽)

자. 핀란드에 처음으로 도자산업이라고 할 만한 시설이 들어선 것은 이미 설명한 대로 스웨덴의 뢰르스트란드가 좀더 편리하게 러시아 시장에 진출하기 위해 핀란드에 부설 공장을 짓기로 결정했기 때문이다.

뢰르스트란드가 공장 설립에 관한 헬싱키 시 당국의 허가를 얻은 것이 1873년 11월 25일이고, 이듬해 공장을 다 지어 첫 생산을 시작한 때가 1874년 10월이다. 당시 핀란드 도자산업은 유아기에 지나지 않았으므로, 뢰르스트란드는 스톡홀름 본사 기술자들을 대거 헬싱키로 파견하고, 핀란드 각 지역 공방에서 사기장들을 뽑아 인력을 충원했다. 1875년 초가 되면 아라비아 직원은 이미 110명을 넘어섰고, 공장 설립 2년이 지나지 않아 연간 생산량은 핀란드 전체 생산량의 절반에 해당했다.

1881년 본사로부터 구스타브 헤를리츠Gustav Herlitz 기술감독이 파견되고 1882년에는 헬싱키를 지칭하는 핀란드 말인 '헬싱포르스Helsingfors' 디너웨어가 등

초창기의 모습을 간직하고 있는 아라비아 공장

장했다. 이는 핀란드 지명을 이름으로 붙인 첫 장식 접시였다. 1883년에는 그림으로 생산품을 설명하는 첫 카탈로그를 펴냈다. 이 카탈로그는 '플로라Flora', '푸시아Fuxia', '스베아Svea', '란드스카프Landskap', '빅토리아Victoria', '페스톤Feston' 등의 시리즈를 소개했다. 1895년이 되자 공장 직원은 300명으로 늘어났는데, 절반이 여성이었다. 1890년대 생산품의 3분의 2는 러시아로 수출했고, 핀란드 국내시장 판매는 독일 제품과의 경쟁이 매우 치열했다. 이 때문에 세일즈맨이 아라비아 견본품을 들고 전국을 돌아다니며 마케팅을 했다. 스톡만Stockmann 백화점과 협력하기로 하고 이 백화점에 첫 매장을 연 것이 1896년이었다. 이 같은 성공에 힘입어 아라비아는 '스페란자Speranza, 1893~1912', '포모나Pomona, 1893~1909', '싱-포Sing-Fo, 1893~1909' 같은 디너웨어를 계속 출시했다. 핀란드어로 된 첫 카탈로그가 나온 것은 1893년이었다.

아라비아의 20세기는 1900년 파리 만국박람회에서 금상을 받으며 기분 좋게 출발했다. 처음으로 자체 모델 타일 벽난로도 생산하기 시작했다. 1903년에는 새로운 애국주의 경향에 따라 왕실 문장이 도자기 장식에 도입되었다. 1906년이 되자 아르데코 양식의 황동을 활용한 장식 디너웨어인 '카펠라Capella',

'에스터Ester', '히두르Hildur' 등이 등장했다.

1차 세계대전은 아라비아의 지배 구조에도 변화를 가져왔다. 1916년 뢰르스 트란드는 핀란드 사업가에게 아라비아 지분 전부를 팔았다. 핀란드 회사로 독립한 아라비아는 경영 감독을 구스타브 헤를리츠에서 그 아들인 칼 헤를리츠Carl Gustaf Herlitz로 바꾸었는데, 이 신임 감독은 대대적인 구조 개혁에 착수해 5년 만에 공장을 완전히 근대화시켰다. 이러한 바탕 위에서 핀란드 회사로써의 아라비아는 놀랄 만한 성장을 이어갔다.

2차 세계대전에도 불구하고 1941년 아라비아는 공장 확장을 결정한다. 이에 따라 지금의 위치인 해멘티에Hämeentie 거리 135번지에 9층짜리 공장 건물과 그 옆에 옛 공장과 연결되는 6층의 부설 건물을 새로 지어 1947년에 완공했다. 이게 오늘날 우리가 보고 있는 아라비아 본사다. 이로써 아라비아는 2천 명 이상의 종업원을 수용할 수 있게 되었다. 새 건물에는 예술 및 장식 부서, 3개의 새 가마를 포함한 가마실 등이 들어서고, 맨 위층인 9층에는 박물관을 만들어 1948년에 문을 열었다. 이 박물관은 지금도 그 자리에 그대로 있다.

공장 확장의 결과로 1950년대 아라비아는 생산 역량이 급증했는데, 이를 가장 잘 보여주는 것이 1953년에 출시한 카이 프랑크Kaj Franck Gabriel, 1911~1989의 '킬타Kilta' 즉, '길드Guild' 라인이다. 이는 핀란드 각 가정 부엌의 요구를 반영한 도자기 근대화 공정의 선도적 산물이다.

킬타 라인은 오븐에 바로 넣어 요리를 해도 좋은 내구성을 가지고 있었기 때문에 당시로써는 혁신적이었고, 주부들의 열렬한 지지를 받았다. 그러나 현대 디자인 관점에서는 지나치게 단순해서 밋밋하게 보인다. 실용성을 극대화한 나

1 아라비아 핀란드의 로고 변천사를 엿볼 수 있는 머그
2 카이 프랑크의 대표작인 '킬타' 라인

머지 '성실하지만 융통성이 모자라고 멋대가리 없는 남편'처럼 보이는 것이다.

1940년대부터 80년대 핀란드 도자기와 유리 세공 디자인을 대표하는 카이 프랑크는 "핀란드 디자인의 양심"이라 불리는데, 그 이유는 모든 불필요한 형태와 장식을 배제하는 디자인을 추구했기 때문이다. 킬타 라인에서도 금방 드러나듯 그는 단순한 것이 아름답다는 신념을 갖고 있었다.

카이 프랑크는 타피오 비르칼라Tapio Wirkkala와 티모 사르파네바Timo Sarpaneva와 함께 핀란드 디자인을 선도한 3대 디자이너다. 그는 원래 가구 디자인을 전공했던 터라 대학 졸업 후 직물과 인테리어, 장식디자인 경험을 쌓았고, 1945년부터 아라비아와 일을 같이 시작해 수석 디자이너가 되었다.

1946년 그는 핀란드 가정복지협회Finnish Family Welfare Association의 요구로 테이블웨어를 디자인하고, 그 다음해에는 이딸라가 주최한 유리공예 디자인 경연에 참가해 타피오 비르칼라와 금상을 공동 수상했다. 이로 인해 1950년까지 이딸라 '카르티오Kartio' 등의 작품들을 디자인한다.

그는 밀라노 비엔날레 그랑프리를 비롯한 많은 상을 받았고, 앞에서 나온 스웨덴의 카린 비욜퀴스트처럼 루닝 상Lunning Prize 금메달과 '에우겐 왕자 메달Prince Eugen Medal'을 수상하는 등 실력과 업적을 인정받아 1983년에는 영국 런던 왕립예술학교에서 명예박사 학위를 받기도 했다.

오늘날 헬싱키에서 가장 창의적인 중소기업들이 모여 있고, 아라비아 공장이 있는 아라비아안란타Arabianranta 지역에는 그의 이름을 딴 '카이 프랑크 거리'가 있다. 아라비아라는 상호도 중동의 아라비아 반도와는 관계가 없고 이 지역 이름에서 유래한 것이다. 지금 시각으로 보자면 딱히 뛰어난 것도 없어 보이는

카이 프랑크의 에나멜 코팅 '피넬(Finel)' 주전자들과 유치한 듯 친근한 카이의 그릇들

데 그의 이름을 기리는 거리까지 만들었다니 조금 과하지 않나 싶지만, 60년 전 우리가 전쟁의 폐허 위에 헐벗고 있던 50년대 시선으로 한번 생각해보라! 더구나 핀란드는 북유럽 국가 가운데 가장 도자산업이 뒤처져 있던 나라였으므로 카이가 디자인한 도자기를 주제로 해서 우표까지 만들어 기념할 이유가 충분하다.

지금도 여전히 가장 사랑받고 있는 파라티시 시리즈는 흔히 "세라믹의 황태자"로 불리는 비에르 카이피아이넨이 디자인한 것으로 1969년에 출시되었다. 그는 주로 아트웨어 작업에 몰두했기 때문에 파라티시는 상업적 용도로 디자인한 그의 최초이자 마지막 테이블웨어였다. 그럼에도 그것 하나로 비에르는 핀란드의 문화 아이콘이 되기에 충분했다.

그가 즐겨 사용한 모티프인 새와 꽃, 과일이 다채롭고 화려하게 장식된 파라티시는 1974년에 생산이 중단되었으나, 대중의 열렬한 복각 요청에 의해 1987년부터 다시 생산을 재개해 지금에 이르고 있다.

그가 아라비아를 떠나 뢰르스트란드에 몸을 담았던 것은 1954년부터 1958

카이 프랑크의 킬타 라인을 주제로 한 2011년 기념우표

1 카이 프랑크의 꽃병 작품들
2 파라티시 라인의 저그와 튜린

비에르 카이피아이넨의 「구슬장식 새(Espoo Muscum of Modern Art)」

년까지였다. 그 후 그는 다시 아라비아로 돌아와 저 유명한 「구슬장식 새」를 만든다. 직접 손으로 만든 수천 개의 구슬을 일일이 붙여 만든 이 작품은 1960년 밀라노 비엔날레에 출품되어 대중을 매혹시켰고 그랑프리를 받았다. 그의 또 다른 아트웨어인 '오르보키메리Orvokkimeri' 즉 '바다의 바이올렛Sea of Violets'도 1967년 캐나다 몬트리올 세계박람회에 출시되어 북유럽의 신비한 매력에 빠지게 만들었다. 비에르는 아라비아에서 50년이 넘도록 일했는데, 그의 작업은 그가 사망하던 1988년까지 계속되었다.

비에르 카이피아이넨은 너무도 독특해서 누군가 그의 상상력의 세계를 엿보거나 넘보는 일은 아마도 쉽지 않을 듯하다. 그는 진정한 아트웨어의 황태자였다.

앞의 두 명장과 동시대에 활동한 여성 도예인으로 루트 브릭Linnea Rut Bryk, 1916~1999의 이름을 결코 빼놓을 수 없다. 그녀는 스톡홀름에서 태어나 헬싱키에서 사망했는데, 헬싱키예술대학에서 그래픽아트를 공부하고 1942년 비에르 카이피아이넨과 함께 아라비아 핀란드에서 일을 시작해 50여 년 동안 지속했다.

그래픽아트를 공부한 영향으로 그녀의 초기작은 그래픽적 경향을 많이 보여주었는데, 1940년대 중반부터는 전쟁에 대한 반발로 파스텔 색채의 팬시상품 같은 그림이나 목가적 풍경을 주로 반영했다.

1950년대의 경우는 보다 복잡하고 표현주의적인 작업으로 나아갔고, 1960년대에는 공공 영역에서의 대규모 세라믹 모자이크나 타일 작업에 주력했다. 이전의 비유적이고 내러티브적인 태도는 추상적 개념으로 재편성되었다. 이 시

루트 브릭의 1940년대 작품

기의 유명한 작업은 헬싱키 시 청사 로비의 대형 모자이크 '태양의 도시City in the Sun'와 대통령 공관에 설치된 7개 패널의 돌을새김 벽인 '아이스 플로우Ice Flow'가 있다.

그녀는 핀란드 대통령 훈장을 비롯해 핀란드 디자인상 등 각종 국가 훈장과 대형 표창을 싹쓸이하는 영예를 누렸다. 그녀의 남편 역시 앞에서 언급한 핀란드 국민 디자이너로 추앙받는 타피오 비르칼라다.

루트 브릭은 우리나라에서는 아직 제대로 소개된 적이 없지만 일본의 경우 지난 2019년 6월부터 2020년 9월까지 대대적인 전시회가 열렸다. '루트 브릭, 나비의 궤적蝶の軌跡'이라고 제목을 단 이 전시회는 핀란드와 일본의 국교 수교 100주년을 기념하는 행사로, 브릭의 텍스타일 작품을 포함해 200여 점이 전시됐다. 전시회도 도쿄 중앙역 갤러리를 비롯해 이타미伊丹시립미술관, 기

1944년작 도판 '결혼식'과 1947년작 도판 '장례식'

브릭의 1950년대 연작 나비 시리즈

기후 현립현대도예미술관에서 열렸던 루트 브릭 전시회 포스터

후岐阜 현립현대도예미술관, 니가타新潟 현립반다이지마万代島미술관 네 곳에서 개최됐다.

1960년대와 1970년대를 걸쳐 가장 두각을 나타낸 디자이너로 라이야 우오시키넨Raija Uosikkinen, 1923~2004을 빼놓을 수 없다. 라이야는 1944년부터 1947년까지 대학에서 도자기 그림 전공을 마치자마자 바로 아라비아에 입사해 1986년까지 40여 년 동안 일했다.

그녀는 입사 직후부터 매우 강한 개성을 드러냈는데, 도자기 화가로서의 입지를 다지게 만든 것은 테이블웨어 '에밀리아Emila' 시리즈다. 실용적인 그릇이었지만, 표면에 그려진 그녀만의 독특한 그림은 지금 보아도 아주 현대적인 감각이다. 에밀리아 라인은 1949년에 생산을 시작해 1964년까지 15년 동안 지속될 정도로 인기가 많았다. 지금도 여전히 많은 수집가들의 사랑을 받고 있다.

라이야가 아라비아 역사에서 중요한 위치를 차지하는 이유 중 하나는 그녀가 카이 프랑크와 공동 작업으로 기초를 다져놓았기 때문이다. 카이 프랑크가

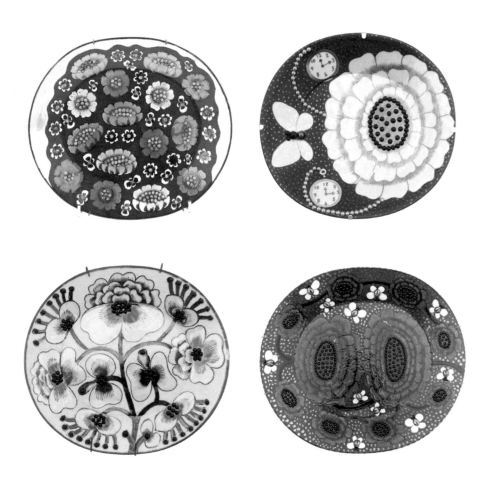

'바다의 바이올렛' 작품들

그릇의 형태를 디자인하면 그녀가 그 그릇에 그림이나 문양을 넣는 작업을 했다. 그렇게 탄생한 것이 아래와 옆의 '에밀리아' 이외에도 '리네아Linnea'와 '폴라리스Polaris'가 있다. '리네아'는 1954년부터 1964년까지 10년 동안, '폴라리스'는 1964년부터 1971년까지 7년 동안 생산되었다.

라이야 작품으로 눈길이 절로 쏠리는 또 하나의 시리즈는 '포모나' 다. 포모나는 로마 신화에 나오는 요정으로, 정원을 가꾸는 일과 과일 재배를 담당했다. 여러 신들이 사랑을 고백했으나, 포모나는 오직 정원 가꾸기와 탐스런 과일을 열리게 하는 일에만 열중하여 모두 거절했다고 한다. 그래서 라이야의 포모나에서 볼 수 있는 것은 풍성하고 먹음직스러운 과일과 채소들이다. 포모나 라

라이야 우오시키넨의 '에밀리아' 라인 사각 접시

에밀리아 라인 꽃병

인은 1965년부터 1975년까지 10년 동안 생산되었다.

라이야 우오시키넨과 카이 프랑크의 협업으로 탄생한 시리즈는 이 밖에도 수

채화로 그린 꽃을 주 테마로 한 '펠레르보Pellervo', 이슬람 장식 타일 벽화에서

1 리네아(왼쪽)와 폴라리스(오른쪽) 라인
2 그릇 자체가 먹음직스럽게 보이는 포모나 라인

영감을 얻은 '알리Ali', 간결한 구도의 '인터 알리아Inter Alia' 등이 있다.

라이야 우오시키넨처럼 카이 프랑크와의 협업으로 중요한 성취를 이룬 또 하나의 여성 디자이너는 에스테리 토물라Esteri Tomula, 1920~1998다. 라이야보다 세 살 어린 에스테리가 아라비아에 들어온 시기1947년는 거의 같지만, 라이야보다 2년 먼저 1984년에 아라비아를 나갔다. 에스테리와 라이야는 학교 동문이기도 하다.

에스테리는 카이 프랑크가 형태를 만든 에나멜 요리 그릇들인 '피넬Finel' 시리즈의 도안을 맡은 것을 비롯해 결코 라이야에 뒤지지 않는 시리즈들을 내놓았다. 무려 150종류가 넘는 그녀의 디자인 라인 가운데 유명한 것들로는 북극 오로라 공주나 「겨울왕국」의 엘사가 현신한 듯한 여성들의 인물 그림이 반영된 매력적인 '파스토랄리Pastoraali' 라인1965~1969과 덴마크 로열 코펜하겐의 '플로라 다니카' 시리즈를 연상케 하는 '보타니카' 라인1978~1989, '크로쿠스Krokus' 라인1978~1979 등이 있다.

아라비아의 '보타니카' 라인은 1978년에 처음 나왔으니 로열 코펜하겐의 '플로라 다니카' 서비스가 1790년에 생산된 것과 비교할 때 무려 188년이나 뒤졌다. 그러니 로열 코펜하겐이 얼마나 앞선 선구자였는지 금방 알 수 있다. 플로라 다니카가 덴마크 식물과 꽃에 대한 찬양이요 오마주라면, 보타니카 역시 핀란드 식물과 꽃에 대한 소박한 애정의 표현이다.

'크로쿠스Krokus'는 영어로 '크로커스crocus' 즉, 사프란saffron을 말한다. 사프란은 알다시피 스페인이나 남프랑스 등에서 파에야를 만들 때 사용하는 노란색 향신료다. 그리스 신화에 의하면 크로커스는 스밀랙스Smilax라는 요정을 사

1

2

1 인물 그림이 매력적인 에스테리 토물라의 '파스토랄리' 라인 쟁반
2 북극 오로라 공주가 현신한 듯한 그림의 파스토랄리 라인 치즈 플레이트

랑해서 마음을 애태우다가 죽은 미남 청년 크로코스Krokos가 변신한 꽃이라고도 하고, 카우카소스 산 정상의 거대한 돌에 묶인 프로메테우스의 피에서 핀 꽃이라고도 한다. 연애, 마술, 나아가서는 죽음과도 관련된 꽃인데, 초봄에 개화하므로 희망이나 청춘도 상징한다.

핀란드 식물에 대한 소박한 애정표현인 '보타니카' 라인

1970년대에는 가장 중요한 근대화 공정이 완성되었다. 1979년에는 두 개의 새로운 터널형 가마를 세웠으나, 오일 파동과 값싼 수입품 공세에 고전을 면치 못했다. 아라비아와 뢰르스트란드가 1975년부터 1977년까지 3년 동안 공동 마케팅을 펼친 것도 이러한 이유 때문이었다.

아라비아는 1947년 선박 디젤엔진 및 해양설비업체인 바르질라에 경영권이 넘어갔는데, 1984년이 되면서 바르질라는 뢰르스트란드도 사들였다. 뢰르스트란드가 러시아 진출을 위해 스웨덴 생산 기지로 아라비아를 자회사로 만든 것이 1874년이니, 110년 만에 아라비아와 다시 합쳐진 것이나 마찬가지다. 이 해에는 아라비아 박물관과 갤러리도 일반에 공개되었다.

그러나 1989년이 되면서 아라비아는 하크만 그룹에게 지분이 넘어갔다. 이로써 뢰르스트란드, 아라비아, 누타야르비Nuutajärvi 등이 모두 하크만 그룹에 속하게 됐다.

밀레니엄을 거쳐 2003년 하크만 그룹은 다시 이딸라에게 넘어갔고 이들의 회사 이름도 이딸라 그룹으로 바뀌었다. 2007년이 되면서 이딸라 그룹의 최종 주인은 피스카스 그룹이 됐다.

피스카스는 역사가 무려 365년도 더 된 아마 세계에서 가장 오래된 기업일 것이다. 피스카스는 원래 헬싱키에서 1시간 30분 거리에 있는 도시 이름이다. 호수와 강을 끼고 있는 조그만 마을에 1649년 네덜란드 인 페터르 토르보스테가 제련 공장을 세운 것이 피스카스의 시작이다. 주변 국가들의 잦은 전쟁 덕분에 제련 산업은 급성장했고, 1757년에는 주변에서 구리 광산까지 발견되면서 번성기를 구가했다.

크로쿠스 플레이트와 찻잔

아라비아 박물관으로 올라가는 본사의 로비

그러나 오늘날 피스카스의 명성을 가져온 것은 조그만 가위다. 피스카스가
1967년 생산한 오렌지색 플라스틱 손잡이가 달린 가위는 기존 쇠 손잡이 가
위의 불편함을 밀어내면서 영국 여왕도 사용하는 세계적인 히트 상품이 됐다.
지금은 17개 브랜드를 거느린 거대 기업이 됐지만, 이 그룹의 주력 상품은 여전히 손도끼와 야전삽, 쟁기 등이다. 미군이 유일하게 수입해서 사용하는 것이 바로 이 도끼와 삽이다.

이렇게 거친 도구들을 기반으로 한 회사가 오늘날 북유럽 최고의 도자 메이커 로열 코펜하겐덴마크, 뢰르스트란드스웨덴, 아라비아와 이딸라핀란드를 모두 소유하는 천하 통일을 이룩한 것이다.

핀란드는 이 나라 말로 '수오미'다. '수오'는 질척질척한 늪지대

가위와 아라비아 접시로 만든 피스카스 캠퍼스 입구 조형물

를, '미'는 땅을 의미한다. 사람 살기 어려운 물 많은 늪지의 나라, 겨울에는 4시간 정도밖에 해가 뜨지 않고 여름에는 백야가 이어지는, 스웨덴과 러시아 사이에서 항상 이리저리 휩쓸리던 나라의 위대한 반전이다.

피스카스에 흡수된 이후 2009년 아라비아에서는 21세기 초반 최대의 걸작인 루노Runo 시리즈가 나온다. 바로 헤이니 리타후타Heini Riitahuhta, 1975~의 디자인이다.

헤이니는 헬싱키대학에서 세라믹과 유리공예를 전공했는데, 2002년 졸업과 동시에 일본 미노美濃에서 열린 '미노국제도예전'에 출품한 오일 램프 작품 '헬미Helmi'가 가작을 수상하면서 이름을 알렸다.

21세기 아라비아의 걸작 '루노' 라인 중 '나비'

봄

여름

가을

겨울

'루노'는 핀란드 말로 시poem다. 핀란드의 사계절에서 영감을 얻었다고 해서 문양에 따라 '여름 햇살Summer Ray', '가을 노을Autumn Glow', '겨울 별빛Winter Star', '봄이 내리다Spring Drop' 등의 이름이 붙어 있다. 다만 시라 해도 은은한 서정시가 아니라, 강렬한 빛깔의 극시劇詩 같은 느낌이다.

'24h 투오키오Tuokio' 라인은 '24h 아베크' 라인처럼 헤이키 오르볼라의 '24h' 서비스를 기반으로 만들어진 라인이다. '투오키오'는 핀란드 말로 '순간moment'을 뜻한다. 이 테이블웨어를 매일 24시간 사용할 때 그 순간을 기억한다는 의미에서 이와 같은 이름을 붙였다. 누구나 특별한 그릇과 함께 하는 특별한 순간, 특별한 추억이 있을 것이다.

이 제품 디자인은 하리 헤로린네Harri Helorinne, 1971~와 야르코 칼리오Jarkko Kallio, 1970~의 공동 작업이지만, 그 기원을 거슬러 올라가면 140여 년 동안 면면히 이어진 아라비아의 수많은 제품들에서 영감을 얻은 것이다.

21세기는 어쩌면 자신의 새로운 경향을 만들어가기보다는 지난 여러 시대의 유행이 동시에 펼쳐지는 시대가 되고 있는지도 모른다. 대중들은 점점 더 자신의 발목에 살짝 다가와 감기는 과거 노스탤지어의 파도에 열광한다. 이를 가능하게 만든 것은 물론 뛰어난 디지털 기술의 복원력이다.

도자기라고 왜 이러한 현상이 없겠는가. 어쩌면 도자기 디자인의 미래를 가장 위협하는 것은 자신의 '과거'가 될 수도 있다. 아라비아는 2013년 회사 창립 140주년을 기념하여 '투오키오' 시리즈의 특별 한정판을 내놓았다. 이 한정판은 '아이다Ida', '마리아Maaria', '헬카Helka', '카이수Kaisu', '토이니Toini', '리나Leena', '마이사Maisa', '오일리Oili', '헬리Heli', '아르야Arja', '라이야Raija', '울라Ulla'

1 '투오키오' 라인을 소개하는 이라비아 핀란드의 홈페이지 화면
2 140주년 기념 한정판 투오키오 라인. 왼쪽 위부터 시계 순으로 아르야, 마리아, 카이수, 울라

1 유치한 듯하면서도 호감이 가고 이끌리는 파라티시 라인 접시들
2 한 소녀의 숲속 모험담을 모티프로 한 '필로파이카' 라인 중 '카딘(Kaadin)'

등 모두 12개 라인으로 구성되어 있다. 이 한정판에서 드러나는 특징은 역시 강한 레트로 경향이다.

절판되었던 아라비아의 옛 제품들이 다시 복원되어 복각판으로 생산되고 있고, 여전히 인기를 끌고 있는 것 역시 이런 레트로 취미를 일부 반영하고 있다. 앞에서 보았던 비에르 카이피아이넨의 '파라티시' 라인은 이러한 트렌드의 좋은 예다. 언뜻 보면 유치한 듯 보이는데도 호감이 가고 이끌리는 것은, 마치 언젠가 그리스나 로마 시대의 모자이크 벽화에서 본 듯, 이들 제품들이 지니고 있는 친숙함과 편안함 때문인지도 모른다.

헬싱키대학에서 직물공예를 전공했고 패션 디자이너 출신인 피아 케토Piia Keto, 1978~가 2012년에 디자인해서 출시한 '필로파이카Piilopaikka' 라인도 이런 레트로 취미를 보여준다.

필로파이카는 한 어린 소녀가 숲속에서 겪는 모험을 모티프로 삼고 있다. 숲에 들어간 소녀 이야기는 서양 동화의 한 원형이다. 틸틸Tyltyl과 미틸Mytyl 오누이가 숲속에서 겪는 이야기를 다룬 『파랑새』나 그림형제의 동화를 비롯해 수많은 이야기들이 파생됐다. 이들 동화는 또 「라푼젤」, 「숲속에서」 등 할리우드 영화로 만들어졌다. 숲은 두렵기도 하지만 매혹적인 판타지의 장소기 때문에 누구나 한번쯤은 숲과 관련한 추억을 갖고 있고, 그만큼 노스탤지어를 일깨우는 각색과 리메이크가 손쉬운 것이다. 필로파이카라는 제목도 바로 이런 숲의 속성을 담고 있다. 이는 핀란드 말로 '숨을 장소hiding place'라는 뜻이다. 필로파이카는 모두 9개의 라인을 갖고 있다.

핀란드의
크리스마스 풍경

그냥 떠나면 좀 섭섭할 테니 아라비아의 크리스마스 플레이트도 살펴보고 가 도록 하자. 아라비아는 새해맞이 플레이트와 크리스마스 플레이트를 함께 만 들었는데, 라이야 우오시키넨이 디자인을 한 새해맞이 플레이트는 1976년부 터 1999년까지 24개만 만들어졌다.

반면 크리스마스 플레이트는 여러 디자이너들이 자신만의 고유한 작품들 을 내놓았다. 라이야 우오시키넨은 물론 군보르 올린 그뢴크비스트Gunvor Olin-Grönqvist, 1928~2005, 토베 슬로테Tove Slotte, 1957~, 스베아 그란룬드Svea Granlund, 1901~1998, 군나르 아콜라Gunnar Akkola, 1914~2008, 아니아 유리칼라Anja Juurikkala, 1923~까지 매우 다양한 디자이너들이 참여했다.

우선 라이야 우오시키넨의 새해맞이 플레이트부터 보자.

사진에서 보듯 라이야 우오시키넨의 새해맞이 플레이트는 신비스런 특유의 그림 속에 많은 이야기들을 차용하고 있다. 그림은 핀란드 국민 서사시인 『칼 레발라Kalevala』와 성서1980년 「노아의 방주」부터 이솝우화1979년 『양치기 소년』까지 다양 하다.

다음은 라이야 우오시키넨의 크리스마스 플레이트다. 이에 참여한 많은 디자 이너 가운데 필자의 취향에 맞는 제품은 역시 라이야 우오시키넨의 것이다. 북 극의 수많은 별들, 그 밑의 전나무들과 눈 덮인 성당, 말이 끄는 썰매들……. 너 무 정겹고 사랑스러운 풍경이다.

라이야의 새해맞이 플레이트

라이야 우오시키넨의 1978년 크리스마스 플레이트

1 1979년 작품 2 1981년 작품
3 1987년 작품 4 1989년 작품

1 스베아 그란룬드의 1963년 크리스마스 플레이트   2 군보르 올린 그뢴크비스트의 1973년 크리스마스 플레이트
3 토베 슬로테의 1993년 크리스마스 플레이트   4 아니아 유리칼라의 1956년 크리스마스 플레이트

아이들을 위한
도자기

북유럽에서 특히 어린아이들을 위한 동화, 그림책에 들어갈 삽화가 발달할
수밖에 없었던 것은 아이들이 긴긴 겨울날을 지치지 않고 모험을 즐기며 슬기
롭게 나길 바라는 부모들의 마음 때문이다. 그래서 북유럽 피겨린 가운데는
아이들을 위한 것이 많고, 이런 마음이 도자기에도 깃들어 있다. 추운 날씨 탓
에 음식을 타박하거나 입맛이 없어 식사를 꺼리는 아이들을 식탁으로 유인하
기 위해 그들이 반할 만한 디자인의 그릇을 만들기도 했다.

'라스테나스티아스토 라우타넨lastenastiasto lautanen'은 아이들을 위한 어린이 식
기를 뜻한다. 라이야 우오시키넨도 이를 만들었고, 군보르 올린 그뢴크비스
트도 아이들을 위한 '노아의 방주' 시리즈를 만들었다.

군보르 올린 그뢴크비스트가 1971년에 디자인해서 내놓은 '노아의 방주' 시
리즈에는 각종 동물들이 등장한다. 노아의 방주에 올랐던 한쌍씩의 동물을
연상시킨다. 마치 춤추듯 즐거운 표정의 동물들은 보는 그 자체로 미소를 떠
올리게 만든다. 군보르 올린 그뢴크비스트는 1951년부터 1993년까지 40여 년
동안 아라비아에 근무하면서 많은 작품을 디자인했다.

뭐니 뭐니 해도 아이들을 위한 핀란드 최고의 캐릭터는 '무민'이다. 핀란드 말
로 무민은 '무미Muumi'고 스웨덴어로는 '무민트롤Mumintroll'이다. 무민의 스웨
덴어 이름까지 있는 까닭은 핀란드 작가 토베 얀손Tove Jansson, 1914~2001이 1935
년 이야기를 스웨덴어로 처음 발표했기 때문이다.

이름에 트롤troll이 붙어 있는 것에서도 알 수 있듯, 무민은 하마가 아니라 트롤

1 어린이들을 위한 동화. 라이야 우오시키넨의 어린이용 플레이트
2 군보르 올린 그뢴크비스트의 '노아의 방주' 플레이트

가족이다. 트롤은『해리 포터』나『반지의 제왕』에 자주 등장하는 것처럼 초자연적 괴물 또는 거인이다. 그래서 무민이 처음 나왔을 때는 지금처럼 귀여운 모습이 아니라 약간은 무서운 모습이었다. 흰 색깔에 포동포동하고 주둥이가 커서 전반적으로 하마를 닮은 현재 모습은 시간이 흐르면서 친근하게 변형된 것이다.

무민은 핀란드의 숲속에 있다는 무민 골짜기에 사는데, 무민 골짜기는 토베 얀손의 여름 별장이 있던 핀란드 북쪽 지방이 배경이다. 토베 얀손은 어린 시절 동생과 싸운 후 여름 별장 화장실 벽에 처음으로 무민을 그렸다. 무민 파파 역시 토베 얀손의 아빠를 형상화한 것이다.

최초로 인쇄된 무민은 1938년「가름Garm」이라는 잡지에 그린 것으로 히틀러에 반대하는 내용의 카툰이다. 그녀는 자신을 화난 무민으로 표현했다. 이후 무민은 대중적 인기를 얻기 시작하면서 여러 텔레비전 프로그램 및 영화의 소재로 쓰였다. 일본 후지TV는 1972년에 무민을 애니메이션으로 제작해 큰 인기를 얻었고, 지금까지 무민 캐릭터의 인기가 지속되고 있다. 1993년에는 핀란드 난탈리Naantali에 '무민 월드'가 생겨났다.

아라비아에서 처음으로 무민 그림이 들어간 어린이용 플레이트와 피겨린을 만들기 시작한 것은 1950년대 말이었다. 이후 꽤 오랜 기간 소강 상태에 있다가 무민의 인기가 재점화하면서 1990년에 생산을 재개했다. 클래식 머그의 경우 1990년에 4개를 제작한 이후 2014년까지 모두 68개 종류를 내놓았다.

1950년대 아라비아에서 나온 무민 제품은 토베 얀손이 직접 그렸다. 그러나 1990년 이후는 토베 슬로테가 그리면서 카툰의 틀에 갇혀 있던 그림을 머그

1 무민 크리스마스 플레이트. 아라비아에서 1992년에서 1996년까지 생산했다.
2 2000년에 나온 무민의 밀레니엄 플레이트

와 볼, 플레이트에서 훌륭하게 다시 살려냈다.

그러나 그녀의 그림은 모두 토베 얀손의 사전 허가를 받아야 했다. 이후 토베 얀손의 기력이 떨어지면서 그녀의 남동생이자 만화가인 라르스 얀손 Lars Jansson, 1926~2000이, 1998년 이후는 '무민 캐릭터 주식회사'가 토베 슬로테의 그림을 최종 감수했다. 토베 슬로테가 아라비아에 근무한 것은 1985년부터 1990년까지 5년 동안이어서, 나머지는 프리랜서로서 제작에 참여했다.

무민 캐릭터는 아라비아 도자

1 이딸라 아웃렛의 무민 머그와 플레이트
2 'Moomin Love' 시리즈의 머그들

기 제품으로 나오는 것에 그치지 않고 사진에서 보듯 이딸라 유리 제품에도 들어가 있다.

TIP

토베 얀손의
탄생 100주년 전시회

2014년은 토베 얀손의 탄생 100주년이었다. 이에 따라 헬싱키에서는 2014년 내내 토베 얀손과 45개 국어로 번역된 『위험한 여행』 관련 행사들이 그치지 않고 열렸다.

아테네움예술박물관은 3월부터 9월까지 전시회를 열었고, 아라비아 갤러리 역시 6월부터 무민 관련 삽화가 들어간 모든 머그와 그릇들을 보여주는 등의 특별 전시회를 개최했다. 또한 아라비아는 100주년을 기념해 한정판 무민 머그 등을 제작했다.

일본의 경우 2014년 연말에 오사카(大阪)의 아베노킨테쓰(あべの近鉄) 백화점에서 토베 얀손의 탄생 100주년을 기념하는 무민 전시회를 개최한 데 이어, 2015년에도 무려 네 곳에서 특별 전시회를 열었다. 진정 북유럽에 열광하는 일본이 아닐 수 없다.

2유로짜리 토베 얀손 탄생 100주년 기념 주화

토베 얀손의 탄생 100주년을 기념해 만든 한정판 머그들

토베 얀손 동화책과
탄생 100주년 기념품들

13

이딸라,
피스카스 캠퍼스
그리고
마리메꼬

앞에서 피스카스가 로열 코펜하겐, 뢰르스트란드, 아라비아, 이딸라를 모두 흡수해 북유럽 천하통일을 이루었다고 몇 번 강조했다. 그렇다면 이들 브랜드를 통솔하는 지휘 본부는 어디일까? 그곳은 바로 1947년에 완공한 아라비아 공장이 있는 헬싱키 해멘티에 거리 135번지 '아라비아 케스쿠스Arabia Keskus' 즉 아라비아 센터다.

여기에는 위 브랜드의 주요 라인을 만드는 통합 생산 공장과 부설 연구소, 아웃렛, 박물관 그리고 미래를 짊어질 대학알토디자인대학교 캠퍼스까지 모두 모여 있다. 그야말로 한곳에 모여 시너지를 내는 산학産學협력 클러스터cluster, 집적단지의 전형이다. 피스카스 그룹은 최근 이들 모두를 총체적으로 아우르는 '피스카스 캠퍼스' 법인을 설립했다. 게다가 인근에는 헬싱키대학교 과학부, 아르카다대학교 응용과학부, 헬싱키 메트로폴리아 등도 모여 있어 1만 3천여 명의 학생들이 모인다.

아라비아와 이딸라 본사에는 알토대학도 들어 있다. 식당과 도서관이 붙어 있는 특이한 구조다.

알토대학교핀란드어 Aalto-yliopisto는 정부 주도하에 핀란드의 산업, 경제, 문화를 선도하는 기존의 세 대학헬싱키기술대학교, 헬싱키경제대학교, 헬싱키미술디자인대학교을 합병하여 2010년 1월 1일에 설립되었다. 알토Aalto는 핀란드를 대표하는 유명 디자이너로, 그에 대해서는 잠시 뒤에 보기로 하자.

2014년 아라비아는 새 로고, 새 공장 스탬프를 도입하여 이미지를 현대화했다. 새 슬로건은 '아라비아, 삶을 위한 모든 도구Arabia, All set for life'다. 처음에는 그저 그런 구호의 하나려니 했는데, 아라비아 공장을 방문해서 '피스카스 파빌리온pavillion'을 보게 되면 이 구호의 의미를 확연히 깨닫게 된다.

'피스카스 파빌리온'은 '피스카스 캠퍼스'의 로비 같은 곳이다. 입구에서부터 피스카스 주력 상품으로 일종의 설치미술 작품을 제작, 전시하여 이 회사가 지향하는 바가 무엇인지 확실하게 보여주는 것이다.

'피스카스 파빌리온'의 설치미술 작품을 구성하는 것은 이 회사의 주력 상품인 야전삽, 도끼, 가위, 제도용 컴퍼스, 숟가락, 유리구슬, 이딸라 유리공예 제품, 아라비아 플레이트 등이다. 이딸라와 아라비아 제품이야 그렇다 쳐도 도끼와 삽으로 이렇게 뛰어난 구성미를 가진 예술 작품을 만들어낼 수 있다니, 눈으로 직접 보면서도 믿기 힘들었다. 생활용품도 얼마든지 훌륭한 디자인이 가능하다는 사실을 새삼 깨닫게 만들어준다.

아라비아 케스쿠스에는 이딸라 아웃렛과 박물관 이외에도 각종 디자인 숍과 펜틱PENTIK 아웃렛도 있어 핀란드 디자인의 현주소를 한자리에서 파악할 수 있다.

엘리베이터를 타고 9층에서 내리면 아라비아 박물관 입구가 나오는데, 관람

1 '피스카스 파빌리온' 일부. 삽과 컴퍼스, 숟가락으로 만든 독특한 설치미술이다.
2 박물관 입구 비에르 카이피아이넨의 장식 타일 작품「루카 델라 로비아」

객들을 제일 먼저 반기는 것은 1941년에 제작한 비에르 카이피아이넨의 대형 장식타일 작품이다. 작품 제목은 「루카 델라 로비아Luca della Robbia」.

비에르는 왜 15세기 이탈리아 피렌체 출신의 유명한 조각가 겸 도예가 이름을 굳이 자신의 작품 제목으로 삼았을까? 그것은 아마도 루카 델라 로비아가 도자 미술로 르네상스의 영역을 확장한 최초의 인물이기 때문인 듯하다. 그의 도자 작품들은 당시 이탈리아 예술에서 볼 수 없었던 새로운 영역의 아름다움을 창출했고, 전에 없던 미적 경향으로 안내했다. 그래서 비에르 역시 루카처럼 새로운 미의 영역을 만들겠노라고 하는 다짐을 스스로 했던 것이 아닐까?

비에르 작품을 보면 루카 델라 로비아로 보이는 인물왼쪽 중세 복장이 품에 도자기를 안고 여신으로부터 월계관을 수여받고 있는데, 이 흥미로운 예술가에 대해서는 세 번째 시리즈인 『유럽 도자기 여행 서유럽 편』 이탈리아 항목에서 만날 수 있다.

박물관으로 들어서면 역시 모든 도자 박물관이 그런 것처럼 중국 청화백자를 비롯한 동양 자기들이 먼저 진열돼 있고, 그 다음에 아라비아 140년 역사를 빛낸 디자이너들의 작품이 있다. 위에서 미처 소개하지 못한 1960년대 아니아 유리칼라, 라이야 우오시키넨, 에스테리 토물라의 테이블웨어와 1970년대 괴란 바크Göran Bäck, 1923~의 테이블웨어와 울라 프로코페Ulla Procopé의 '발렌시아' 시리즈 등이 잘 전시돼 있다. 더 이상 생산하지 않는 빈티지들이지만, 지금 당장 다시 시장에 내놓는다 해도 역시 소비자들로부터 각광받을 수 있을 것 같았다.

아니아 유리칼라는 1946년 중앙예술디자인스쿨라이야 우오시키넨, 에스테리 토물라가

1 아니아 유리칼라의 1960년대 테이블웨어 '루노'. 1960년부터 1966년까지 생산됐다.
2 에스테리 토물라의 '에스메랄다' 서비스

1

2

모두 비슷한 시기에 이 학교를 다녔다을 졸업하고 1950년부터 1960년까지 아라비아에서 근무했다. 아라비아를 떠난 다음에는 조각가와 교사로서 살았다. 그녀는 주로 동물과 바닷속 생물들을 그린 작품들로 유명하다.

477페이지 작품은 2009년에 나온 헤이니 리타후타의 걸작인 루노Runo 시리즈와 이름이 같지만, 전혀 다른 것이니 착오 없길 바란다. 아니아의 '루노'는 1960년부터 1966년까지 생산되었다.

앞에서 우리는 에스테리 토물라의 걸작인 '파스토랄리' 라인1965~1969과 '보타니카' 라인1978~1989을 이미 보았다. 앞 장의 사진 제품은 그녀가 남긴 150여 개 제품 중 '에스메랄다Esmeralda'로 1969년부터 1971년까지 생산된 서비스다.

빈티지 제품을 하나만 더 소개하고자 한다. 투레 외베리Thure Öberg, 1872~1935는 조각가의 아들로 스웨덴에서 태어났다. 스톡홀름에서 공부를 마친 다음 뢰르스트란드에서 몇 년 동안 근무했고, 그 후 핀란드를 여행하던 중 아라비아에 입사하여 이곳에서 1896년부터 1935년까지 40여 년 동안 일했다.

그는 스웨덴 출신이지만 뛰어난 실력으로 아라비아 최초의 정직원 아티스트가 될 수 있었다. 그는 선구자답게 초창기 아라비아의 핸드페인팅 부문에서 매우 중요한 일들을 수행했다. 그의 작품들은 전통적인 공예에서 볼 수 있는 그 시대 그림의 테마와 전형적인 문법에 대한 정통한 지식을 보여준다. 그는 아라비아에서 일한 지 4년 만인 1900년, 파리 박람회에서 금상을 수상했다.

특히 그의 도자 페인팅은 매우 섬세하고 수려한, 뛰어난 완성도를 보이는 수채화 같은 느낌을 주고 있다. 이런 재능으로 인해 그는 꽃과 식물들을 세련되게 그린 뛰어난 작품들을 남길 수 있었다.

투레 외베리의 '핀란드의 성들' 시리즈

위 작품은 투레 외베리의 '핀란드의 성들Suomen Linnat' 시리즈의 하나다. 1926
년부터 1933년까지 제작한 이 시리즈는 파이앙스 작품으로 핀란드의 유명한
성들을 찾아다니며 뚜레 외베리의 섬세한 필치로 그림을 그려 구워낸 걸작이
다. 마치 프랑스 보르도의 특급 와인 레이블에서 볼 수 있는 샤토처럼 고색창
연한 성의 모습이 하얀 백자와 너무 잘 어울린다. 특히 그릇의 테두리를 보리
이삭 문양으로 둘러 강조한 것이 매우 인상적이다.

박물관 안쪽으로 들어가면 한쪽 구석에 기괴한 느낌을 주는 한 소녀가 이빨을
험악하게 드러낸 개와 놀고 있는 도예 조각 작품이 있다. 이는 벽면의 소녀 그림
과 어우러지면서 더욱 공포감을 준다. 마치 영화 「여고괴담」의 한 장면 같다.

투레 외베리가 창조해낸
초창기 아라비아의 걸작들

킴 시몬손의 2011년 작품 「집단 따돌림(Bullies)」 시리즈의 하나

킴 시몬손Kim Simonsson, 1974~은 매우 주목받고 있는 현대 도예작가다. 헬싱키 출생으로 헬싱키예술디자인대학에서 도예를 전공했다. 헬싱키 탐페레Tampere 갤러리에서 '2004 올해의 젊은 작가상'을 수상하면서 주목받았다. 헬싱키는 물론 뉴욕, 파리 등 많은 도시에서 전시회를 열었고, 런던 '빅토리아 앤 앨버트 박물관'을 비롯한 많은 박물관과 갤러리에서 작품을 전시하고 있다.

그가 만든 작품의 특징은 섬뜩한 기괴함과 낯설음, 혹은 거리 두기다. 백자로

만들어진 사이보그적인 인간과 동물들은 일본 애니메이션 혹은 게임 속의 이미지와 비슷하다. 그래서 그의 작품은 때로 3D 만화영화 스틸처럼 보인다. 실제로 그는 많은 종류의 일본 만화를 접했고, 그 안에서 높은 수위의 순결성과 폭력성을 접했다고 밝히고 있다.

킴 시몬손 같은 현대 도예작가의 작품이 아라비아 박물관에 있는 까닭은 그가 바로 아라비아의 예술적 유산을 보존하고 창의성을 발현시킬 목적으로 창립된 '아라비아 예술부문 집단Arabia Art Department Society'의 일원이기 때문이다.

또한 그의 작업 스튜디오는 모두 네 곳에 흩어져 있는데, 두 곳은 바로 핀란드

1 작업실의 킴 시몬손
2 박물관의 킴 시몬손 소품

아라비아에서 그동안 제조했던 커피잔도 일목요연하게 전시돼 있다.

피스카스 마을과 헬싱키 아라비아 센터. 나머지 두 곳은 프랑스 유명 도자기 산지인 세브르 그리고 일본 오사카 북쪽에 위치한 시가 현 시가라키信樂다. 시가라키는 일본의 도자기 산지로 유명한 곳이고, 한반도에서 끌려간 조선 사기장들과도 관련이 있다.

현대 디자인의 향연, 아라비아 센터

아라비아 센터의 1층에 있는 디자인 숍 아르테비아 디자인Artebia Design은 핀란드 현대 디자인의 모든 것을 한자리에서 볼 수 있는 장소다. 주로 중소기업 제품들이지만 이곳에 전시된 작품들을 보면 지금 디자인의 트렌드가 어떠한지 흐름을 알 수 있다. '바야 핀란드VAJA FINLAND', '쿨타케라미카Kultakeramiikka',

편집디자인 숍인 '아르테비아 디자인'의 디스플레이

'파울라 노포넨paula noponen', '리스토 해맬래이넨Risto Hämäläinen, 1954~' 등 이곳에서 만날 수 있는 브랜드와 작가들의 이름은 너무도 낯설지만, 그들의 작품은 매력적이어서 절로 시선을 끈다.

'바야 핀란드'는 2009년 설립된 도자기 및 디자인 회사다. 도자 성형가인 프레드 오렌Fred Owren과 디자이너 헨나 람베리Henna Lamberg가 공동으로 설립했다. 회사는 헬싱키에서 동쪽 해변으로 약 80km 떨어진 로비사Loviisa라는 작고 아름다운 마을에 있다. 프레드 오렌은 2002년부터 2008년까지 아라비아와 이딸라에서 도자 성형가로 일했고, 헨나 역시 디자이너로 2004년부터 2007년까지 아라비아와 이딸라에서 일한 경험이 있다. 이러한 경험을 통해 그들은 그들만의 가마를 세울 수 있었다.

'쿨타케라미카'는 영어로 번역하면 'Gold Ceramic'이다. 도자기가 '백금white gold'으로 불렸던 17세기 유럽을 연상하게 한다. 이 회사는 1977년에 핀란드 중부의 소도시 피흐티푸다스Pihtipudas라는 곳에서 조그만 가족 사업으로 시작되었다. 생산 공장은 에스토니아에 있고, 헬싱키에는 디자인과 마케팅 부서만 있다.

사진에서 보듯 쿨타케라미카는 양파, 당근, 파 등의 채소와 찻주전자 등 부엌에서 흔히 볼 수 있는 소재를 도자기 문양으로 삼은 것이 특징이다. 그러나 그 도형은 친근하면서도 매우 세련돼 있다.

리스토 해맬래이넨은 헬싱키 북동쪽의 사비타이팔레Savitaipale라는 곳에서 태어나 1980년부터 1985년까지 쿠피오Kupio공예디자인아카데미에서 도자기를 전공했다. 현재 사비타이팔레에서 거주하며 작업을 계속하고 있다. 이름 자체

1 '바야 핀란드'의 그릇들
2 양파 문양과 찻주전자 문양이 사랑스러운 '쿨타 케라미카' 제품

동양의 질그릇과 닮아 있는 리스토 해맬래이넨 그릇

가 브랜드다. 동양의 질그릇에 아주 가까운 제품들을 주로 생산하고 있지만, 그의 도예 조각 작품들은 아주 예술적이다.

'파울라 노포넨' 브랜드의 작가는 파울라 카이사 엘리나 노포넨Paula Kaisa Elina Noponen, 1972~이라는 긴 이름을 갖고 있다. 헬싱키 출신이다. 원래 헬싱키대학에서 문학과 철학, 미학을 전공했지만 나중에 다시 리스토 해맬래이넨이 졸업한 쿠피오공예디자인아카데미에서 도예를 전공했다. 2004년부터 2005년까지 영국의 다팅턴Dartington 도자기에서 근무하기도 했다.

'아르테비아 디자인' 건너편에는 매우 넓은 면적의 '펜틱PENTIK' 아웃렛 매장이 있다. 펜틱은 아마도 현존하는 도자기 회사 가운데 가장 북쪽에 위치한 회

1 세련된 탕약 주전자 같은 리스토 해맬래이넨 작품
2 리스토 해맬래이넨의 도예 조각 작품

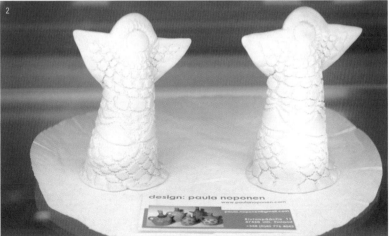

1 헤이니 리타후타의 도자기들
2 파울라 노포넨의 '아기 천사'

사일 것이다. 헬싱키에서 북쪽으로 무려 800km 넘게 떨어진 포시오Posio라는 곳에 자리잡고 있으니 말이다. 그럼에도 펜틱은 핀란드, 스웨덴, 노르웨이, 러시아에 80개가 넘는 지점을 운영하고 있는 중견 기업이다. 2013년 기준으로 종업원 수만 340명, 연 매출이 3,500만 유로였다.

사람들이 좀더 따뜻한 남쪽 지방이나 스웨덴 등으로 이주하는 일반적 경향과 달리 아누 펜틱Anu Pentik, 1942-이 포시오에 이사를 온 것은 1969년이었다. 그리고 그녀는 1971년 아이 방과 지하 창고를 수리해서 도자기와 가죽 제품을 파는 조그만 점포를 연다. 이듬해에는 바로 옆에 가게와 카페를 새로 지었다. 이 건물은 나중에 펜틱 문화센터가 된다. 그리고 나서 펜틱이 헬싱키에 첫 상점을 연 것은 1976년이었다.

펜틱의 디스플레이. 그릇은 피오니(peony) 라인, 화병은 플릿(pleat) 라인

예술적 작품을 생산하는
'멘틱 스튜디오' 플레이트

1 에덴(Eden) 라인   2 비쿠나(Vikuna) 라인
3 사가(Saga) 라인   4 패뤼내(Päärynä) 라인
5 그레이 에덴 라인   6 바닐라(Vanilja) 라인

이후 1980년대에 가죽 제품과 도자기 양쪽 부문에서 모두 승승장구하였으나, 1900년대에 들어오면서 가죽 제품 등 여타 부문은 과감하게 포기하고 도자기와 세라믹에 역량을 집중했다. 이 선택은 옳았고 펜틱은 북유럽에서 가장 단단한 성공을 거둔 회사 중 하나가 되었다. 이 같은 성공을 일군 아누 펜틱은 지난 40여 년간 새벽 5시면 어김없이 일어나서 손에 흙을 묻혔고, 이는 지금도 계속되고 있다고 하니 부지런함이야말로 성공의 최우선 조건일 듯하다.

지금 펜틱은 가구와 패브릭 등 홈 인테리어를 모두 취급하는 종합 홈 인테리어 회사로 다시 변모했다. 보수적인 정책으로 인해 글로벌 협력 관계를 맺는데 매우 까다롭고 공격적인 마케팅을 하지 않기 때문에 이딸라나 마리메꼬 등의 회사와 달리 아시아 지역에서는 그리 알려지지 않았지만, 제품의 질과 디자인은 매우 뛰어나다.

신화 속으로의 초대, 이딸라

이딸라와 마리메꼬는 각자 유리공예와 패브릭을 기초로 해서 성장한 이후 도자기를 포함한 종합 홈 인테리어 회사로 영역을 넓힌 것이므로, 전문 도자기 회사라고 말하기는 어렵다. 지금도 이딸라는 여전히 유리공예 제품이, 마리메꼬는 쿠션과 소파 커버 등의 패브릭 제품이 주력 상품이다.

1881년 헬싱키 북쪽 이딸라 지방자동차로 1시간 반 거리에서 출발한 이딸라가 2003년 아라비아 핀란드를 흡수하면서 새로 영역을 넓히게 된 도자기 분야에서 생활 식기의 토대로 삼은 것은 바로 '핀란드 도예의 양심' 카이 프랑크가 1952년

이딸라 생활 식기 디스플레이. 검정색 볼은 떼마, 빨간 플레이트는 타이카 시리즈

아라비아에서 만들었던 '킬타' 라인이다. 앞에서도 말했든 킬타 라인은 핀란드 각 가정 주방에서 필요로 한 것을 반영한 도자기 근대화 공정의 선도적 산물이었고, 이딸라는 킬타 라인을 기초로 해서 새롭게 '떼마Teema' 시리즈를 만들어냈다. 떼마 시리즈는 지금도 이딸라 생활 식기 부문의 기본이다.

현재 이딸라의 생활 자기 가운데 주축을 이루고 있는 것은 떼마 이외에 타이카Taika와 사르야톤sarjaton, 오리고Origo 시리즈다. 우선 2006년에 출시된 타이카 시리즈를 보자. 핀란드 말로 '마법magic'이라는 뜻의 이 시리즈를 디자인한 클라우스 하파니에미Klaus Haapaniemi, 1970~는 핀란드 출생이지만 주로 런던에 거주하며 디젤Diesel, 리바이스Levis, 돌체 앤 가바나Dolce & Gabbana, 까사렐Cacharel, 마리메꼬 등과의 작업을 통해 세계적인 명성을 획득했고, 현재 가장 주목받는 일러스트레이터이자 디자이너로 꼽히고 있다.

팝가수 마돈나가 딸과 함께 만들었다 해서 유명해진 동화책『크리스마스 이야기Christmas Story』의 일러스트를 맡기도 했으며, 2006년에는 우리나라 파주의 예술마을 헤이리에서 '꿈 그리고 숲'이라는 작품으로 전시회를 열기도 했다.

타이카 시리즈에서도 드러나듯 그의 작품은 핀란드의 대서사시『칼레발라』와 같은 민속적 테마에 그 뿌리를 두고 있다. 클라우스는 숲속의 부엉이와 여우를 묘사한 이 동화적인 작품을 통해서 사람들의 상상력과 이야기 구성력에 영감을 불어넣고자 했다고 한다.『칼레발라』는 옛날부터 내려오는 핀란드 각지의 전설, 구비口碑, 가요 등을 집대성하여 한편의 서사시로 만든 것으로, 그 결정판은 1849년에 완성되어 핀란드 문학 최초의 금자탑이 되었다. 칼레발라는 '칼레바핀란드 창조의 신의 나라'라는 뜻이다.

타이카 시리즈는 2014년 역시 클라우스 하파니에미의 디자인을 통해 쿠션 커버 등의 홈 인테리어 작품으로도 그 영역을 확장했다. 또한 클라우스도 2015년 신제품으로 '탄시Tanssi' 시리즈를 새롭게 내놓았다. 핀란드 말로 '댄스'라는 뜻의 이 시리즈 역시 동물과 인간이 영속적인 삶의 순환주기 안에서 공존하는 신화의 세계를 다루고 있다.

탄시 시리즈는 핀란드 국립오페라단이 체코의 오페라 「교활한 새끼 암여우」를 공연할 때 클라우스가 이 공연의 비주얼 디자인을 맡았기 때문에 작업 과정에서 영감을 얻어 나온 산물이다. 이로 인해 이 제품에는 플루트 소리로 숲

1 이딸라 '타이카' 시리즈
2 이딸라의 2015년 신작 테이블웨어 '탄시' 시리즈

속을 채우는 사슴, 실크로 만든 신발과 코트를 입고 뽐내는 오소리, 나무 그늘 아래서 춤추는 여우 커플 등이 등장한다.

클라우스의 타이카나 탄시 시리즈로 장식된 식탁에 앉으면 왠지 신화 속 상상의 동물들이 말을 걸어오는 숲속에 들어와 있는 듯한 기분이 들 것이다. 나무 등걸 밑의 구멍 아래로 들어간 앨리스처럼 모험을 시작하거나 「이웃집 토토로」의 메이와 사쓰키처럼 고양이 버스를 타게 될지도 모를 일이다.

'사르야톤'은 핀란드 말로 '연속적이지 않다'는 뜻이다. 제목처럼 이 그릇들은 유연성의 자유freedom of flexibility를 다시 정의하고자 한다. 2012년에 출시된 이 시리즈는 패션, 그래픽 및 디지털디자인 등의 분야에서 재능 있는 디자이너들 여섯 명이 핀란드의 전통을 현대적으로 재해석한다는 비전을 공유하고 서로 협업해서 만들어낸 결과물이다.

탄시 시리즈에는 오소리와 여우, 사슴 등의 동물이 나타난다(사진 iittala.pr@iittala.com).

하리 코스키넨Harri Koskinen, 1970~은 플레이트의 부드러운 곡선을 잡아주었고, 알렉시 쿠오카Aleksi Kuokka, 1978~는 음료 잔의 형체를 만들었다. 하리 코스키넨은 2004년 유럽에서 가장 오래되고, 전 세계에서 가장 영예스러운 산업디자인 상인 '황금 콤파스Compasso d'oro' 상을 수상하고 무지Muji, 파나소닉panasonic, 이세이 미야케Issey Miyake 등 주로 일본 기업과 일을 많이 했다. 알렉시 쿠오카는 노키아 Nokia 등 주로 핀란드 기업들과 일을 같이 한 신세대 디자이너다.

이 시리즈의 무늬 부문에서 '레티Letti'와 '메트새Metsä' 라인은 무수타Musuta, '티키Tikki' 라인은 사무이Samuji의 작품이다. 무수타는 욥수 라무Jopsu Lamu, 1982~ 와 티모 라무Timo Ramu, 1979~의 부부 디자이너 회사다. 그들은 주로 필름과 모션 그래픽 등 미디어 쪽에서 예술성 강한 작업을 하는데 일 년의 반은 일본에서,

사르야톤 시리즈의 '메트새' 라인(왼쪽)과 '레티' 라인(오른쪽)

사르야톤 시리즈의 '레드 티키(Tikki)' 라인볼(사진 iittala.pr@iittala.com)

나머지 반은 핀란드에서 일한다. 칸느광고제에서 황금사자상, 유럽디자인어워드에서 동상을 받는 등 실력을 인정받고 있다.

사무이는 마리메꼬의 광고제작감독이었던 사무 유시 코스키Samu-Jussi Koski가 2011년에 만든 회사다. 주로 의류 쪽의 디자인을 하고 있고, '사무이 컬렉션'은 런던, 뉴욕, 도쿄 등 30개국 리셀러판매대행사들에게 인기와 호평을 얻고 있다.

26개로 구성된 사르야톤 시리즈는 무슨 목적을 위해서든 어떤 때이든 소비자가 좋아할 법한 자연미를 주는 식기로써의 기능에 충실할 것처럼 보인다. 또한 돋을새김으로 처리된 접시와 머그의 감촉은 이 시리즈의 차분한 색채와 함께 믿음직한 안정감을 전해준다.

1999년에 처음 출시되어 이제 15년이 지난 '오리고' 라인은 이딸라 고객들에게는 일종의 클래식 제품과 같다. 처음에 이 제품이 나왔을 때 너무나 단순한 대비의 디자인에 경악했던 소비자들의 감성은 이제 이 디자인이 주는 다양한 변화와 선명한 색상의 조화로 인해 경이감으로 바뀌었을지 모른다.

화려한 색채의 줄무늬로 구성한 이 제품은 어떠한 종류의 만찬 테이블에서
도 시선을 붙드는 강조점 역할을 한다. 또한 단순한 구성과 다양한 색깔의 조
합은 이딸라의 다른 제품들과도 매우 잘 어울리면서 테이블 세팅의 스펙트럼
을 훨씬 풍성하게 넓혀준다. 오리고는 레드, 오렌지, 그린, 베이지의 네 가지 라
인이 있어 '믹스 앤 매치'의 폭을 확장시켜준다. 레드와 오렌지는 밝고 경쾌하
며, 그린과 베이지는 단정하고 고상한 느낌이다.

눈썰미가 좋은 사람이라면 영화 「카모메 식당」에서 주인공 사치에가 커피를
마실 때 들고 있던 머그 그리고 손님들에게 설탕을 담은 볼로 제공하고 있던
컵도 바로 오리고 시리즈임을 기억해낼 것이다.

선명한 색상의 조화가 경이롭기까지 한 오리고 시리즈의 접시와 볼, 머그

오리고 시리즈를 디자인한 알프레도 해베를리Alfredo Häberli, 1964~는 아르헨티나 부에노스아이레스 태생이다. 스위스에서 산업디자인을 공부했고, 취리히를 기반으로 활동한다. 전통과 혁신을 잘 결합시켜 즐거움과 에너지를 전달해준다는 평가를 받고 있다.

이딸라 소개를 마치기 전에 역시 이딸라의 유리공예 제품에 대해 간단하게나마 말하지 않을 수 없다. 핀란드를 대표하는 현대 건축의 거장, 알바르 알토 Alvar Aalto, 1898~1976와 유리공예의 대가 오이바 토이카Oiva Toikka, 1931~2019 등이 직접 디자인한 유리 제품이 여전히 이딸라의 주축이니 말이다. 1932년에 나온 '아이노 알토' 유리컵이나, 1936년에 출시한 '알바르 알토' 꽃병은 지금도 판매하는 유명한 제품이다.

단순하지만 완벽한 비례, 아름다운 곡선, 오래가는 이딸라 디자인의 역사는 알바르 알토와 평생의 조력자였던 그의 부인 아이노 알토Aino Aalto, 1894~1949 그리고 카이 프랑크의 철학에서 기인한다. 그들은 제품의 미와 기능을 동시에 전달하고자 했고, 모든 사람에게 유용해야 한다는 기본적 믿음을 갖고 있었다. 바로 그래서 이딸라는 세트가 아니어도 어떤 제품이든 함께 놓으면 자연스럽게 어울리고, 오래 사용할 수 있다는 특징을 지닌다.

알바르 알토는 핀란드 지폐에 얼굴이 들어갈 정도로 유명하고 사랑받는 국민 건축가다. 그는 건축뿐 아니라 유리공예, 가구, 조명 등의 디자인에도 적지 않은 업적을 남겼다. 그의 디자인은 건축과 생활용품 모두에서 직선이 거의 없는 자유로운 곡면 형태를 즐겼다. 그래서 그의 디자인은 언제나 자연을 연상케 하고, 자연을 충실히 실현했다는 평가를 얻고 있다. 도심에서 한 시간 정도

핀란드의 자연을 담았다는 평가를 받는 알토 꽃병

만 떨어지면 광활하게 펼쳐지는 핀란드의 산림과 그 사이의 호수 등 자연환경
이 영향을 미쳤을 것이다. 무슨 꽃을 꽂아도, 어느 곳에 두어도 아름다운 알
토 꽃병은 이러한 그의 감성을 고스란히 담고 있다.

오이바 토이카는 매우 다채롭게 활동했던 디자이너다. 핀란드 카르얄라에서
태어난 그는 다양한 분야에서 재능이 넘치지만, 역시 가장 큰 열정은 유리공예
에서 빛을 발한다. 토이카는 자연으로부터 획득한 영감에 자신만의 상상력을
입혀 유리공예에 뚜렷한 한 획을 그었다. 그가 1972년부터 디자인하고 있는 새
Bird 연작은 마치 마법처럼 현란한 창작의 세계를 보여주고 있다.

이딸라는 오이바 토이카의 작품 중에서 매년 '올해의 새'와 '올해의 알' 작품을
발표한다. 2021년 올해의 새는 '케수리Kesuri'라는 이름이 붙었다. 몸은 자수정
색이고, 곧은 부리와 꼬리는 어두운 라일락의 더 깊은 그늘을 형성하며 빛을
아름답게 반사한다. 마치 푸른 숲속에서 비상하는 상서로운 새 같은 이 작품
이야말로 앞서가는 이딸라 유리 세공 기술의 집약체라 자부심을 가질 만하다.

오이바 토이카의 '새' 시리즈의 하나, 오른쪽 새는 2014년 '올해의 새'

1

2

1 이딸라 시티 버드, '서울'　　2 2021년 올해의새, '케수리'

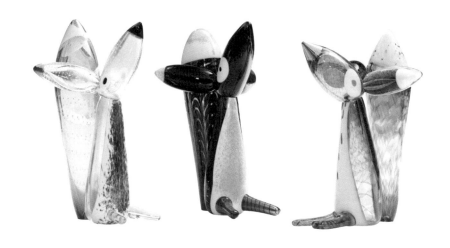

클라우스 하파니에미의 2014 여우 컬렉션(사진 iittala.pr@iittala.com)

이딸라는 또 '시티 버드city bird'도 발표해왔다. 토이카는 이딸라를 위해 500종이 넘는 수공예 유리 새를 만들었는데, 국제적인 도시로부터 받은 영감을 새의 이미지로 형상화했다. 그는 새를 통해 도시들이 어떻게 보이는지 해석했다. 토이카에게 영감의 원천이 된 도시는 서울을 비롯해 교토, 홍콩, 워싱턴 D.C. 그리고 미니애폴리스 등이다.

서울을 나타낸 새는 색깔이 두 부분으로 나뉘어 있다. 마치 태극 문양 같다. 도시는 전통적이면서도 현대적이며, 마치 붉은 망토를 입은 듯한 새는 도시의 유리 고층 건물을 투영하는 전통의 붉은색을 나타낸다.

클라우스 하파니에미도 2014년에는 유리공예 쪽으로 자신의 영역을 넓혔다. 그는 자신과 친숙한 동물을 통해 독특한 유리공예 작품을 남겼는데, 11개 작품으로 구성된 불페스vulpes 즉 여우 컬렉션이 그것이다. 이는 그가 도자기 작업에서 줄곧 사용했던 동물 모티프의 연장선상이라 할 수 있다. 단순해 보이지만 이 제품은 2014년 'iF 골든 디자인상'을 수상했다.

그는 "여우는 매우 흥미로운 주제다. 그런 주제로 재료를 달리해 표현하는 것 역시 흥미롭다. 예를 들어 유리에서의 색채는 다른 재료에서보다 다른 관점에서 생동감이 넘친다"고 말한다.

아누 펜티넨Anu Pentinnen, 1974~은 호주 캔버라대학에서 유리공예를, 헬싱키예술디자인대학에서 유리 및 도자공예로 석사를 받았다. 그녀는 이딸라와 마리메꼬 등과 협업을 하면서 자신의 독자적인 스튜디오 '누누 디자인nounou design'도 운영하고 있다.

그녀는 2010년 수납용 사각상자인 '비트리니Vitrini'로 인기를 얻었다. 평범한 모

아누 펜티넨의 펭귄 제품들

이딸라 '타이카' 시리즈의 머그와 피쳐, 볼

양새지만 안이 들여다보여 자질구레한 소품들을 손쉽게 보관하고 정리할 수 있을 뿐만 아니라, 겹쳐 쌓아 장식 효과까지 낼 수 있는 이 유리 상자들은 모두 27가지의 제품이 있는데 9가지 색상이 있어 조합과 배치의 폭을 엄청나게 확장할 수 있다. 그녀는 현재 펭귄 모습을 담은 유리 제품들을 내놓아 새로운 변신을 꾀하고 있다.

백야에 피는 꽃, 마리메꼬

'마리메꼬'는 '수지 옷'이다. '은영이 옷'이다. 마리는 영어의 메리Mary다. 영어권 이름에서 가장 흔한 이름이 메리다. 열 명 중에 서너 명은 메리다. 우리나라 70년대식으로 얘기하자면 영자나 미숙이다. 그런데 '메코'가 옷을 지칭하는 핀란드 말이니, 마리메꼬는 곧 '영자 옷', '숙자 옷', '미숙이 옷'인 것이다. 그만큼 대중적이고 편한 옷이며, 핀란드 국민에게 가장 친근한 브랜드의 하나다.

재키Jackie, 즉 미국 존 F. 케네디 대통령1917~1963의 부인 재클린 케네디Jacqueline Kennedy, 1929~1994가 마리메꼬의 옷을 처음 입은 것은 1960년이었다. 마리메꼬가 세상에 그 첫 모습을 드러낸 지 9년 만의 일이었다.

그해 재키는 마리메꼬의 옷을 10벌 구입했다. 대통령 선거 전이 한창이던 때였다. 케네디보다 열두 살 어린 그녀는 마리메꼬의 옷을 입고 남편과 함께 「스포츠 일러스트레이티드Sports Illustrated」의 표지 모델로 나섰다. 소매 없는 원피스 옷을 입고 케네디와 함께 보트에 서서 미소를 짓는 모습이 표지로 나왔고, 내지에는 마리메꼬 특유의 커다란 꽃무늬 원피스를 입은 사진이 나왔다. 재키의 이 사진은 마리메꼬의 이름을 '자고 일어나니 유명해졌다'로 만들었다. 「엘르Elle」, 「보그Vogue」, 「하퍼즈 바자Harper's Bazaar」, 「우먼스 웨어 데일리Women's Wear Daily」 그리고 「뉴욕타임스New York Times」가 마리메꼬라는 단어를 세상에 알린 것이다.

재키는 기차를 타고 다녀야 하는 긴 일정의 대통령 선거 유세전에서 틈틈이 마리메꼬 옷을 입었다. 그 모습을 미국 전 국민이 지켜보았다. 재키는 마리메꼬의 그 무엇이 마음에 들었던 것일까?

재키는 주로 밝은 컬러로 이루어진 여성스럽고 산뜻한 옷을 좋아했다. 마리메꼬의 화려한 꽃무늬가 자연스레 눈에 들어왔을 것이다. 케네디가 암살당하

1 마리메꼬는 핀란드 국민에게 가장 친근한 브랜드의 하나다.
   우니꼬(Unikko) 문양의 탄생 50주년을 기념하는 마리메꼬 홈페이지 사진
2 1960년 「스포츠 일러스트레이티드」지의 케네디와 재키

덴마크 코펜하겐 번화가의 마리메꼬 가게

던 그날에도 그녀는 샤넬의 핑크 슈트를 입고 있었다. 1950년대와 1960년대는 밝고 화사한 컬러가 유행할 수밖에 없었다. 제2차 세계대전의 엄청난 상처와 상실감, 무력감으로부터 벗어나고자 하는 내면의 욕구가 여성들로 하여금 그렇게 화려한 색채의 옷을 선택하도록 만들었을 것이다.

언뜻 보면 유치할 수도 있는 마리메꼬의 커다란 '꽃무늬'가 핀란드 국민들의 마음을 사로잡고, 전 세계로 뻗어나갈 수 있었던 것도 바로 2차 세계대전이 남긴 공허함을 채워줄 '화사한 행복감'이 필요해서가 아니었을까?

물론 핀란드를 비롯한 북유럽의 경우 일상생활 어디에서나 '화사한 꽃'이 필요한 또 하나의 이유가 있다. 그것은 앞에서도 얘기했듯이, 길고 어두우며 추운 겨울 때문이다. 일 년의 반 이상을 흑백필름 속 도시처럼 침침하고 싸늘하며 우울한 날씨 속에서 보내야 하고, 반대로 짧은 여름의 백야는 잠을 자기 어렵게 만들기 때문에 화려하고 대담한 색상에서 긍정의 에너지와 경쾌한 삶의 리듬을 찾는 것이다.

따라서 마리메꼬의 테이블웨어를 얘기하기에 앞서 이 회사의 주축인 텍스타일의 문양이 어떤 변천을 거쳐왔는지 살펴보는 것이 마리메꼬 그릇을 이해하는 데도 도움이 될 것이다.

1951년 핀란드의 아르미 라티아Armi Ratia, 1912~1979가 남편인 빌리오 라티아Viljo Ratia가 운영하고 있던 왁스 프린트 패브릭 공장에서 새로운 사업을 시작하면서 마리메꼬가 탄생했다. 이후 마리메꼬는 지금까지 3,000여 가지가 넘는 패턴을 제작해왔다. 이 역사에서 가장 먼저 등장해야 할 주인공은 단연코 창업주 아르미 라티아와 디자이너 마이야 이솔라Maija Isola, 1927~2001다. 아르미는 그칠 줄 모르는 열정과 창의력으로 마리메꼬를 일으켜 세웠고, 마이야는 세계 각국을 여행하며 얻은 영감을 토대로 1987년까지 현직에서 일하며 36년 동안 약 500여 점이 넘는 디자인을 남겼다.

'푸트키노트코Putkinotko'라고 하는, 발음도 어려운 이 디자인은 마이야 이솔라가 1957년에 내놓은 작품이다. 자연에 대한 무한한 애정이 담긴 1950년대 마리메꼬 경향을 대표하는 작품으로, 여름이 되면 길가에 무진장 피어나는 야생화 가운데 안젤리카angelica를 사진으로 찍어 그 모습 그대로 디자인했다. 허

1 마이야 이솔라의 1957년 디자인 '푸트키노트코'
2 1964년에 제조된 마리메꼬 '카이보' 문양의 머그

브의 일종인 안젤리카는 록시땅이 똑같은 이름으로 내놓은 상품이기도 한데, 강력한 천연 보습 효과가 있다.

이 디자인 이름은 핀란드 작가 요엘 레흐토넨Joel Lehtonen이 1920년에 발표한 똑같은 이름의 소설에서 기인한 것으로, 이 소설은 나중에 영화와 드라마로도 만들어졌다. 이 소설에서 '푸트키노트코'는 야생 안젤리카가 가득 피어나는 골짜기 이름으로 나온다.

1950년대의 마리메꼬가 자연의 아름다움을 나타내려 애썼다면, 1960년대는 좀더 장식적이고 단순한 패턴으로 방향이 바뀐다. 60년대 대표작의 하나는 1964년에 나온 마이야 이솔라의 '카이보Kaivo' 패턴으로 지금은 마리메꼬의 클래식이 되어, 수많은 변형을 낳으며 스칸디나비아를 대표하는 텍스타일 디자인으로 대접받고 있다.

오늘날 마리메꼬의 '간판 스타'로 엄청난 사랑을 받고 있는 '우니꼬Unikko'도 마리메꼬에 꽃문양 패턴이 없다는 사실을 깨닫고 마이야가 1964년에 디자인한 것이다. 우니꼬는 '양귀비'를 뜻하는 핀란드 말이다.

우니꼬 패턴은 자칫 이 세상에 태어나지 않을 수도 있었다. 마리메꼬를 만든 아르미 라티아는 당시 핀란드의 실용적인 집과 가구에 어울리는 매우 단순하고 모던한 그래픽 패턴 제작을 디자이너들에게 주문했고, 꽃을 형상화한 무늬 같은 것은 절대 만들지 못하게 했다. 그녀는 자연 상태의 꽃보다 더 아름다운 패턴은 나올 수 없다고 믿었고 모던하지도 않다고 생각했다.

그러나 마이야 이솔라는 아르미의 지시를 따르지 않고 자신의 고집을 밀어붙여 원하는 꽃 패턴을 만들었으니, 그게 바로 우니꼬다. 디자이너의 신념이 마리메꼬 역사상 가장 사랑받는 디자인을 탄생시킨 것이다.

현재 우니꼬는 '카이보' 패턴과 더불어 어머니 뒤를 이어 디자이너가 된 딸 크리스티나 이솔라Kristina Isola가 책임을 맡아 다양한 색채와 형태로 나오고 있다. 크리스티나는 어머니 마이야가 내놓은 디자인의 색상과 신제품 책임자로 일하면서 '모전여전母傳女傳'의 전통을 잇고 있다.

마리메꼬 디자인의 강점 중 하나는 아날로그 감성에 의해 손작업으로 밑그림을 만든다는 사실이다. 마이야 이솔라뿐만 아니라 다른 디자이너들 작품도 세련되었지만 칼로 자른 듯 매끄럽지 않고 투박한 면모들이 보이는데, 손으로 일일이 그린 것이기에 따뜻하고 인간적인 감성이 묻어난다.

이런 성향은 제품의 제조 공정에도 이어져서 같은 가방이라 할지라도 꽃의 위

다양한 색상과 형태의 '우니꼬' 패턴으로 장식한 마리메꼬 본사 건물

치와 크기가 조금씩 다르다. 이는 똑같은 배열에 의해 기계적으로 제품을 만드는 것이 아니라, 원단을 자르는 부분을 조금씩 달리해서 비슷하지만 똑같지는 않은 그야말로 '하나만의 작품'을 제공한다는 의미가 있다. 소비자들의 감성을 충분히 배려하는 아이디어다.

2014년은 우니꼬 탄생 50주년이 되는 해였다. 우니꼬의 단순한 꽃무늬와 파격적이랄 만큼 과감한 색채의 조합이 마리메꼬의 상징이 된 이후 50여 년이라는 세월 동안 우니꼬는 머그, 그릇, 우산, 옷, 식탁보, 가방, 침대 및 쿠션 커버, 학용품, 냅킨 등에 등장했다. 심지어는 핀에어 항공기 기체 외부에도 프린트되어 '하늘을 나는 꽃'이 되었다.

마리메꼬는 50주년을 기념해서 지금까지 나온 우니꼬보다 훨씬 크고 색상을 달리한 거대한 양귀비꽃 패턴을 새롭게 선보였다. 또한 기존 테이블웨어의 기본인 '오이바Oiva' 디너웨어 서비스에 우니꼬 패턴을 새긴 기념 시리즈를 내놓았다. 그리하여 이 시리즈에서는 그릇들마다 활짝 핀 원색 꽃밭의 향연이 펼쳐지고 있다.

마이야 이솔라가 기념비적인 디자인을 내놓은 이후 40년이 흘러 또 한 명의 재능 넘치는 '마이야'가 나타났다. 2003년 헬싱키예술대학을 졸업하고 공모전에서 수상하며 마리메꼬와 인연을 맺은 마이야 로우에카리Maija Louekari, 1982~였다. 그녀 역시 참신하고도 매우 인상적인 새 패턴들을 내놓고 있다.

'래쉬마토Räsymatto', '푸타르후린 파르하트puutarhurin parhaat', '시르톨라 푸타르하siirtolapuutarha', '카이쿠kaiku' 등 도시의 복잡함과 핀란드 자연 풍경을 주제로 한 그녀의 패턴들은 발표할 때마다 경탄과 찬사를 들었다.

1 우니꼬 50주년 머그들(마리메꼬 홈페이지)
2 50주년을 기념해 나온 새로운 붉은색과 검은색 우니꼬 패턴의 찻주전자와 머그, 그릇들

1

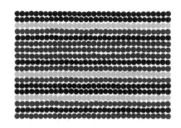

2

3

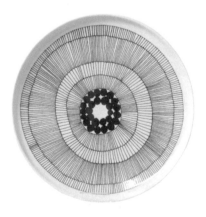

1 래쉬마토 패턴   2 래쉬마토 패턴의 플레이트
3 시르똘라 푸타르하 패턴의 두 가지 플레이트

1 '푸타르후린 파르하트' 수납상자   2 '시르톨라 푸타르하' 패턴
3 래쉬마토 패턴과 시르톨라 푸타르하 패턴의 테이블웨어

마이야 로우에카리가 디자인한 패턴에서 만들어진 각종 그릇들

래쉬마토는 영어로 'rag rug' 즉 '작은 천 조각들로 만든 깔개, 양탄자'다. 잘 짜인 올이 풀어지면서 실의 도트점들이 라인 안에서 춤을 추고 있는 모습이다.

'푸타르후린 파르하트'는 '최고의 정원사the best gardener'라는 뜻이다. 제목처럼 디자인에는 콩이며 무, 당근, 파슬리, 해바라기, 호박, 마늘 등 여름의 정기를 한껏 흡수한 채소들이 가득 놓여 있다. '시르톨라 푸타르하'는 '주말농장'이라는 말이다. 한적한 곳의 평화로움 속에 활짝 피어난 해바라기, 연근과 수세미 모습 등을 강조해서 담았다. 이 중에서 테이블웨어에 반영된 것은 '시르톨라 푸타르하'다. 그런데 그릇의 채소 그림들은 '푸타르후린 파르하트'에 담긴 이미지들과 훨씬 더 가깝다. 다만 '시르톨라 푸타르하'의 해바라기 이미지가 거의 모든 그릇마다 들어 있고, 어떤 그릇에는 주말농장에 가는 도시인들의 설레는 표정을 담았기 때문에 테이블웨어에도 같은 이름을 붙였을 것이라 추측해본다.

마이야 로우에카리를 비롯한 많은 패브릭 디자이너들에게서 발견할 수 있는 공통의 특징은 행복하고 즐거웠던 어린 시절 경험과 추억에서 창작 영감을 얻는다는 사실이다. '쿨쿠에Kulkue' 패턴도 그렇게 해서 나왔다. 핀란드 말로 '축제'를 뜻하는 '쿨쿠에' 패턴에는 세 명의 서커스 어릿광대가 등장한다. 코가 크게 휘어진 신발과 길게 자란 구레나룻 때문에 페르시아 분위기를 풍기는 이들은 줄무늬 바지를 입고 서커스의 쾌활한 분위기를 전달한다.

이렇게 패턴으로 행복한 유년기의 추억을 담는 디자이너들은 그들의 패턴과 함께 자라난 세대들 역시 자신만의 패턴에 행복한 감성을 담아 대를 물려가며 이어가기를 희망한다. 그러면 그들 속에서 또 다른 디자이너들이 성장해서

1 세 명의 서커스 어릿광대가 등장해 유쾌한 분위기를 전해주는 쿨쿠에 플레이트와 머그
2 마이야의 '카이쿠' 패턴   3 카이쿠 패턴의 마리메꼬 머그

'예쁘고 행복한 패턴'을 만들어낼 것이다.

지금까지 봐온 마이야 로우에카리의 테이블웨어는 사실 패턴 이름으로 불리지는 않는다. 2009년부터 출시된 그 그릇들에는 '좋은 친구In Good Company'란 명칭이 따로 있다. 이런 제목이 붙은 것은 이 테이블웨어가 사미 루오찰라이넨 Sami Ruotsalainen과 마이야가 협업한 결과물이기 때문이다. 오늘날 마이야와 사미는 마리메꼬를 이끌어가는 가장 중요한 디자이너들이라고 할 수 있다.

마이야 패턴에서 마지막으로 볼 것은 '카이쿠', 영어로 '에코echo'다. 강이 흐르고 산이 보이는 블루와 그린의 평야에 흑백의 자작나무가 평화롭게 서 있는 모습을 담았다. 그 나무들 사이로 메아리가 울릴 듯하다.

북유럽의 디자인 브랜드 상당수가 그렇지만 마리메꼬도 핀란드의 아름다운 자연환경에서 많은 영향을 받았다. 핀란드의 자연주의적 감성에 따라 꽃, 나뭇잎, 동물, 숲과 호수 등이 패턴의 주요 소재로 다양하게 차용되었는데, 여기

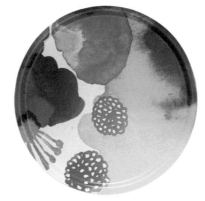

유하누스타이카 패턴과 쟁반

또 한 명의 다른 마이야인 아이노 마이야 메촐라Aino-Maija Metsola, 1983~는 핀란드의 백야白夜를 패턴에 옮겼다.

'유하누스타이카Juhannustaika'는 '한여름 밤의 축제'로 한여름을 상징하는 패턴이다. 백야의 정점을 이루는 6월 말 여름의 꼭대기를 밝히는 축제에 대한 기념을 뜻하는 '유하누스Juhannus'라는 말처럼 이 패턴은 밤에도 밝고 환한 색채로 빛나는 꽃과 생명을 표현했다. 6월 말 환한 밤에 야생화와 꽃을 베개 밑에 두고 잠들면 사랑의 마법이 작동할 것이니…….

아이노 마이야의 또 다른 대표작인 '오토카Otokka'는 땅 위의 생물들을 확대해 만든 패턴으로 생생하고 과감한 색채가 그 매력을 더한다. 또한 '모키mokki'는 핀란드 남서쪽 포르보porvoo 지방 특유의 강변 집들에서 영감을 얻어 제작되었다. 그녀는 이 디자인에 대해 이렇게 소개했다. "핀란드 전통 붉은 목조 주택과 황혼이 지는 8월 저녁에 불 밝힌 창문, 어두운 녹색 숲과 회색빛 안개……." 그녀의 패턴 중 테이블웨어로 나온 것은 '쿠리엔폴비Kurjenpolvi' 즉 벤자민 꽃을 모티브로 한 것이 있다.

개인적으로 가장 좋아하는 아이노 마이야의 디자인은 '새패이배키리아Sääpäiväkirja'라는 작품이다. 영어로는 'Weather Diary', 즉 '날씨 일기'다. 테이블웨어, 패브릭, 키친 액세서리 모두 나와 있다.

언뜻 보노라면 단순히 수채화 물감을 풀어놓아 아이들이 장난한 듯 생각할 수도 있지만, 나는 이 접시들에서 어떤 장인의 경지를 느낀다. 범속하지 않고, 초탈하며, 내면의 평정이 조화지경調和之經에 이른 평안함이다. 실로 유럽의 도자기에서는 보기 힘든 차원이요, 경지다.

블랙 쿠리엔폴비(위)와 옐로 쿠리엔폴비(아래)

1

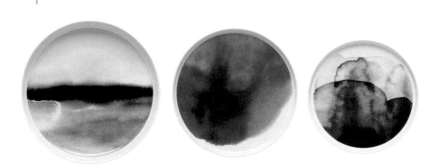

2

1 왼쪽부터 가을의 초원, 바다 태풍에 잠긴 나무, 아침 안개에 젖은 절벽
2 자연과 원래부터 한몸인 듯한 새패이배키리아

날씨를
그릇으로 말하다.

새패이배키리아
시리즈

526페이지 세 접시에서 왼쪽 것은 가을의 초원을 묘사하고 있다. 마른풀들이 만들어낸 노란 풀밭이다. 가운데는 바다 태풍에 쓰러져 바닷물에 잠긴 나무다. 치열했던 한여름 태풍의 잔해지만, 지금은 한없는 고요에 잠겨 있다. 오른쪽 것은 이른 아침 안개에 가린 산과 절벽이다.

마지막으로 한 명의 디자이너만 더 소개하겠다. 테레사 모르호우세Teresa Moor house라는 독특한 이름의 이 디자이너는 지난 2004년부터 마리메꼬와 작업을 해왔다. 파리에서 패션을 공부한 그녀는 핀란드에 돌아와 헬싱키예술디자인대학에서 석사 학위를 마치고 니트 패션 디자이너로 잠시 일했다. 이후 그래픽 디자이너와 일러스트레이터로 변신해 많은 회사들과 공동 작업을 하고 있다. 그녀가 작업한 일러스트 작품에는 한국의 현대백화점을 위해 일한 것도 있다.

그녀가 마리메꼬를 위해 처음 내놓은 패턴은 '메챈헹키Metsänhenki', 곧 '숲의 영혼Forest spirit'이라고 하는, 숲을 아주 단순화시킨 오밀조밀한 팬시 계통의 작품이었다. 이후 한동안 그녀의 패턴에는 동물이 주로 등장했다. 패턴에는 정글 속 블루 치타, 초원의 토끼와 사슴, 북극곰도 있다. 그러나 그녀의 북극곰은 얼

'나누크' 머그와 플레이트

1 북극곰 패턴 '나누크' 　　　2 토끼 패턴 '푸푸트 필로실라'
3 '푸푸트 필로실라' 패턴의 머그(오른쪽)와 기본 테이블웨어인 '오이바' 머그(왼쪽)

음과 눈이 아니라 꽃 속에 파묻혀 있다. 곰과 토끼, 사슴 패턴은 머그로도 만들어졌다.

테레사의 북극곰 패턴에는 '나누크nanuk'라는 이름이, 토끼 패턴에는 '푸푸트 필로실라puput pilosilla'라는 이름이 붙어 있다. '나누크'는 말 그대로 북극곰을 뜻하고, '푸푸트 필로실라'는 '숨어 있는 토끼들hiding bunnies'이란 말이다.

마리메꼬의 큼직한 꽃송이들은 지난 2010년 10월 서울 강남의 가로수길에 상륙해 젊은 소비자들을 단번에 사로잡았다. 게다가 핀란드의 무공해 청정 지역에서 화학약품을 사용하지 않고 환경 친화적인 소재로 염색과 인쇄를 하고 있다는 사실도 친환경 여부에 민감한 '에코 세대'의 열렬한 지지를 받았다. 이후 마리메꼬는 코엑스 매장을 비롯해 점차 그 저변을 넓혀가고 있어 우리나라

마리메꼬 본사 구내식당에 쌓여 있는 마리메꼬 식기들

소비자들에게도 그리 낯설지만은 않다.

마리메꼬는 상품을 파는 것이 아니라 삶의 방식을 파는 것이 목적이라고 한다. 마리메꼬 디자인들을 보면 이 말이 과장된 구호만은 아니라는 사실을 깨달을 수 있다. 여기서 소개한 마리메꼬 패턴은 극히 일부분에 지나지 않다. 진정 마리메꼬는 유쾌하고 상쾌하며 명랑하고 자유분방한, 그래서 순수한 아기의 웃음처럼 행복한 브랜드다.

헬싱키에는 암석을 쪼개 파내고 그 안에 교회를 만든 독특한 공간이 있다. 템펠리아우키오 교회Temppeliaukio Kirkko다. 건축가인 티모와 투오모 수오말라이넨 Timo & Tuomo Suomalainen 형제가 1969년 공모전에 당선하면서 세상에 모습을 드러낸, 암벽 안 교회다.

보기만 해도 절로 경건해지는 자연 속의 이 인공 구조물은 인간의 신념을 구현한 것이다. 핀란드는 그 신념을 존중해 주었다.

> "모든 것이 시간의 흐름에 휩쓸려 사라져버리지는 않았어." 그것이 쓰쿠루가
> 핀란드의 호숫가에서 에리와 헤어질 때 했어야 할, 그러나 그때 말하지 못한
> 말이었다.
> "우리는 그때 뭔가를 강하게 믿었고, 뭔가를 강하게 믿을 수 있는 자기 자신을
> 가졌어. 그런 마음이 그냥 어딘가로 허망하게 사라져버리지는 않아."
> – 무라카미 하루키, 『색채가 없는 다자키 쓰쿠루와 그가 순례를 떠난 해』 중에서

신념은 가장 강력한 무기다. 핀란드의 피스카스가, 마리메꼬가 그걸 증명한다.

TIP

아라비아 케스쿠스(센터)

아라비아 핀란드 박물관, 아라비아/이딸라 아웃렛, 피스카스 캠퍼스 등이 모두 모여 있는 아라비아 케스쿠스(센터)로 가는 방법은 아주 쉽다. 일단 헬싱키 시내 투어의 중심인 헬싱키 중앙역으로 가서, 역을 바라보는 트램 역에서 6번과 8번 트램을 타면 된다. 아라비안카투(Arabiankatu) 역에서 내리면 바로 앞에 아라비아의 커다란 굴뚝이 보인다. 중앙역에서 이곳까지 트램으로 약 20~25분 정도 걸린다(www.arabia.fi 참조).

아라비아/이딸라 아웃렛은 매일, 평일은 오전 10시부터 오후 8시까지, 토요일과 일요일은 오전 10시부터 오후 4시까지만 문을 연다.

아라비아 박물관은 월요일에는 문을 닫는다. 화요일부터 금요일까지 오전 12시부터 오후 6시까지, 토요일과 일요일은 오전 10시부터 오후 4시까지 문을 여니 시간을 잘 맞춰야 한다. 입장료는 3유로다(www.arabiamuseum.fi 참조).

아라비아 공장은 토요일과 일요일에는 문을 닫는다. 평일 12시부터 오후 6시까지 관람할 수 있으나 사전에 예약을 해야 한다(arabia.visitors@fiskars.com). 관람료는 35유로다. 단, 8월의 화요일과 목요일 오후 1시에는 무료 투어 프로그램이 있다.

장소	운영 시간
아라비아/이딸라 아웃렛	월~금_10:00~20:00 토~일_10:00~16:00
아라비아 박물관	화~금_12:00~18:00 토~일_10:00~16:00 ※ 월요일은 휴관
아라비아 공장	월~금_12:00~18:00 ※ 토·일요일은 휴관

아라비아 핀란드 아웃렛에 쌓여 있는
'파라티시' 라인 접시들

마리메꼬의
핀에어 마케팅

마리메꼬는 핀란드로 가는 첫걸음에서부터 느낄 수 있다. 핀란드 국영항공사 핀에어(Fin Air)에서는 음료수를 따라주는 종이컵에서부터 파란색 우니꼬 플라워를 만날 수 있다. 물론 비즈니스석 이상에서는 특별 제작한 마리메꼬 기내용 테이블웨어로 식사하는 기쁨을 맛볼 수 있다.

핀에어는 전 노선에서 우니꼬 패턴과 키벳

(손으로 직접 그린 동그라미 패턴으로 돌을 상징한다) 패턴으로 제작한 헤드커버, 쿠션, 담요, 주전자, 접시, 컵 등의 제품을 사용한다. 승무원 유니폼과 앞치마 역시 우니꼬의 독특한 패턴이 반영됐다.

핀에어는 2012년부터 3년 동안 마리메꼬 브랜드와 디자인 협력을 체결했다. 우니꼬 플라워 패턴을 래핑한 A340 항공기는 원래 인천~헬싱키 구간에는 운항하지 않는 항공기였지만 한국 승객을 위해 2014년 5월부터 한 대를 특별 운항하고 있다.

마리메꼬 기내용 식기(위)
핀에어의 우니꼬 플라워(아래)

T I P

마리메꼬
팩토리 숍

마리메꼬 매장은 헬싱키의 가장 중심이라 할 수 있는 에스플라나디(Esplanadi) 공원 앞쪽에 있다. 중앙역에서 도보로 약 5분 걸린다. 그러나 이곳 매장은 그리 크지 않고 테이블웨어는 거의 없으므로 하카니에멘 마켓(Hakaniemen) 2층에 있는 아웃렛에 갈 것을 추천한다. 하카니에멘은 '서민들의 부엌'이라 불리는 곳으로 하카니에미 하가스(Hakaniemi Hagas) 역에서 내리면 도보로 1분 거리에 있다.

그러나 역시 마리메꼬의 정수를 보고자 하면 공장 옆에 있는 팩토리 숍으로 가야 한다. 특히 이곳의 카페(일종의 구내식당)에서 마리메꼬 테이블웨어로 식사하는 기쁨은 지나칠 수 없다.

일단 트램으로 헤르토니에미(Herttoniemi) 역까지 가는 것은 어렵지 않으나, 그다음이 문제다. 역에서 팩토리 숍까지는 도보로 10분 이상 걸리는데, 방향 잡기가 쉽지 않다. 역에서 내리면 오른쪽으로 썰렁한 광장이 있고 그 앞으로 넓은 다리가 보인다. 다

허름한 마리메꼬 팩토리 숍의 외관.
그러나 일단 안으로 들어서면 별천지가 펼쳐진다.

리를 건너서 두 블록을 가면 왼쪽에 커다란 주유소가 나오는데, 그 주유소를 끼고 왼쪽으로 방향을 틀어 큰길로 5분쯤 가면 된다. 마리메꼬 공장과 팩토리 숍은 커다란 입간판도 없고 건물 외벽도 매우 허름하니 잘 찾아보아야 한다.

팩토리 숍에는 마리메꼬의 모든 제품, 각종 패브릭과 인테리어 소품, 테이블웨어 등이 총망라돼 있어서 눈이 가는 곳마다 커다란 꽃들이 그득하다. 정말 강력하게 추천하고 싶은 것은 이곳에서의 점심 식사다. 카페는 직원들의 구내식당을 겸하고 있는데, 마리

메꼬 패브릭이 탁자 위에 펼쳐져 있고 모든 식기가 마리메꼬라서 이 모습을 보는 재미만 해도 아주 쏠쏠하다.

팩토리 숍은 일요일에는 문을 닫는다. 월요일부터 목요일에는 오전 10시부터 오후 6시까지, 금요일과 토요일은 오후 4시까지다.

식사가 끝나고 설거지를 기다리고 있는 마리메꼬의 각종 식기들

카페서 먹은 필자의 점심 식사(위)와 각종 소스가 담긴 그릇들(아래)

14

황제가 된
여자들,
도자기에서
위안을 얻다

기차는 오후 3시에 헬싱키 중앙역을 떠났다. 러시아 상트페테르부르크st. Petersburg행 초고속 알레그로Allegro 37, 2호차 9번 자리다. 상트페테르부르크 역에 도착하는 시간은 오후 7시 36분. 핀란드에서 러시아로 넘어가는 데 기차로 불과 4시간 반 남짓 걸린다니 도무지 실감이 나지 않았다.

러시아 국경은 더 금방이었다. 채 한 시간도 안 되어 국경 검문소에 정차하더니, 러시아 출입국 관리소 직원들이 기차에 올라타 승객들의 여권과 비자 검사를 한다. 눈초리는 매섭지만 과거 냉전 시대에 비할 바 아니다. 한국과 러시아의 비자 면제 협정에 따라 한국인은 2014년부터 비자 없이도 러시아를 오갈 수 있다. 러시아가 유럽의 일부라는 사실이 실감 나는 순간이다. 머나먼 나라로만 생각했는데, 이렇게 헬싱키에서 금방 갈 수 있다는 사실이 기차에 있으면서도 잘 믿기지 않았다.

핀란드와 러시아 국경 검문소 역. 여기서부터 사진 왼쪽으로 러시아 영토다.

일명 '피의 사원(그리스도 부활 사원)'
앞을 지나는 운하,
네바 강으로 이어진다.

잠시 멈춰 있던 기차는 다시 움직여 러시아 영토로, 그 숲과 들판으로 들어간다. 마치 영화 「닥터 지바고」에서 나나가 탄 눈썰매가 시베리아 설원 속으로 미끄러져 들어가 순식간에 지바고 시야에서 자취를 감추듯. 다만 OST '라라의 테마'만 들리지 않았을 뿐이다.

상트페테르부르크. 이곳에 가기를 얼마나 희망했던가. 도스토옙스키와 푸시킨의 도시이자, 전설의 발레리나 안나 파블로바가 춤을 추었던 마린스키Mariinsky 극장과 체호프의 「갈매기」가 초연된 알렉산드린스키Alexandrinsky 극장이 있으며, 림스키-코르사코프, 차이콥스키, 프로코피예프, 라흐마니노프, 쇼스타코비치 등 불멸의 작곡가들을 배출한 콘세르바토리conservatory와 에르미타주Hermitage박물관이 있는 도시. 또한 러시아 혁명의 중심으로 한때 레닌그라드라 불렸던 정치적 격변의 용광로, 상트페테르부르크.

상트페테르부르크라는 이름은 이 도시의 수호자가 성 베드로St. Peter라는 사실과 이 도시를 만든 사람이 표트르 대제Peter I the Great, 1672~1725, 즉 표트르 1세라는 사실을 동시에 알려준다.

수많은 예술인들이 명멸한 이 위대한 도시가 이탈리아 베니스와 같은 운하 도시임을 사람들은 미처 생각하지 못한다. 바이킹과의 전쟁을 승리로 이끈 표트르 1세는 조국을 유럽의 제국으로 발돋움시키려는 야망에 불타올랐다. 그리하여 발틱 해를 향해 있는 네바 강 하구의 음침한 섬들과 늪지대를 새 도읍지로 정했다. '미친 짓'이었고, 사람들은 조소했지만, 표트르 1세는 스스로 오두막에 기거하며 공사를 독려했다. 전 국토의 석조 건축을 금지시키고 모든 자재를 네바 강 하류로 집결시켰다. 100개의 섬을 365개 다리로 이은 오늘날의 상트페테르부르크는 그렇게 탄생한 인공 도시다.

상트페테르부르크 역에 내려 호텔로 가는 수단은 오로지 택시밖에 없다. 영어가 거의 쓸모없는 이 나라에서 트렁크를 끌고 대중교통으로 호텔까지 가겠다는 것은 늪지를 메워 도시를 만드는 것만큼이나 무모한 짓이다. 택시도 사전에 가격을 일일이 흥정해야 한다. 여하튼 역에서 택시로 이 도시의 중심거리인 넵스키Nevskii 대로에 있는 호텔로 가다 보니, 넓은 네바 강을 끼고 다리를 몇 개씩 지나가야 해서 '훨씬 큰 베니스'라는 사실을 실감하게 된다.

이 도시 역시 주요 관광지는 거의 네바 강가에 있다. 에르미타주박물관, 성 이삭St. Isaac 성당, 페트로파블롭스크Petropavlovsk 사원과 요새, 멘시코프Menshikov 저택 등이 모두 강가에 위치한다.

상트페테르부르크는 러시아 문학, 음악, 미술, 발레, 건축 등 문화예술의 산실이므로 그만큼 개개인의 관심사에 따라 갈 곳도 많고 스케줄도 천차만별로 달라질 것이다. 마린스키 극장에서 「지젤」이나 「백조의 호수」 발레를 보거나, 1772년에 창설되어 무려 240여 년의 역사를 가진 상트페테르부르크 심포니 오케스트라가 연주하는 차이콥스키를 듣는 것이 여행의 최우선 목적인 사람들도 많다.

그러나 우리는 도자기 탐방을 온 것이므로, 일반 관광과는 목적지가 약간 다르다. 겨울 궁전이라 불렸던 에르미타주박물관과 푸시킨 시에 있는 예카테리나 2세의 여름 궁전, '피의 사원'이라 불리는 그리스도 부활 사원은 보통의 관광 코스와 같다. 우리에게 가장 중요한 곳은 임페리얼 포슬린Imperial Porcelain 박물관 그리고 멘시코프 저택이다. 한국 관광객들이 거의 찾지 않는 곳이기도

1

2

하다.

일단 2015년에 개관 260주년을 맞은 세계 3대 박물관의 하나인 에르미타주에서 출발하도록 하자. 에르미타주는 강을 향해 넵스키 대로를 쭉 걷다 보면 저절로 나온다. 높이 74m의 알렉산드르 1세Aleksandr I, 1777~1825 탑이 이방인을 먼저 맞이하고 그 주변은 황량하기까지 할 정도로 드넓은 왕실 광장이다.

이 광장에 오면 피 냄새가 나기 시작한다. 1905년 1월 9일 이 광장에서 열린 '피의 일요일' 시위 때 단 하루에 500명 이상의 사망자가 발생해 광장을 피로 물들였다. 러시아 혁명의 시작이다. 그게 아니어도 이 도시는 이래저래 피의 냄새가 가득하다. 시작부터 그랬다. 표트르 1세가 강행한 도시 건설 공사에서 40년 동안 10만 명이 죽어 나갔다. 혁명 때는 또 수도 없는 왕족과 귀족의 피가 뿌려졌고, 알렉산드르 2세Aleksandr II, 1818~1881가 암살당한 자리에는 '피의 사원'이 들어섰다. 2차 세계대전 때는 독일군에 무려 900일이나 포위돼 40만 명이 굶어 죽었다.

이런 대규모의 피에 비할 바 아니지만, 푸시킨Aleksandr Sergeevich Pushkin, 1779~1837이 권총 결투에서 흘린 피도 있다. 푸시킨은 아내의 연인인 조르주 당테스 남작과 생애 네 번째이자 마지막 결투를 했다. 1837년 1월 27일 오후 5시 결투 장소로 가기 전 그는 평소 즐겨 찾았던 넵스키 대로의 한 문학카페에서 레모네이드 한 잔을 마시고 변두리 초르나야 레치카의 한적한 결투 장소로 떠났다.

결투에서 총을 먼저 쏜 사람은 당테스였다. 복부에 총알을 맞은 푸시킨은 권총을 떨어뜨린 채 쓰러졌다. 일어서지도 못할 상태였지만 푸시킨은 응사하겠다고 고집을 피워 입회인이 건네 준 두 번째 피스톨로 총알을 발사해 당테스

1 황금빛 돔으로 유명한 네바 강가의 성 이삭 성당
2 비 내리는 왕실 광장과 에르미타주박물관

의 오른팔과 갈비뼈 두 개를 부러뜨렸다. 그러나 정작 그는 이런 모습도 보지 못하고, 입회인에게 "맞혔어? 죽었나?"라고 물어보아야 했다. 그는 썰매에 실려 가까스로 집에 돌아왔다. 러시아가 가장 사랑하는 시인 푸시킨은 이틀 후 죽었다.

푸시킨은 장례식도 치르지 못했다. 결투에 의한 사망은 자살과 마찬가지라는 대주교 교리로 인해 이삭 성당에서 올릴 예정이었던 장례식은 취소되었다. 그의 시신은 프스코프 스바토고르스키 수도원에 있는 그의 모친 무덤 옆에 안장됐다. 푸시킨의 집에는 그의 친필 원고 사본과 문구류, 장서가 1837년 당시 모습대로 전시돼 있다. 서재 시계는 1월 29일 새벽 2시 45분, 시인의 사망 시간에 멈춰 있다.

이렇게 피로 점철된 도시가 위대한 예술 도시로 거듭났다는 사실은 죽음과 예술이 곧 한 묶음의 운명 공동체라는 사실을 말해주는 것일까? 그리하여 죽음의 미학으로 부활을 꿈꾸는 도시임을 강조하고 있는 것일까? 어쩌면 흥건한 피 내음을 가시게 하기 위한 씻김굿으로 예술이 필요했는지도 모른다.

'러시아'가 없는
에르미타주박물관

176개의 바로크 양식 조각상으로 지붕을, 로코코 양식으로 외관을 꾸민 겨울 궁전이 에르미타주 본관이다. 겨울 궁전은 엘리자베타 여제Yelizaveta Petrovna, 1709~1761의 요청으로 당시 건축가 라스텔리Bartolommeo Francesco Rastelli가 1754년에 짓기 시작해 1762년에 완성했다.

1 러시아가 가장 사랑하는 시인 푸시킨의 동상
2 관람객이 길게 줄지어 입장을 기다리는 이른 아침의 에르미타주박물관

박물관에서 인기가 높은 영국 제임스 콕스(James Cox)의 황금 공작 자명종 시계. 매시간 수탉이 울면 새장 안 부엉이가 눈을 깜박이고 공작새가 꼬리를 편다. 포템킨 장군이 예카테리나 2세에게 선물했다.

오전 10시 30분에 문을 여는 에르미타주박물관은 관람객이 아침 일찍부터 줄을 길게 늘어뜨리고 있어 그 인기를 말해준다. 에메랄드색 3층 건물, 400개의 방1,050개의 전시실에 총 300만 점의 회화, 조각, 도자기 등의 작품이 전시돼 있다. 회화 전시실에는 고갱과 고흐, 세잔과 르누아르, 들라크루아, 마네와 모네, 마티스 등의 명작들이 계속 이어진다. 이보다 더 좋을 수 없는 눈의 성찬盛饌이다. 크리스털 샹들리에와 대리석 기둥, 청금석과 공작석의 화려한 세공도 눈을 아찔하게 만든다.

루브르, 영국박물관과 함께 3대 박물관으로 불리지만, 에르미타주가 진정한 최고라고 평가하는 사람들도 있다. 루브르와 영국박물관은 제국시대의 침략과 약탈로 모은 문화유산이지만, 에르미타주는 예카테리나 2세와 귀족들이 수집한 소장품들이 모여 거대한 전시 품목을 이뤘으므로 품격이 다르다는 시각이다.

사실 오늘날의 에르미타주는 박물관은커녕 변변한 갤러리 하나 없는 현실을 개탄한 예카테리나 2세가 기존의 황실 소장 미술품을 전시하고 바깥으로 열

라파엘 회랑의 화려함은
보는 이의 시선을 제압한다.

심히 미술품을 구입한 것에서 시작됐다. 특히 1764년 독일의 부유한 상인 요한 고츠코우스키Johann Gotzkowsky로부터 225점의 그림을 구입한 것이 큰 밑바탕이 됐다.

요한 고츠코우스키는 평소 프랑스 그림 구입에 열심이었던 프로이센 프리드리히 2세Friedrich II, 1712~1786의 미술품 수집 대리인이어서 상당한 그림을 수집해 보관해놓고 있었는데, 프랑스와 오스트리아와의 7년 전쟁에서 막대한 손실을 입은 프리드리히 2세가 그림 구입을 거부하자 그 대신 러시아로 발을 돌려 예카테리나 2세에게 구매를 의뢰했다. 뜻하지 않은 기회가 오자 여제는 크게 기뻐하며 기꺼이 그림을 구입했다. 이 때문에 엄청난 국고 손실이 있었지만, 한 가지 다행은 요한이 실력 좋은 미술품 감정 전문가가 아니어서 17세기 이탈리아 걸작들을 포함해 네덜란드와 플랑드르의 걸작들을 상당수 넘겼다는 사실이다. 여하튼 이렇게 해서 1764년이 에르미타주가 공식 출범한 연도가 되었다.

이런 과정을 생각하면 에르마타주가 식민지 약탈의 산물이 아니라는 점을 다른 박물관보다 가치가 높다는 명분으로 내세우기는 어려울 듯하다. 특히 예카테리나 2세 시대는 러시아 역사상 가장 화려했던 시절로 대외적으로 영토를 확장하고, 내부적으로 행정 체계를 정비하는 등 제국의 기반을 닦아 유럽 강국으로 위세가 당당했다. 황실과 귀족은 앞다투어 호화로운 궁전과 저택을 짓고 연일 파티를 열었다. 이들의 극에 달한 사치는 결국 농노들에 대한 가혹한 착취를 바탕으로 했다. 이 시기는 귀족의 천국, 평민의 지옥 시대였다. 여제가 측근이나 아첨꾼들에게 방대한 국유지를 하사함으로써 농민들은 농노로 전락하고 목숨마저 지주들에게 맡긴 채 참담한 나날을 보내야 했다.

1 위에서 내려다본 에르미타주 도자기 전시실
2 벽면을 가득 메운 제정 러시아 시대 황실 사람들의 초상화

1 에르미타주 도자기 전시실 구석에 있는 '임페리얼 포슬린' 테이블웨어
2 에르미타주의 18세기 프랑스 세브르 파이앙스 걸작들

참으로 안타깝게도 예술 창조는 개인의 자유의지에서 시작하지만, 보존과 전시를 통한 공공성의 획득에는 어떠한 종류의 것이든 권력이 불가피하게 개입한다. 그것이 모든 예술의 슬픈 숙명이다.

도자기 전시 기술 관점에서 에르미타주를 평가하자면, 좀 당황스럽다. 솔직히 말하자면 황당하다. 나는 러시아 도자기를 보고자 이곳을 찾았건만, 에르미타주에 '러시아'는 거의 없다. 대형 연회를 위한 커다란 방에 군주를 위한 전시용과시용 대형 트로피를 비롯해 '임페리얼 포슬린' 테이블웨어와 피겨린 몇 점이 있는 것을 제외하곤 도자기 전시실에 러시아 도자기는 코빼기도 볼 수 없다. 이전에 우리가 각국 도자기 박물관에서 질릴 만큼 봐왔던 중국 도자기 아니면 이탈리아 마욜리카와 프랑스 파이앙스, 영국 본차이나 제품이다.

그 넓은 방들을 거의 '외제' 마욜리카와 파이앙스가 차지하고 있으니, 도자기를 잘 모르는 사람들이 보면 러시아에는 훌륭한 도자기 회사가 없구나라고 생각하는 것이 당연하다. 어쩌면 마욜리카와 파이앙스를 러시아 도자기라고 착각할 수도 있겠다.

회화와 조각 작품도 마찬가지다. 에르미타주에 러시아 미술은 없다. 러시아 미술작품들은 이곳에서 좀 떨어진 국립러시아미술관에 따로 모여 있다. 러시아 회화에 특별한 관심이 있는 사람들은 일부러 이곳을 찾아갈 것이다. 그러나 일정이 바쁜 관광객 대부분은 그렇게 하기 쉽지 않다. 에르미타주와 러시아미술관 둘 중에 하나만 선택하라면 대체로 에르미타주를 선택한다. 그러므로 한곳에 따로 모아놓았으니 됐다고 생각하는 정책은 자국 예술 홍보 관점에서 보자면 빵점짜리다. 잠시 뒤에 소개하겠지만 러시아의 그 빼어난 도자기들을 일반 관광객들이 가기도 힘들고 불편한 변두리에 모아놓은 것은 더더욱 '형편없는' 처사다.

나는 '러시아'가 없는 에르미타주가 갑자기 측은해졌다. 러시아 차르^{황제}들에게 자신의 조국이 유럽의 3등 국가 취급을 받는 것은 항상 콤플렉스였다. '아직 중세에 머물러 있는 러시아'를 탈피해서 '계몽된 근대 유럽'으로 편입되는 것이 그들의 한결같은 꿈이었다. 그래서 상트페테르부르크와 에르미타주도 만들고 그 안에 값나가는 유럽의 예술품들을 채워 넣었다.

보아라! 우리도 이만큼 할 줄 안다! 그들은 이 말을 하고 싶었을 것이다. 거기까진 이해할 수 있다. 그런데 정작 자신들은 왜 빼놓았는가. 왜 스스로 서구 중심의 잣대로 가치를 판단해서 자신들의 소중한 예술을 폄하의 대상으로 만들고 있는가. 참으로 안타까웠다. 우리도 얼마 전까지는 이런 서구 편향의 사고방식에 함몰돼 있었기에 더욱 그렇다.

그러나 이런 관점이 아니라면 에르미타주는 정말 더할 나위 없이 훌륭하다. 회화 전시실은 인상파 화가들을 좋아하는 이들의 천국일 것이고, 도자기 전시실역시 수공예나 목공예와 도예 기술이 접합된 작품 같은, 어디에서도 보기 힘든 걸작들을 전시하고 있다.

특히 도판^{陶板}을 넣어 만든 책 표지나 기념 메달, 가구, 트립티크_{triptyque} 등은 아주 진한 감동을 주기까지 한다. 트립티크_{혹은 트립틱}는 중세 시대에 유행했던 세 폭 그림이다. 경첩을 달아 평소에는 접어서 들고 다니거나 보존할 수 있도록 만든 것으로, 주로 예수나 성모 마리아 관련 성화가 대부분이지만 왕이나 귀족들의 특별한 행사를 주제로 한 그림들도 있다. 크기도 들고 다닐 수 있는

'성모 마리아에 대한 경배와 아기 예수의 할례'를 다룬 16세기 초의 트립티크

작은 것에서 벽에 걸어둘 수 있도록 만든 대형까지 매우 다양하다. 이렇게 세 폭으로 나눈 그림이 유행했던 것은 만화처럼 시간의 순서에 따른 이야기 전달에 효과적이기 때문이다.

위 사진의 트립티크는 16세기 초 프랑스에서 만들었는데, 도자기 판에 그림을 그리고 유약을 발라 고온에서 구운 것이다. 그림 속 여인이 성모 마리아라는 사실은 쉽게 짐작할 수 있다. 아기 예수로 보이는 아이를 안고 있어서이기도 하지만 그녀가 입은 옷이 짙은 파란색이기 때문이다. 이 당시 파란색 염료는 매우 비쌌기 때문에 그림 속에서 가장 신분이 높은 사람의 옷은 주로 파란색이었고, 바로 그래서 성모 마리아의 옷은 거의 파란색이었다고 앞에서 이미 말한 바 있다.

이 트립티크는 매우 흥미로운 이야기를 하고 있다. 바로 아기 예수의 할례다. 요즘 단어로 말하자면 아기 예수의 포경수술이다. 할례는 고대 이스라엘 인들에게는 신과의 약속이었다. 아브라함 족장이 생후 8일이 된 모든 남자아이는 할례를 받아야 한다는 신의 명령을 전했기 때문이다.

할례는 남자아이가 태어난 지 8일이 되어 정식 이름을 지어줄 때 실시했다누가복음 2:21. 할례를 할 때는 창세기 17장에 의거한 '아버지 아브라함의 언약'을 이행한다는 의식을 치렀다. 잘라낸 성기의 표피 부분을 그릇에 담고 있는 모습이 보이는 트립티크의 중간 부분은 아마도 이 같은 의식을 묘사하고 있지 않을까? 초기 그리스도교 신도들은 할례를 중요하게 생각했다. 예수와 제자들은 유대인이었으니 아마 할례를 받았을 것이다.

옆의 사진은 보는 것만으로도 깊은 울림을 주는 작품이다. 도자기로 구운 도판으로 책 표지를 만들었는데, 역시 푸른 옷을 입은 성모 마리아 얼굴과 후광이 매우 생생하게 묘사돼 있다. 17세기 말 프랑스에서 제작된 것으로 추정되는 이 책은 그 오랜 세월을 견뎌낸 낡은 가죽과 기가 막힌 조화를 이루고 있다. 도기로 책 표지를 만들었기에 300년이 넘었는데도, 이렇게 보존이 잘돼 있는 것

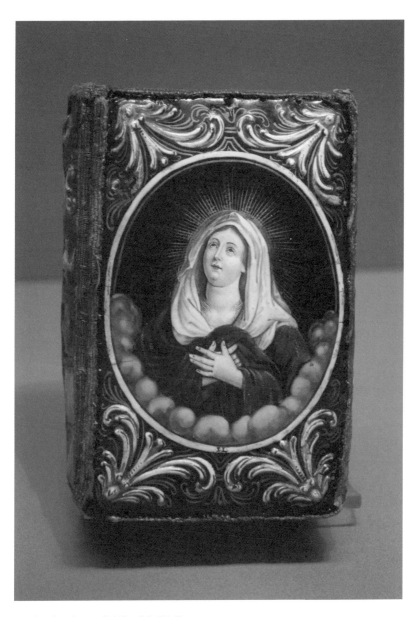

도자기로 구운 플라크로 표지를 삼은 17세기 프랑스 책

이리라. 이 작품을 만든 사람은 자크 로댕Jacques Laudin, 1653~1729이라고 하는 프랑스 중부 리모주Limoges의 사기장이다. 사기장이기 때문에 이런 작품을 만들 수 있었던 것이다.

리모주는 프랑스 도자기 역사를 말할 때 빼놓을 수 없는 가장 중요한 도시다. 우리나라 주부들에게 인기가 좋은 아빌랑Haviland과 베르나르도Bernardaud 등의 명품 회사들이 지금도 여전히 훌륭한 제품들을 생산하고 있다. 리모주에 대해

로마 도미티아누스 황제를 묘사한 도판 메달

서는 이 책의 3권에 해당하는 『유럽 도자기 여행 서유럽 편』에서 자세하게 설명했다.

이렇게 에르미타주 도자기 전시실을 소개하려니 자꾸 러시아가 아닌 다른 나라의 도예에 대해 말하게 된다. 558페이지의 명품 메달도 마찬가지다.

역시 도판으로 만든 이 근사한 메달은 로마 시대 도미티아누스Titus Flavius Domitianus, 재위 81~96 황제의 얼굴을 묘사한 것이다. 16세기 프랑스 작품이다. 도미티아누스는 공포정치를 실시하고 기독교에 대해서도 무지막지한 박해를 가한 학정의 주인공으로 유명하다. 결국은 신상의 위협을 느낀 아내 도미티아Domitia의 음모로 살해되었는데, 왕관을 두른 메달 속 얼굴은 너무 근엄하기만 하다.

마지막으로 도판이 삽입된 가구 하나와 프로이센 프리드리히 2세Friedrich Ⅱ, 1712~1786가 예카테리나 2세에게 보낸 피겨린 선물만 보고 행선지를 옮기도록 하자.

뒷장의 이 가구를 보면 영국 웨지우드 팬이라면 누구나 한 번에 알 수 있는 '재스퍼웨어Jasperware' 특징이 잘 부각되고 조화를 이루도록 만들었음을 알 수 있다. 재스퍼웨어는 웨지우드에서 1770년대에 개발한 석기의 일종으로, 푸른색 바탕에 돋을새김의 하얀 장식을 한 것이 가장 전형적인 양식이다. 재스퍼웨어에 대해서는 역시 『유럽 도자기 여행 서유럽 편』에서 상세하게 설명했다.

이 가구는 목재의 질감과 벽옥색 특유의 도판이 어우러져 우아하고 기품 있는 분위기를 만든다. 최근 우리나라의 가구 공방에서도 이 같은 시도를 한 고가의 제품들을 내놓고 있다. 이처럼 도자기 기술의 발전은 가구 장식의 변화에도 지대한 영향을 미쳤다.

1 영국 웨지우드에서 개발한 재스퍼웨어의 특징을 살린 가구
2 프로이센 프리드리히 2세가 예카테리나 2세에게 보낸 디저트 서비스의 일부분

1772년 프로이센의 프리드리히 2세는 러시아 예카테리나 2세에게 러시아-터키튀르크 전쟁1768~1774에서 승리한 기념으로 초대형 디저트 서비스를 선물로 보낸다. 560페이지 아래 사진에서 보듯 이 장식물은 디저트 서비스에서 식탁 중앙에 놓이는 것이다. 그러니 이 디저트 서비스의 규모가 얼마나 대단한지 알 수 있다.

이 장식물을 자세히 살펴보면 백자로 만든 신神들의 호위를 받는 예카테리나 2세가 중앙 높은 곳에 앉아 있고 그 주변에 갖가지 민속 복장의 터키인들이 고개를 숙여 절하는 모습을 묘사하고 있다.

러시아와 터키는 1568년부터 1918년까지 모두 15번이나 크고 작은 전쟁을 치

선물로 보내 온 서비스에 속한 피겨린들

터키인 특성을 잘 살린 피겨린들

렀다. 그 정도로 사사건건 대립했던 숙적이라 할 수 있다. 중앙아시아 지역에서 러시아 남하 정책의 가장 큰 걸림돌이 터키였기 때문이다. 대부분 2~3년 안에 끝나는 전쟁들이었지만, 예카테리나 2세 때의 전쟁은 6년 동안 이어진 큰 전쟁이었다.

앞에서도 얘기했듯 예카테리나 2세가 집권할 당시 러시아는 크고 작은 전쟁을 모두 승리로 이끌면서 영토를 확장하고 유럽의 강국으로 위치를 다졌다. 프로이센 제국의 황제가 선물을 보낼 정도니 이때 러시아가 얼마나 기세등등했는지 알 수 있다. 게다가 이 디저트 서비스는 전쟁이 끝나기 한참 전인 1770년부터 1772년까지 베를린 로열 포슬린 공장에서 만든 것이다. 전쟁에서 러시아가 승리할 것을 대비해서 미리 만들어놓고 준비한 셈이다. 이 정도로 러시아의 영향력이 막강했던 시절이다.

이 작품을 만든 사람은 베를린 로열 포슬린의 사기장인 프리드리히 엘리아스 마이어Friedrich Elias Meyer, 1723~1785와 빌헬름 크리스티안 마이어Wilhelm Christian Meyer, 1726~1786 형제였다. 사진에서 보듯 이들이 튀르크 사람들을 묘사한 피겨린은 너무나 섬세하고 사실적이어서, 당시 독일의 도자기 기술이 얼마나 앞서 있었는지 여실히 보여준다. 형인 프리드리히는 나중 마이슨 도자기에서도 뛰어난 피겨린 제품을 만들었다마이슨 피겨린에 대해서는 이 책의 전편인 『유럽 도자기 여행 동유럽편 개정증보판』 참조.

이외에도 에르미타주의 도자기 전시실을 소개하자면 끝이 없다. 그러면 그럴수록 러시아가 아닌 다른 나라 도자기 얘기만 하는 수밖에 없으니 아쉽지만 얼른 에르미타주를 벗어나도록 하자.

열흘 붉은 꽃이 없나니······
멘시코프 저택

멘시코프Alexander Danilovich Menshikov, 1673~1729는 상트페테르부르크의 초대 총독이었던 인물이다. 표트르 1세의 오른팔이었으며, 나중에는 남편을 권좌에서 끌어내리고 스스로 차르의 지위에 오른 예카테리나 1세1세Ekaterina I, 재위 1725~1727의 황제 계승 작업을 도왔다. 그리하여 당대 러시아에서 가장 막강한 권력을 휘둘렀던 장본인이다. 우리나라 식으로 말하자면 세조의 왕권 찬탈을 도운 심복으로 나중 영의정까지 지낸 한명회韓明澮 같은 인물이랄까.

그러므로 멘시코프 저택은 총독 관저로 지어진, 이 도시의 1호 석조 건물이다. 처음에는 목조 주택이었지만, 곧바로 허물고 석조 3층 건물로 다시 지었다. 1710년부터 짓기 시작해 1727년에 완공했다. 상트페테르부르크에 있는 개인 주택 중 18세기에 지어진 것으로는 유일하게 남아 있는 것이기도 하다. 위치도 겨울 궁전 건너편 강가라서, 최고의 전망을 자랑한다. 강 너머 이삭 성당을 마주보고 있다.

멘시코프 저택에 들어서면 일단 입이 떡 벌어진다. 화려하기가 이루 말할 수 없으려니와, 중국풍의 시누아즈리부터 네덜란드 델프트 타일까지 당시 유행했던 모든 트렌드가 마구잡이로 뒤섞인 촌스러움도 놀라움의 대상이다. 파란 델프트 타일로 거실과 침실의 모든 벽면을 뒤덮어 추운 겨울에는 얼마나 더 춥게 느껴졌을까, 하는 동정심마저 일어난다.

우리는 이미 앞에서 델프트 타일로 뒤덮은 독일 뮌헨 님펜부르크 성의 호화스런 방들을 보았다. 델프트 타일은 독일을 거쳐 드디어 러시아까지 진출한 것

1 델프트 타일로 거실 벽을 장식한 멘시코프 저택
2 침실까지 델프트 타일로 장식한 것은 거의 볼 수 없는 희귀한 예다.

이다. 그래도 멘시코프 저택의 타일들은 너무 과하다. 지나쳐도 너무 지나치다. 사진에서 나타나듯 집성목의 마룻바닥과 벽의 델프트 타일은 전혀 어울리지 못하고 부자연스럽게 서로 밀어내고 있다. 이렇게 촌스런 감각이었지만, 그때 는 이 모든 것이 최첨단 문화의 상징이었을 것이다.

그럼에도 불구하고 정말 경탄을 금치 못할 것은 바로 천장이다. 목가적 풍경이 담겨 있는 타일의 사각 모서리마다 금박 압정을 박아 마치 블루 타일로 된 천 으로 만든 금박 누빔옷을 천장에 두른 것처럼 압도적으로 화려하면서도 이색 적인 멋을 구가하고 있다. 이렇게 천장까지 타일을 붙인 것은 정말 보기 드문 예로, 멘시코프가 누린 부와 권력의 크기가 얼마나 컸는지 알 수 있다.

시누아즈리 취향도 여간 수준이 아니어서 어디서 그렇게 동양 병풍이나 가구 의 진수라 할 만한 것을 잘도 뽑아왔는지 모를 일이다. 병풍과 나전칠기 자개 장, 중국 도자기들이 적재적소에 배치된 방을 보고 있노라면 이곳이 멀고 먼 러시아의 한 지방이라는 사실이 믿기지 않을 정도다. 17세기 이후 몇 세기 동안 유럽 전역을 강타했던 시누아즈리는 이곳 유럽의 변방, 상트페테르부르크에 서 그 정점을 찍은 것 아닌지 모르겠다.

이렇게 방마다 델프트 타일과 시누아즈리로 꾸며놓았으니 이를 얼마나 자랑 하고 싶었겠는가. 상트페테르부르크로 러시아 수도를 옮기기 전에 표트르 1세 는 이 도시에 오면 이 저택에서 머물렀고 외교 사절들을 불러 연회를 개최했다. 당시에는 이 건물이 가장 넓고 화려했으므로 당연한 일이다. 그러므로 18세기 초반에는 이 건물이 러시아 정치, 문화, 사교의 중심지가 되었다.

그러나 이렇게 화려하고 수다스러운 건물의 주인공이었던 멘시코프는 정작

1 멘시코프 저택의 델프트 타일로 장식한 천장
2 병풍과 나전칠기 자개장, 중국 도자기 등 시누아즈리 취향이 집대성된 방

멘시코프 저택의 동양 도자기들

이곳에서의 삶을 제대로 향유하지 못했다. 예카테리나 1세가 다스리던 짧은 기간 동안 그는 실질적인 러시아의 통치자나 다름없었으나, 욕심을 너무 부렸다. 원래 귀족 태생이 아니었던 그는 자신의 딸을 차기 황제가 될 젊은 표트르 2세와 결혼시켜 명실상부한 '귀족 가문'으로 상승하고자 하는 무리수를 두었다. 그렇지 않아도 '근본 모를 자'가 표트르 1세와 예카테리나 1세의 권세를 업고 쥐락펴락하는 꼴에 대해 분개하고 있던 러시아 귀족들은 이 일을 기회 삼아 멘시코프를 시베리아 베레조보Berezovo로 추방하는 데 성공했다. 지나친 탐욕의 결과로 멘시코프는 러시아 최고였던 그의 집이 아니라 시베리아 벌판에서 죽었다. 그의 저택과 재산은 압수당해 국가 소유가 되었다.

이후 멘시코프 저택은 러시아 최초의 사관학교 건물로 사용되어 러시아 최고 정치가들과 고급 군인을 양성했다. 1880년대에는 사관학교 박물관이 저택 안에 설립되어, 1924년까지 문을 열었다. 1970년대에 저택은 복구되어 원래의 모습을 찾게 되었으며, 1981년에 방문객들에게 개방되었다. 현재 저택은 방대한 '에르미타주박물관'의 일부로, 유네스코 세계문화유산으로 지정되어 있다. 이 저택은 현재 17세기 말과 18세기 러시아의 회화, 판화, 조각, 가구 등을 가장 잘 보여주는 컬렉션을 진열하고 있다.

역사상 가장 위대한 군주가 흘린 피

러시아 알렉산드르 2세는 조선의 정조와 같았다. 정조1752~1800가 노비도 백성이며, 노비들을 해방시킴으로써 조선의 국력을 강화할 수 있다는 근대적 사고

방식을 갖고 있었던 것처럼 그 역시 농노제 폐지에 앞장섰다.

알렉산드르 2세는 마침내 1861년 농노제를 폐지함으로써 4천만 명의 농노가 자유로운 몸이 되었다. 인류 역사상 가장 위대한 '법적 조처'였다. 그는 이에 그치지 않고 러시아에 대한 일대 개혁에 나섰다. 지주들에게 일임되었던 지방행정에는 지주, 농민 공동체, 도시민 세 계층이 대의원으로 모두 참여했다. 새로 개편된 법원은 '만인에게 평등한 법'이라는 이상을 실천해야 했고, 귀족도 군대에 가야 했다.

그러나 이는 그가 자신의 목숨을 담보로 추진한 개혁이었다. 보수 반동 세력의 반발에 그는 여러 차례 암살 위기를 넘겼고, 그가 가는 곳엔 사람이 없을 정도였다. 1881년 3월 13일 그의 마차에 폭탄이 다시 날아들었다. 프랑스 나폴레옹 3세가 선물한 방탄 마차 덕분에 호위병과 마부만 다치고 황제는 무사했으나, 다친 호위병들을 살피러 마차 밖으로 나오는 순간 두 번째 폭탄이 터졌고, 황제는 그 자리에서 즉사했다.

그리스도 부활 성당이 일명 '피의 사원' 혹은 '피 흘리신 구세주 교회' 등으로 불리게 된 것은 이처럼 알렉산드르 2세가 흘린 피 위에 성당을 지었기 때문이다. 알렉산드르 3세Alexander III, 1845~1894의 명령에 의해 추진된 성당 건립은 1883년 시작되어 니콜라이 2세Nikolai II , 1868~1918, 러시아의 마지막 황제 때인 1907년에 완성되기까지 24년이 걸렸다. 건축가 알프레드 파를란트Alfred Alexandrovich Parland는 '쿠폴양파 머리 돔'을 중시하는 러시아 스타일을 강조했기 때문에 모스크바의 성 바실 성당Cathedral of Basil the Blessed과 비슷하게 구현되었다.

러시아 혁명과 전쟁 등으로 방치되어 있던 이 성당은 27년 동안의 복구 작업

1 알렉산드르 2세가 폭살당한 위치에 세워진 '피의 사원'
2 '양파머리 돔'을 강조한 피의 사원 정면 모습

넋을 잃게 만들 정도인 거대한 모자이크 프레스코 아래의 중앙 제단

성인들을 묘사한 모자이크 프레스코

을 거쳐 1997년부터 다시 공개하기 시작했는데, 내부 모자이크 프레스코 벽
화야말로 걸작 중의 걸작이다.

성당 안에 들어서면 모두 모자이크 천지다. 벽면과 천장까지 온통 모자이크
프레스코가 뒤덮고 있어 오로지 감탄사밖에 나오지 않는다. 이 성당 안 모자
이크의 넓이를 모두 합치면 7,500제곱미터에 달한다고 하니, 그저 놀라울 따
름이다.

모자이크는 모두 유명한 세 명의 화가가 각기 구역을 나누어 맡아 제작했다. 빅
토르 바스네초프Viktor Vasnetsov, 1848~1926가 '성모 마리아Virgin' 구역을, 미하일 네
스테로프Mikhail Nesterov, 1862~1942가 '구세주Savior' 구역을, 안드레이 랴부시킨Andrei
Ryabushkin, 1861~1904이 '물 위를 걷는 성 알렉산더 넵스키St. Alexander Nevski Walking on

그리스도 부활 성당의 모자이크는 세 명의 화가가 나눠 제작한 것이므로 구역에 따라 분위기가 다르다.

모자이크 제작에는
토파즈나 청금석 같은
보석류도 동원되었다.

Water' 구역을 맡았다. 그래서 구역마다 분위기가 다르다.

이처럼 화가들이 성당의 모자이크 작업까지 맡는 것은 이 당시에는 매우 흔한 일이었다. 이 세 명은 모두 뛰어난 화가들이어서 그림도 너무 좋은데, 이들의 그림까지 소개하자면 너무 장황해질 것이므로 아쉽지만 그냥 생략하도록 하겠다.

도자기에서 위안을 얻은 풍운의 여장부들

1776년 예카테리나 2세는 프랑스 세브르의 로열 포슬린에게 디너와 디저트 서비스를 주문했다. 거의 800개에 달하는 이 서비스에는 288개의 플레이트가 포함돼 있었다. 앞 접시를 보면 중앙에 꽃으로 만든 이니셜 'E' 자가 있고,

예카테리나 2세가 프랑스 세브르에 특별 주문한 플레이트

글자 사이에 금박 로마자로 'Ⅱ' 자가 있다. 'E' 자는 캐서린Catherine의 러시아 말인 예카테리나Ekaterina를 뜻하고, 'Ⅱ' 자는 캐서린 2세를 뜻하는 것이다.

이 접시는 18세기 세브르 도자기에서 매우 중요한 의미를 지닌다. 이 서비스는 그때까지 세브르가 만든 그 어떤 것과도 달랐다. 터키석을 모방한 터쿼이즈의 색채에 그리스 및 로마 신화, 역사에서 따온 일화들을 나타낸 옅은 돋을새김과 장식 등의 특징은 18세기 세브르 기술의 도약을 의미하는 것이다.

세브르의 이 서비스는 도자기에 대한 예카테리나 2세의 관심을 잘 보여준다. 앞서 덴마크 로열 코펜하겐의 '플로라 다니카' 서비스를 이야기할 때도 그 시작은 예카테리나 2세의 주문에서 비롯되었음을 말한 적 있다. 이렇듯 그녀는 광적인 도자기 애호가라고 해도 지나치지 않다.

도자기를 통해 분출된 그녀의 사치는 사실 남편과 관계가 있다. 프로이센의 귀족으로 안할트 체르브스트Anhalt-Zerbst 영주의 딸인 소피 프리데리케 아우구스테Sophie Friederike Auguste, 즉 나중의 예카테리나 2세는 열다섯 살이 되던 1744년, 러시아 엘리자베타 여제의 초청으로 러시아를 방문한다. 여제의 조카로 후계자인 홀슈타인 고토르프 공작Duke of Holstein Gottorp인 카를 울리히Karl Peter Ulrich, 1728~1762, 즉 훗날 표트르 3세와의 결혼을 추진하기 위해서였다. 엘리자베타 여제는 후사가 없었기 때문에 자신의 입지를 다지기 위해서는 후계자를 정해 빨리 결혼시켜야 할 입장이었다.

표트르 1세와 예카테리나 1세의 딸인 엘리자베타 여제는 그야말로 '풍운의 여장부'라고 해도 과언이 아니다. 그리고 엘리자베타와 며느리 예카테리나 2세는 격변의 정치판을 헤쳐 나가 마침내 황제의 관을 머리에 썼다는 점에서

1 여름 궁전 '초상화의 방'에 있는 엘리자베타 여제의 흉상과 초상화
2 엘리자베타 여제의 초상   3 엘리자베타 여제가 그려진 담뱃갑(1750년 마이슨 제작)

삶이 묘하게 닮아 있다.

그 모든 것은 1725년 표트르 1세가 후계자를 지명하지 않고 죽는 바람에 러시아가 주인 없는 나라가 되어 혼란에 빠진 데서 시작되었다. 표트르 1세는 아들 다섯과 딸 일곱 명을 두었지만 어린 나이에 모두 사망하고 딸 안나Anna와 엘리자베타만 남았다. 표트르 1세가 사망할 당시 언니인 안나는 홀슈타인 고토르프 공작과 결혼한 상태였고, 오직 엘리자베타만 남은 상황이었다. 원래 표트르 1세는 엘리자베타를 프랑스 루이 15세와 결혼시킬 작정이었지만, 부르봉 왕가가 몰락하면서 이 계획도 없던 일이 됐다.

그리하여 엘리자베타가 유일하게 후계자 자격이 있었지만 반대파는 생각이 달랐고, 엘리자베타는 겨우 15살 어린 나이라 크렘린의 권력 투쟁에 나설 수도 없었다. 엘리자베타는 이후 16년 동안 경쟁자들이 로마노프 왕조를 이어가는 모습을 바라보기만 할 수밖에 없었다. 처음엔 어머니예카테리나 1세가, 다음엔 조카가, 그다음엔 낯선 사촌이 왕관을 썼지만, 무슨 이유에선지 다들 병에 걸려 일찍 죽었다. 마지막으로 너무 먼 친척이라 표트르 1세의 피가 조금도 섞이지 않은 두 달짜리 갓난아기가 제위에 올랐을 때 엘리자베타는 기회라고 생각하고 행동에 나섰다.

1741년 11월 25일 엘리자베타는 근위병 복장으로 변장하고 아버지에게 충성을 바쳤던 근위병들과 함께 재빨리 왕궁을 점령, 32살에 비로소 여황제로서 왕관을 쓸 수 있었다. 그러나 엘리자베타는 자식이 없었으므로 1742년, 독일 태생의 조카 카를 울리히를 후계자로 지명했다.

카를 울리히는 최고의 행운아였다. 태어나는 순간부터 홀슈타인 공작, 스웨덴 왕, 러시아 왕의 자격을 한꺼번에 취득한 것이다. 그는 14살 때 이모 엘리자베타 여제의 부름에 따라 러시아로 왔지만, 문제가 있었다. 여제의 조카는 어리석고 모자랐으며, 정서적으로 유치한 인물이어서 러시아를 물려받을 그릇이 아니었다.

그의 결혼을 서두른 것은 바로 그 때문이었다. 로마노프 왕가를 이어가려면 아무래도 믿을 만한 새로운 후계자가 필요했다. 엘리자베타는 조카를 똘똘한 며느리와 일찍 결혼시켜 아들을 낳으면 그 아들을 제대로 교육시켜 후계자로 삼으면 된다고 생각했다. 그 대상이 바로 15살짜리 독일 출신의 귀족, 소피였던 것이다.

시어머니인 엘리자베타의 어린 시절처럼 매우 총명했던 소피는 자신이 시험대에 올라섰고, 그것이 큰 기회라는 사실을 금방 깨달았다. 소피는 러시아에 오자마자 러시아 정교회로 개종하고, 이름도 엘리자베타의 어머니 이름인 '예카테리나'로 바꿨다. 시어머니가 좋아할 예쁜 짓만 골라서 한 것이다.

그렇게 러시아를 대표하는 왕후 수업을 열심히 쌓는 예카테리나였지만, 남편과의 관계는 불행하기만 했다. 유치하고 어린아이 같은 표트르 3세는 장난감 병정놀이에 열심이어서 그런 신랑과 놀아줄 수밖에 없었다. 첫날밤에도 신랑은 신방에서 불꽃놀이와 병정놀이를 해서 합방은 꿈도 꾸지 못했고, 나이가 들어도 이 상황은 바뀌지 않아 후계자 생산은 그야말로 언감생심이었다.

결혼하고 8년이 지나서야 예카테리나는 남편이 아니라 귀족 출신의 법관인 세르게이 살티코프Sergei Saltykov에게 순결을 바쳤다. 로마노프 혈통을 기대하는 엘리자베타 여제 때문에 예카테리나는 간통이라는 위험을 무릅써야만 했다.

1 엘리자베타 여제를 묘사한 피겨린(18세기 독일 제작)
2 예카테리나 2세 피겨린(1744년 독일 마이슨 제작)

간통보다도 후계자를 생산하지 못하는 일이 더 위험한 일이었던 것이다. 그리하여 1754년에 마침내 예카테리나는 아들 파벨Pavel을 낳아 엘리자베타 여제가 원하는 '임무'를 완수했다. 물론 이 아기의 친부가 표트르 3세인지, 정부인 세르게이인지, 아니면 또 다른 남자인지는 아직까지 의문으로 남아 있다.

이제는 아들을 낳은 예카테리나의 권력 투쟁이 시작되었다. 1761년 엘리자베타 여제가 사망하면서 표트르 3세가 황제의 자리에 올랐지만, 러시아어도 제대로 하지 못하는데다 정치적으로 무능하고 잔인했으므로 귀족과 군부 그 누구로부터도 인정받지 못했다.

그는 1762년 봄에 황제 자리에 올라 여름에 폐위되었다. 자신의 부인인 예카테리나가 일으킨 친위 쿠데타 때문이었다. 예카테리나는 정부인 그레고리 오를로프Gregory Orlov 대위 등 군부의 도움을 얻어 남편을 황제 지위에서 끌어내렸다. 표트르 3세는 상트페테르부르크에서 49km 떨어진 로프샤Ropsha라는 곳으로 끌려가서 죽었다. 불과 34세였다. 정확한 사인은 아무도 모른다. 자살했다는 설도 있지만, 아무래도 개연성은 부족하다.

예카테리나 2세는 현명한 여인이었다. 표트르 1세를 존경한 그녀는 시할아버지의 전통을 잇고자 노력했고, 그에 걸맞은 통치를 했다. 이렇게 러시아는 엘리자베타 여제와 예카테리나 2세로 이어지는 기간에 최고의 전성기를 누렸다.

엘리자베타 여제와 며느리 예카테리나 2세는 정치적으로 성공했지만, 내면의 행복과 평화는 얻지 못했다. 그런 심경의 허전함을 채워준 것이 바로 도자기였다. 엘리자베타 여제는 황제의 지위에 오른 지 3년이 지난 1744년에 러시아 최초의 황실도자기 회사인 러시아 황실 도자기 제작소Imperial Porcelain Manufactory

를 설립해 로모소노프 Lomosonov 도자기를 만들었고, 예카테리나 2세는 이 도자기를 최고 수준으로 끌어올렸다. 순서상으로는 로모소노프 이야기를 먼저 해야 하지만, 이 공장에 대해서는 이 책의 맨 마지막 순서에 말할 예정이다. 그러니 잠시만 돌아가자.

예카테리나 2세를 위해 1785년 중국에서 만든 접시

『유럽 도자기 여행 동유럽 편 개정증보판』에서도 이야기했지만, 1745년 소피예카테리나 2세는 자신과 카를 울리히표트르 3세의 결혼 선물로 마이슨 도자기를 탄생시킨 작센의 아우구스트 3세로부터 마이슨 도자기 세트를 받았다. 작센과 러시아의 동맹관계를 굳건히 하기 위한 이 도자기 세트에는 화려한 테이블웨어와 다량의 피겨린들이 포함돼 있었고 이는 순식간에 소피의 마음을 사로잡았다. 소피가 비록 귀족 출신이라고는 하나 지방의 영세한 귀족이었기에 그렇게 눈부신 도자기들은 처음 보는 것이었다.

나중에 권력을 잡은 예카테리나 2세는 마이슨과 세브르, 로열 코펜하겐 등 당대 최고의 도자기 회사들에게 자신을 위한 대량의 테이블웨어를 원 없이 주문했다. 특히 마이슨 도자기에는 40개의 피겨린을 특별 주문했는데, 이들 피겨린 제작은 1772년부터 1775년까지 3년여에 걸쳐 진행되었다. 제작은 마이슨의 전설, 요한 켄들러Johann Joachim Kändler와 또 다른 디자이너 미헬 아치어 Michel Victor Acier가 맡았다.

예카테리나 2세는 1766년 그녀의 애완견인 '리세타Lisetta' 모양의 피겨린 제작을 주문하기도 했다. 그녀는 피겨린이 리세타와 비슷하기를 바라는 마음에서 리세타를 그린 초상화를 마이슨 도자기에 직접 보냈다. 이렇게 명문 마이슨에서 직접 만든 피겨린으로 남게 된 황실의 '개' 팔자는 분명 사람보다 나으면 낫지 모자라지 않은 상팔자 중의 상팔자렸다!

이렇게 만들어진 피겨린들은 상트페테르부르크에서 남쪽으로 25km 떨어진 황실과 귀족들의 별장 지역 차르스코예 셀로Tsarskoye Selo, 즉 오늘날 푸시킨시

예카테리나 2세의 애완견 '리세트' 피겨린(1766년 마이슨 제작)

의 여름 궁전일명 예카테리나 궁전을 장식하는 데 사용했다.

이 궁전은 예카테리나 2세의 시할머니 즉 표트르 1세의 부인인 예카테리나 1세가 황실 별장 지대에 짓게 한 왕궁이었으나, '오직 그녀 자신만을 위한' 여름 별궁을 원했던 그녀의 바람은 동양의 도자기들을 수집해 진열한 '중국 궁전'으로 실현되었다.

예카테리나 2세의 '도자기 방'은 당시 유럽에서 유행했던 왕실과 귀족들의 단순한 호사 취미를 넘어서, 스스로를 위무하고 치유하는 공간이었다. 비록 권력은 얻었지만 남편과 첫날밤도 치르지 못하고 그 남편을 권좌에서 끌어내렸으며 결국은 목숨을 잃게 한 '어두운 과거'로부터 도피하기 위한 안식처가 필요했다. 그녀는 끝없이 밀려오는 허망함을 도자기를 통해 위로받았던 것이다.

이제 예카테리나 2세의 애욕의 현장, 여름 궁전으로 가보자. 여름 궁전은 예카테리나 1세가 자신을 위해 만들었던 궁전이었던 만큼 곡선이나 색채 등 외형부터 몹시 여성스럽다. 142개의 분수로 유명한, 표트르 1세가 만든 여름 궁전은 따로 있으니 헷갈리지 않도록 하자.

예카테리나
여름 궁전에 없는 것

1717년 예카테리나 1세는 독일의 건축가 요한 프리드리히 브라운슈타인Johann Friedrich Braunstein에게 자신의 휴식과 연회를 위한 여름 궁전을 지으라고 명령했다. 후에 그녀의 딸인 엘리자베타 여제가 1733년 이를 더 넓혀 확장했다. 그러나 정작 그녀 자신은 이곳에 잘 오지 않았는데, 1752년에 건축가 바르

톨로메오 라스트렐리Bartolomeo Rastrelli에게 다시 기존의 구조를 허물고 현란한 로코코 양식으로 바꿀 것을 지시했다. 건물은 4년이 걸려 다시 지어졌다. 건물 전면이 무려 325미터에 달하는 좀 특이한 형태였다. 사진에서 보듯 건물 파사드전면부의 금박 도금을 한 화려한 스투코stucco, 미장 마감에는 100kg이 넘는 순금이 쓰였다.

이 궁전에서 가장 유명한 것은 물론 '호박amber의 방'이다. 러시아 장식 예술의 최고봉으로 꼽히는 바로 그 방이다. 예카테리나 궁에는 55개의 방이 있었다. 방마다 색깔에 따라 '녹색 기둥의 방', '붉은 기둥의 방' 등의 이름이 붙었는데 그중에서도 높이 5미터에 사방 14미터의 호박의 방은 정교한 장식과 화려함으로 세계 8대 불가사의 가운데 하나로 꼽혔다.

호박의 방은 1701년부터 1711년까지 제작해 프로이센의 프리드리히 빌헬름 1세가 표트르 1세에게 선물한 것이었다. 표트르 1세는 답례로 55명의 건장한 군인들을 보냈다. 그러나 무려 7톤에 달하는 이 방의 호박은 제2차 세계대전 당시 러시아를 침략한 독일군이 모두 약탈해갔고, 흔적도 없이 사라졌다. 구소련 정부는 1979년부터 호박의 방을 복원하기 위해 이를 찾으려 가진 애를 썼지만 아무런 단서도 찾을 수 없었다.

그럼에도 불구하고 호박의 방의 지대한 상징성 때문에 800만 달러의 예산과 30명의 전문가를 동원해 11년에 걸친 복원 작업을 진행했다. 1991년 소련이 해체되면서 작업이 중단되었다가, 복원 작업은 1999년에 한 독일 회사가 350만 달러를 기부해 다시 시작되었고, 2003년 6월에 드디어 과거의 모습을 재현하는 데 성공했다. 철학자 칸트Kant의 고향이면서 호박 산지로 유명한 칼리닌

1 여성스러운 외형의 여름 궁전 입구
2 예카테리나 여름 궁전의 현란한 로코코 양식 파사드(전면부)

그라드kaliningrad산 호박과 벌꿀색 석조가 7톤이나 들어간 결과였다. 이렇게 파괴된 지 62년 만에 새롭게 단장한 호박의 방은 상트페테르부르크 건설 300주년을 맞아 공개되었다.

예카테리나 여름 궁전을 찾는 사람은 아마도 거의 이 방의 명성을 확인하러 오는 듯하다. 호박의 방에만 사람이 우글대고 나머지 방들은 거의 한산한 것을 보면 말이다.

그러나 이 궁전의 특징은 호박의 방에 있지 않고, 거의 모든 방마다 공통적으로 설치돼 있는 거대한 벽난로에 있다. 바로 저 델프트 타일로 한껏 멋을 부린 벽난로들 말이다. 이 벽난로들은 연기를 배출하는 통이 겉으로 드러나 있지 않다. 그러니까 벽과 천장에 붙어 있는 배연 기관들이 서로 연결돼 있어서 궁전 전체의 난방을 책임지는 종합 난방기 역할을 했다. 또한 벽난로 뒷면에 따로 만든 방에서 불을 때도록 만들어서 방을 이용하는 황실 가족이나 귀족들의 사생활을 방해하지 않도록 세심한 신경을 쓴 것도 특징이다.

50개가 넘는 많은 방 가운데 몇몇 특징 있는 방을 소개하자면 우선 각종 연회가 열렸던 '그랜드 홀'을 들 수 있다. 이곳은 독일군에 의해 크게 훼손당한 궁전 복구를 위한 모금 활동을 위해 자주 사용되었다. 그리하여 2001년에는 특별 고객만을 초청한 엘튼 존Elton John의 특별 콘서트도 열렸고, 2005년 모금 파티에는 빌 클린턴 전 대통령을 비롯해 티나 터너Tina Turner, 휘트니 휴스턴 Whitney Houston, 나오미 캠벨Naomi Campbell, 스팅Sting 등 거물 스타들이 이 자리에 모였다.

소규모 만찬을 위한 '그린 다이닝 룸green dining room'은 궁에서 가장 작은 방이

크고 작은 연회를 위한 '그랜드 홀'

1 우아한 품격을 보여주는 '그린 다이닝 룸'
2 중국 그림의 방과 알렉산드르 1세의 초상

다. 궁 전체가 금박의 보리수 스투코로 반짝이는데, 유독 이곳만은 차분한 민트그린 색으로 우아한 분위기다.

이 방은 예카테리나 2세가 1770년에 그의 아들 파벨 1세Pavel I, 1754~1801와 첫 번째 부인 나탈리아 알렉세이예브나Natalia Alexeyevna를 위해 만든 것으로, 궁 북쪽 사적 공간이 시작되는 첫 번째 방이다. 그리스와 로마 시대의 작품들에서 볼 수 있는 오브제가 가득 조각돼 있는 이 기품 있는 방은 러시아의 위대한 조각가 이반 마르토스Ivan Martos, 1754~1835의 작품이다.

이렇게 아들 부부를 위한 방까지 새로 만든 예카테리나 2세였지만, 말년에는 아들과 사이가 좋지 않았다. 남편과 마찬가지로 아들이 다소 모자라서 황제 지위를 물려줄 경우 나라의 앞날이 걱정된 그녀는 실제로 아들을 건너뛰고 그녀 스스로 제왕학을 제대로 가르친 손자, 알렉산드르 1세에게 제위를 물려주려고 했다. 그녀 생각대로 파벨 1세의 통치 기간 5년은 엉망이었고 그는 결국 귀족들이 보낸 암살자에 의해 교살당했다.

반면 아버지를 죽인 귀족들이 추대해서 제위를 이은 알렉산드르 1세는 나폴레옹의 침공을 물리친 '나라의 영웅'으로 추앙받았다. 1812년 6월 나폴레옹이 러시아를 침공할 당시 그는 프랑스군 15만 명과 오스트리아, 프로이센 등 12개국 원군으로 구성된 60만 대군을 이끌었으나, 그해 겨울에는 이 중 3만 명만이 살아서 돌아올 수 있었다.

591페이지 사진 속 초상화의 주인공이 바로 알렉산드르 1세다. 그리고 그의 초상화가 걸린 이 방은 '중국 그림의 방Chinese drawing room'으로 불린다. 그 이유는 실크 벽지 그림이 중국의 수묵화 기법으로 그린 것이기 때문이다. 물론 원

알렉산드르 1세의 여동생인 안나 파블로브나가 오빠에게 보낸 선물

래의 실크 벽지는 전쟁 중에 다 타서 없어졌고, 지금 것은 다마스쿠스Damascus
에서 생산한 다마스크 벽지로 복원한 것이다.

이른바 공성空城 작전으로 나폴레옹을 물리친 알렉산드르 1세는 러시아군을
이끌고 1814년 3월, 마침내 파리에 입성했다. 나폴레옹은 폐위되어 엘바 섬에
유배되고 알렉산드르 1세는 나폴레옹을 격파한 일등 공로를 인정받으며 전
후 처리의 주역으로 활약했다. 나폴레옹이 세운 바르샤바 공국을 양도받아
폴란드 왕국을 부활시키고 그 왕을 겸임하는 소득도 얻었다.

1812년의 나폴레옹 격퇴 전쟁을 러시아는 '조국 전쟁'으로 부른다. 영웅적 투
쟁으로 외세의 침략으로부터 조국을 방어하고 1813~1814년의 원정 싸움에서
까지 대승리를 일궈내는 과정에서 러시아 민족의식은 급속도로 고양됐다. 수
많은 러시아 예술가들이 조국 전쟁에서 모티프를 얻은 예술 작품을 남겼다.

그러나 나폴레옹 전쟁 이후의 알렉산드르 1세는 국내 정치에 관여하지 않고
신비주의에 탐닉했고, 원인 모를 사인으로 48세에 급사하기에 이르니, 마침
후손도 없어서 제위는 그의 동생인 니콜라이 1세Nikolai I, 재위 1825~1855년에게 넘
어갔다.

593페이지 사진은 네덜란드 왕비로 시집을 간 알렉산드르 1세의 여동생인
안나 파블로브나Anna Pavlovna가 1825년, 즉 오빠가 사망하던 해에 선물로 보
낸 찻잔 세트다. 벨기에 브뤼셀에 있는 프레데리크 파베르Frédéric Théodore Faber,
1782~1844 도자기 회사에서 1825년에 만든 제품이다. 프레데리크 파베르는 원
래 화가였으나 나중에 사기장으로 변신해 도자기 공방을 차렸고, 풍경과 동
물들을 주로 그린 뛰어난 제품들을 내놓았다.

'기사의 다이닝 룸'에 놓여 있는 테이블웨어

'기사의 다이닝 룸Chevaliers'dining room'은 그랜드 홀과 바로 연결된 첫 번째 식당이다. 그렇게 넓지는 않으나 거울과 창문을 배치하여 홀이 넓고 밝게 보이도록 만들었다. 이 방에 놓여 있는 테이블웨어는 모스코바 근처 베르블리키Verbliki에 프란시스 가드너Francis Gardner라는 사람이 만든 개인 도자기 공장인 '가드너 도자기'에서 1777년부터 1785년 사이에 제작한 것이다. 이 서비스는 러시아의 수호성인들인 성 안드레아St. Andrew, 성 게오르그St. George, 성 알렉산

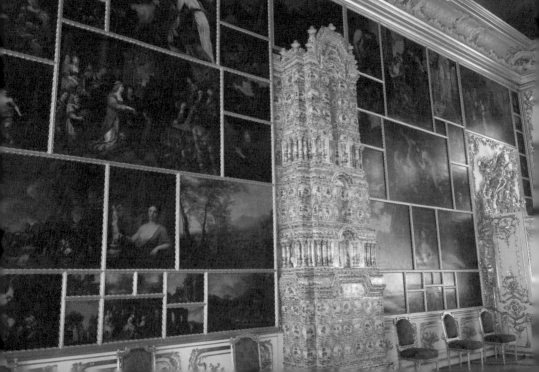

더 넵스키St. Alexander Nevsky, 성 블라드미르St. Vladimir 등의 축일 동안 개최되는 기념 식사 때 수십 년 동안 사용되었다.

중앙 계단 바로 옆에 있는 영빈관의 특징은 각종 테이블웨어로 장식한 타원형 테이블이 중앙에 놓여 있다는 사실이다. 원래 국빈 접대 등의 공식 연회를 위한 용도로 만들어졌으나, 나중에는 여제들이 자신들과 가까운 측근들을 불러 긴밀한 식사를 하는 장소로 많이 사용됐다.

이곳에 놓인 테이블웨어들은 독일 마이슨 도자기의 식기들로 엘리자베타 여제 시절부터 공식 만찬에 사용하던 것들이다. 만찬 테이블은 18세기부터의 전통을 따르기 위해 고급 직물의 테이블보로 탁자를 덮고 꽃과 과일로 장식해 놓았다. 이 꽃과 과일 탑은 실물이 아니라 도자기로 만든 일종의 피겨린으로, 역시 18세기 중반 마이슨에서 제작한 것이다. 그러나 탁자 중앙의 정자를 세워놓은 듯한 도자 조형물은 러시아 황실 도자기 제작소에서 1760년대에 만든 것으로, 당시 러시아 도자 기술의 우수성을 잘 보여준다.

호박의 방 바로 옆에 있는 '그림의 방Picture Hall'은 게오르그 그로트Georg Christoph Grooth, 1716~1749라는 독일 출신의 화가가 엘리자베타 여제의 명을 받아 1745년부터 1746년까지 체코 프라하와 독일 함부르크에서 수집한 그림들을 마치 태피스트리처럼 진열해놓은 곳이다. 이 화가는 예카테리나 2세의 초상화를 그리기도 했다. 이 방은 외교 사절을 위한 만찬이나 연희극 공연 관람을 위한 용도로 사용됐다.

프랑스 화가 피에르 드니 마르탱Pierre Denis Martin, 1663~1742이 북방전쟁Nothern War, 발트 해 지배권을 놓고 러시아와 스웨덴이 1700년부터 1721년까지 벌인 전쟁 당시 러시아가 위대한

1 독일 마이슨 도자기가 놓여 있는 영빈관 만찬 테이블
2 그림 130점을 하나의 태피스트리처럼 엮은 '그림의 방'

알렉산드르 1세 집무실에 붙어 있는 탕비실의 찻잔 서비스

승리를 거둔 전투를 묘사한 「폴타바 전투The Battle of Poltava」와 「레스나야 전투
The Battle of Lesnaya」를 비롯해 많은 걸작과 의미 있는 작품들이 있음에도 한낱
장식용으로 한데 묶여져 걸려 있다.

특히 두 그림은 러시아의 위대한 영광을 기념하는 것으로 표트르 1세가 잘 보

관하라고 지시까지 한 것인데, 하나의 태피스트리처럼 보이게 하기 위해 전체의 한 부분으로 멋대로 재단되어 눈에 잘 띄지도 않게 돼버렸다. 참으로 크나큰 문화적 손실이고, 어처구니없는 일이다.

한 가지 다행인 점은 2차 세계대전 당시 이 방이 불에 탔는데도 그림은 130점 가운데 114점이 온전히 남았다는 사실이다. 정말 천우신조라고 할 수 있다. 그리하여 러시아 예술아카데미는 에르미타주박물관과 다른 박물관들의 그림을 조사해서 가장 잘 어울릴 만한 그림 16점을 추려내 이곳을 복원하는 데 추가로 사용했다. 그렇게 복원해서 이 방을 재공개한 것이 1967년이다. 참으로 웃어야 할지, 울어야 할지 애매한 역사의 아이러니다.

마지막으로 소개할 곳은 알렉산드르 1세의 서재 겸 집무실이다. 이곳에서 가장 눈길을 끄는 것은 커다란 크기의 일종의 트로피다. 1814년 프랑스 세브르 도자기에서 브리엔느Brienne 전투를 기념하여 만든 것이다.

브리엔느 전투는 프랑스 북부 브리엔느 르 샤토Brienne-le-Château라는 곳에서 1814년 1월 프랑스 나폴레옹 군대와 러시아-프로이센 연합군이 격돌한 싸움이다. 이 전투의 목적은 나폴레옹을 권좌에서 끌어내리고 부르봉 왕조를 다시 세우려는 데 있었다. 그러나 전투는 나폴레옹 군대의 승리로 끝나고, 나폴레옹이 자신의 권력을 더 다지는 계기가 되었다. 도자기 그림에도 자신의 군대를 이끌고 의기양양 말을 타고 가는 나폴레옹의 모습이 담겨 있다.

나는 정말 이해할 수 없었다. 이 트로피가 왜 이곳 예카테리나 여름 궁전의 알렉산드르 1세 서재에 있어야 하는지. 앞에서도 말했듯 알렉산드르 1세는 나폴레옹의 러시아 침략을 패퇴시키고 파리까지 진격했던 위대한 왕이다. 그런

브리엔느 전투에서의 승리를 기념하는 트로피

데 정반대의 내용을 가진 트로피를 그의 방에 전시해놓고 있는 이유가 무엇인가! 큐레이터의 실수인가, 아니면 역사는 돌고 돈다는 교훈을 주기 위한 배려인가. 그러나 아무리 보아도 교훈 목적은 아닌 듯하다. 그런 생각이라면 뭔가 이에 대한 설명을 옆에 붙여놓았을 테니 말이다.

나는 에르미타주에 이어 이곳에서도 '진짜 러시아'를 발견하지 못했다. 방마다 황금색으로 빛나고, 호박으로 온통 도배한 방이 있으며, 황제와 여제들의 커다란 초상화가 여기저기 붙어 있어도 내 눈에는 러시아가 보이지 않았다. 러시아는 어디 있는 것일까. 슬픈 기분이었다.

예카테리나 궁전의 중앙 계단에 장식돼 있는 중국 도자기들

지나간 것은 모두 아름답다
(Что пройдёт, то будет мило-츠토 프로이됴트, 토 부데트 밀로)

1743년 러시아는 스웨덴 왕을 지원하기 위하여 스코틀랜드 출신의 프로이센 야전사령관 제임스 프란시스 에드워드 키스James Francis Edward Keith, 1696~1758 장군이 이끄는 군대를 스톡홀름에 보냈다. 마침 비슷한 시기에 엘리자베타 여제의 시종이었던 바론 코르프Baron Korf도 은밀히 스톡홀름에 들어와 있었다. 바로 도자기 제조의 전문가였던 크리스토프 헝거Christophe Hunger or Unger를 만나 계약을 맺기 위함이었다. 헝거가 상트페테르부르크에 도자기 공장을 세워주는 계약이었다.

1744년 6월 15일 키스 장군은 엘리자베타 여제로부터 두 가지 명령을 받았다.

1912년에 제작된 알렉산드르 1세의 근위병 피겨린

하나는 스톡홀름에서 군대를 철수시키란 것이고, 또 하나는 헝거 가족을 비밀리에 러시아로 무사히 데려오란 것이었다.

헝거는 어린 시절 귀금속 세공을 배웠으나, 나중에는 유럽의 여러 나라를 떠돌았고 마지막으로 정착한 곳이 독일 드레스든Dresden이었다. 그는 거기서 결혼을 하고 마이슨 도자기 공장의 책임자와 친구가 되었다. 바로 1710년 유럽 최초로 경질 도자기를 만드는 데 성공한 요한 뵈트거였다. 이 인연과 경험이 헝거에게 도자기를 만들 수 있는 지식을 주었지만, 완전한 것은 아니었다.

헝거는 나중 스톡홀름의 뢰르스트란드 도자기에서도 일했지만, 그의 기술은 이곳에서도 역부족이어서 1733년에 해고되었다. 베니스에 가서도 도자기를 만들었지만 역시 실패했다. 1737년 그는 용감하게도 덴마크 왕에게 자신이 독일 마이슨 도자기보다 더 잘 만들 수 있다고 제안을 하고 실험작을 내놓았지만 인상적인 결과를 만들지는 못했다. 1741년 그가 이번에는 스웨덴 왕을 찾아가 도자기를 구울 가마와 점토를 달라고 제안했다. 그러나 이 역시 이미 특권을 갖고 있던 뢰르스트란드 도자기의 방해로 이뤄지지 못했다.

헝거는 일종의 사기꾼이었다. 그러나 바론 코르프는 계약에 사인하기 전에 그에 대한 충분한 정보를 얻지 못했다. 도자기 전문가는 당시 매우 귀중한 사람이었기 때문에 그들에 대한 정보가 철저히 비밀로 가려져 있었기 때문이다. 전문가와의 협상은 오로지 당사자와 직접 연결되어야 했고, 그들의 작업 경력을 알 수 있는 길은 없었다.

스웨덴 정부는 사기장으로서의 헝거의 가치를 잘 알고 있었기에 그가 가족과 함께 스웨덴을 떠나는 것을 방해할 생각이 눈곱만큼도 없었다. 반면 러시아는 그의 모든 부채를 해결해주었고, 러시아 재무부는 이미 상당한 액수의 비용을 지불하고 있었다. 그의 가족이 러시아에 도착하자 그는 엘리자베타 여제가 학수고대 기다리고 있는 모스크바에 바로 가지 않고 상트페테르부르크에서 몇 주 동안 아무 일도 하지 않고 빈둥거렸다.

그렇게 시간을 끌다가 결국은 모스크바에 갔으나, 이번에는 병에 걸려 몇 달

1 엘리자베타 여제를 위한 테이블웨어의 플레이트(1759~1762년 러시아 황실 도자기 제작소에서 제작)
2 1744년부터 같은 자리에 있는 상트페테르부르크의 러시아 황실 도자기 제작소

동안을 침대에 누워 있었고, 그 후에는 날씨가 너무 추워서 도자기를 구울 점토를 캐낼 수 없다고 불평했다. 이 모든 시간 동안 그는 러시아 황실로부터 관대한 후원을 계속 받았으면서도 도자기 공장을 세우는 데 필요한 단 한 걸음도 나가지 않았다. 결국 여제는 헝거를 도와서 공장을 건설할 파트너를 구하라고 지시했다.

드미트리 비노그라도프Dmitry Ivanovich Vinogradov, 1720~1758, 미하일 로모노소프Mikhail Lomonosov, 구스타프 라이제르Gustav Raiser 등 세 명의 상트페테르부르크 과학아카데미 졸업생들은 1736년 금속공학을 공부하기 위해 독일 프라이부르크Freiburg로 갔다. 당시 비노그라도프의 나이가 16살이었다. 비노그라도프는 독일에서 5년 동안 공부해서 능숙한 엔지니어가 되었고 독일어를 유창하게 말할 수 있었기 때문에 헝거와의 소통에는 별문제가 없었다. 러시아 황실은 그에게 헝거를 관리하는 일을 맡겼다.

1744년에 마침내 비노그라도프 주도로 '러시아 도자기 공방Russia porcelain works'을 설립했다. 표트르 1세가 1718년 드레스든의 작센 선제후 아우구스트 1세 왕궁에서 마이슨 도자기를 처음 보고 '정신을 빼앗긴 물건'의 비밀을 알아내기 위하여 총력을 기울인 지 26년 만의 일이었다.

공장 자리는 네바 강 왼쪽 제방에 있었다. 헝거는 이 선택이 마음에 들지 않았다. 그는 이곳에서 10마일쯤 떨어져 있는 상트페테르부르크 시내에 계속 있고 싶었다. 그러나 공장 부지는 황실 명령으로 움직일 수 없었다. 그때 만들어진 러시아 황실 도자기 제작소IPM, Imperial Porcelain Manufactory는 지금도 여전히 그 자리에 있다.

1749년에 드미트리 비노그라도프가 만든 도자기

헝거가 가장 괴로웠던 것은 아무도 그를 인정하지 않는다는 사실이었다. 그는 운영자금에 손을 댈 수도, 사용할 권리도 없었다. 그의 많은 요구는 관리들에 의해 묵살되었다. 그래도 관리들은 도자기를 만들 재료만큼은 구해주기 위해 애썼다. 제일 좋은 도구들을 수입해왔고, 작센으로부터 수백 파운드의 코발트도 들여왔다. 당시 작센은 코발트 수출을 금지하고 있었으므로 러시아는 코발트를 구하기 위해 특별한 외교 채널을 동원해야 했다. 그럼에도 불구하고 그는 계속 황실의 기대에 부응하지 못했다. 러시아 황실은 그에 대해 정말 놀라울 정도의 인내심을 보여주었다. 그만큼 도자기 제조는 국력을 좌지우지할 만큼 중요한 사안이었다.

그래도 희망은 전혀 새로운 곳에서 자라나고 있었다. 헝거가 공장을 건설하면서 계속 시행착오를 거듭하고 있던 사이, 드미트리 비노그라도프는 이를 바로잡으면서 새로운 지식을 습득하고 있었다.

헝거는 계속 이 핑계 저 핑계로 세월을 보냈다. 1747년 9월이 되자 마침내 러시아는 헝거에 대한 급여 지급을 중단했다. 그리고 1748년 2월에는 러시아를 떠나라고 통첩했다. 거의 4년여에 걸친 사기 행각의 종말이었다. 지금 시각으로 보자면 너무 어처구니없는 상황의 연속이지만, 지금으로부터 무려 260여 년 전의 일이다. 조선으로 치자면 영조 24년, 조선통신사가 일본을 방문하던 때였다.

그럼 헝거는 러시아에 과연 무엇을 남겼을까. 대량의 도자기를 만드는 데 거의 근접한 제조법, 매우 모호하기 짝이 없는 가마에 대한 정보 그리고 빈약한 품질의 도자기 컵 6개였다.

쓸쓸하지만 러시아 황실 도자기 제작소의 시작은 그랬다. 그래도 어쨌든 시작은 한 것이다. 첫술에 배부를까. 나중의 일이지만 나라 순으로 보면 독일과 오스트리아, 스웨덴에 이어 유럽 국가 중 네 번째로 경질자기를 만든 것이니 그리 나쁜 성적도 아니다.

결과적으로 '하얀 금'의 비밀을 밝혀낸 사람은 비노그라도프였다. 완벽하진

러시아 오페라 스타 피샤(Pisha)의 피겨린(1924년 러시아 황실 도자기 제작소)

코르닐로프 형제 도자기의 '양치기'(1840~1861년 제작)

않았지만 그는 1749년 무렵부터 러시아에서 최초로 마이슨 자기에 근접한 자기들을 만들어내게 되었다. 형태는 중국의 것을 모방했지만, 흙은 러시아의 것을 사용한 제품들이었다. 또한 1750년대가 되면서부터는 비록 작은 것이라도 양질의 피겨린을 만들 수 있는 수준이 되었다.

예카테리나 2세의 황금기는 러시아 도자사에서도 번영기였다. 1765년에 공장은 '황실 도자기 제작소IPM'로 이름을 정하고, 가마도 새로 만들었으며, 베를린과 프랑스 세브르로부터 솜씨 있는 사기장들을 초청했다. IPM에서 만든 제품들이 여기저기 황제와 귀족들의 궁전에 놓이기 시작했다. 황실로부터의 수요는 매우 넓은데다 거의 영구적이었으므로, 황실 도자기는 마음 놓고 도자기 제작에만 매달릴 수 있었다.

그러나 1806년 나폴레옹의 대륙봉쇄령으로 인해 외국으로부터 도자기를 수입할 수 없게 되자, 러시아 안에서 민간 영역의 도자기 공장들과 IPM 간에 경쟁이 붙기 시작했다. 또한 황실 도자기도 전적으로 황실에 납품하는 부문과 귀족 수요자를 겨냥한 생산품을 만드는 부문으로 나뉘게 되었다.

니콜라이 1세 때에는 프랑스 리모주로부터 고령토를 수입해 사용했으므로 훨씬 더 품질이 높은 제품들을 생산할 수 있었다. 니콜라스 1세는 황실 도자기의 운영에 직접 개입해 자신이 허가한 제품만 생산할 수 있도록 했다. 1844년에는 도자기 박물관도 만들었다. 또 이때 전기로 하는 아말감 도금fire gilding 법이 개발되었다.

알렉산드르 2세 시절의 황실 도자기는 오로지 외국에서 수입한 재료만을 가지고 작업했다. 품질을 더 올리기 위해서였다. 농노제가 폐지되어 IPM의 사기장들 상당수도 자유의 몸이 되었지만 대부분은 그대로 남아 일을 했다. 그러나 황실로부터의 주문은 줄어들었고, 도자기도 옛날 모델만을 주로 생산했다. 1870년경부터는 유명한 옛 그림을 도자기 표면에 그리는 작업을 중단하고 풍경을 넣기 시작했다. 또한 순수하게 장식적인 치장이 지배적인 경향이 되었다. IPM은 채색 유약을 사용하기 시작했고, '파테 쉬르 파테pâte sur pâte 패턴'이 새롭게 등장했다. '파테 쉬르 파테 패턴'은 1850년대에 프랑스에서 처음 출현한 기법으로 반죽을 겹겹이 쌓아 돋을새김처럼 만드는 기술인데, 『유럽 도자기 여행 서유럽 편』에서 자세히 설명했다.

1892년 이후부터는 덴마크 전문가의 도움으로 밑그림 칠underglaze decoration에 대한 기술을 전수받게 된다. 이는 알렉산드르 3세Alexander III, 재위 1881~1894년가 덴마크 공주와 결혼해 이 기법에 관심을 갖게 되었기 때문이다.

20세기 초에 IPM은 유럽을 선도하는 도자기의 하나가 되었다. IPM에서 제작한 도자기는 특히 뛰어난 품질로 유명했는데, 이는 끊임없는 도구 혁신과 좋은 재료로 이룩한 성취였다. 예를 들어 IPM은 형체를 만드는 반죽을 10년이나 저장해 숙성시킨 다음에 사용했다.

마지막 황제인 니콜라이 2세Nikolai II, 1868~1918년, 재위 1894~1917년 때는 아르누보가 유행했고 당연히 도자기 형태에도 영향을 미쳤다. 도자기는 양식화된 식물 문양, 인어 등등의 모티프로 장식되어 즉흥적인 곡선을 이루었다. 꽃병은 한결같이 독특한 형태로 제작되었고, 밑그림 칠로 계절에 따라 변화무쌍하게 변하는 풍경을 자유롭게 그려넣었다.

1차 세계대전이 발발하면서 독일에서의 도자기 수입이 끊어짐에 따라 핸드

1 겨울 풍경을 그려넣은 1920년대 플레이트
2 아르누보 영향을 받아 다양한 형태로 만들어진 술의 신, 바쿠스(Bacchus) 피겨린들

페인팅이 아닌 기계로 찍어내는 도자기를 생산하기 시작했다. 양질의 고급 도자기 생산은 매우 미미한 수준으로 급감했다. 그나마 고급 도자기는 황실 병원 재정을 돕기 위한 자선 경매에서 모두 팔려 나갔고, 군인들을 위한 부활절 계란만을 대량으로 생산했다.

볼셰비키 혁명을 몇 해 앞둔 1914년과 1915년 사이에 만들어진 너무나 아름다운 옆의 티 서비스에는 제목이 붙어 있다. 바로 푸시킨의 운문소설韻文小說로 차이콥스키의 유일한 오페라로도 만들어진 『예브게니 오네긴Evgeny Onegin』이다. 이 소설은 오네긴, 티티아나, 올가, 렌스키 이 네 청춘 남녀의 서로 엇갈린 사랑 이야기다.

방탕한 오네긴과 렌스키는 친구이고, 티티아나와 올가는 자매다. 동생인 올가와 렌스키는 약혼한 사이다. 순수한 티티아나는 오네긴을 보고 첫눈에 반해 편지를 보내지만, 오네긴은 그녀의 동생이자 친구의 약혼녀인 올가에게 관심을 가진다. 그리하여 렌스키와 오네긴은 올가를 두고 결투를 벌이다, 오네긴이 우발적으로 렌스키를 죽이게 되는데……

이 찻잔 세트에는 이들 네 명의 주인공 모습이 코발트블루로 그려져 있다. 백자에 코발트블루의 점 그리고 금 도금이 환상적으로 어우러지고 있는 이 서비스를 보고 있노라면 오페라의 주인공이 되어 무대에 서 있는 느낌이다. 내 자신이 비극의 주인공이 되어 아리아를 부른다. 이 오페라를 대표하는 저 유명한 렌스키의 아리아 '쿠다, 쿠다 비 우다릴리스kuda, kuda, vi udalilis', '내 젊은 날은 어디로 갔는가'다.

1917년 10월 혁명 이후 IPM은 국영화되면서 이름도 국립 도자기공장GFZ,

1914~1915년에 제작한 예브게니 오네긴

Gossudarstvennyi Farforovyi Zavod으로 바뀐다. 소비에트연방 초기에 GFZ는 소위 프로퍼갠더 웨어propaganda wares, 즉 소비에트 지도자들의 피겨린부터 접시까지 선전용 도기만을 만들었다. 선전과 선동의 도구로의 예술만이 정당성을 갖는 시대였지만, 이때의 작품을 보면 예술가들이 어떻게 해서든 예술성을 담고자 했던 노력이 엿보인다.

614페이지 사진의 맨 아래 피겨린은 GFZ 시절인 1917년에 제작한 것으로, 발

1 볼셰비키 혁명을 주제로 제작한 플레이트(1932)
2 볼셰비키 혁명 이후의 피겨린에도 예술적 가치를 담으려 노력한 흔적이 엿보인다.
3 발레「지젤」에 출연한 안나 파블로바를 묘사한 피겨린(1917)

레 「지젤Giselle」에 출연한 전설의 발레리나 안나 파블로브나 파블로바Anna Pavlovna Pavlova, 1881~1931를 묘사한 것이다.

나는 안나 파블로바 하면 저절로 '빈사瀕死의 백조'가 떠오른다. '빈사의 백조'는 카미유 생상스Camille Saint Saens, 1835~1921가 작곡한 「동물의 사육제」 가운데 백조에 맞춰서 역시 전설의 무용수이자 안무가인 미하일 포킨Michel Fokine, 1880~1942이 안나 파블로바를 위해 만든 2분 정도의 독무 작품이다.

안나 파블로바가 상트페테르부르크의 마린스키극장에서 밝고 경쾌한 백조가 아니라 죽음 직전의 가냘픈 몸으로 고통을 호소하는 '빈사의 백조'를 처음 추었을 때 세계 예술계는 경악했다. 이후 안나는 조국의 혁명으로 인해 타향을 떠돌아다녀야 했지만, 결코 고향의 백조들을 잊지 않았다. 그녀는 죽는 순간까지 백조 의상을 가져다달라고 했다. 백조는 그렇게 죽어가면서 다시 태어났다.

1925년 러시아 과학아카데미의 창립 200주년을 맞아 GFZ는 아카데미 창립자인 미하일 로모노소프의 이름을 따서 레닌그라드 로모노소프 도자기 공장LFZ, Leningradski Farforovyi Zavod imeni M.V. Lomonosova으로 이름이 바뀐다. LFZ는 동물 피겨린과 디너 세트를 포함해 다양한 도자기들을 생산했다.

로모노소프 시절의 도자기 가운데 가장 유명한 것 그리고 지금까지도 이 회사를 대표하고 있는 문양은 바로 1949년에 나온 '코발트 그물Cobalt Net'이다. 이 디자인은 예카테리나 2세 시절에 오직 그녀만의 만찬을 위해 창조되었던 '핑크 그물' 패턴에서 착안한 것이다.

나는 '코발트 넷'을 볼 때마다 숨이 멎는 듯한 아름다움을 느낀다. 그대로 압도되어서 할 말을 잊는다. 코발트블루 라인이 서로 교차하면서 만든 저 그물망과 22K 도금 라인이 서로 엇갈리는 도형이 이토록 매혹적인 미학의 결정체가 될 수 있다니! 더구나 코발트블루 그물망과 금도금 리본이 이어지면서 만드는 라인은 모두 장인이 손으로 그려서 만드는 것이다. 진정 끈기와 정성이 빚어낸 걸작이 아닐 수 없다.

레닌그라드 로모노소프 도자기 공장LFZ은 1993년 '로모노소프 도자기 공장'이라는 이름으로 민간 기업이 되어, 그때까지 별로 지명도가 높지 않았던 로모노소프 도자기에 대한 대대적인 수출에 나섰다. 그러나 1999년 KKR이라는 미국 투자사가 로모노소프의 지분을 사들이면서 이의 소유권을 놓고 러시아 정부와 길고 긴 법정 투쟁에 들어갔다. 이 싸움은 결국 미국 투자자의 법적인 승리로 끝났다.

그렇지만 미국 투자사가 옛 러시아 황실 도자기 제작소 시절부터 내려온 박물관에서 제품을 부정으로 약탈해간 것이 드러남에 따라, 러시아 정부는 박물관 운영권을 에르미타주박물관에게 넘기도록 종용했고 결국 투자사는 마지못해 소유권을 포기할 수밖에 없었다.

이후 LFZ에서 별다른 이득을 얻지 못한 투자사는 2002년 이를 다시 니코일Nikoil 그룹의 회장인 니콜라이 츠베츠코프Nikolai Tsvetkov에게 넘겼고, 니콜라이 회장은 3월 8일 '세계 여성의 날'을 맞아 이 회사를 자신의 부인에게 선물로 주었다. 2005년 5월 LFZ의 주주들은 회사 이름을 소비에트 혁명 이전으로 돌리기로 결정했다. 그리하여 회사 이름은 다시 황실 도자기 제작소IPM가 되었다. IPM은 1744년 회사 설립 이후 만들어왔던 제품들을 선별하여 핸드메이드로 다시 생산하고 있다.

에르미타주
박물관에 전시된 '코발트 넷'

LFZ 시절을 대표하는 문양인 '코발트 넷'
그물무늬는 선사시대부터 내려온 인류가 만든 가장 오래된 패턴의 하나다.

매우 서정적인 그림이 그려진 1935년 제품

황실 도자기 박물관은 1744년 이후 같은 자리를 지키고 있는 네바 강가의 황실 도자기 제작소와 함께 있다. 시내 중심에서는 꽤 멀다. 나는 황실 도자기 박물관에 가서야 '진짜 러시아'를 볼 수 있었다. 에르미타주박물관과 예카테리나 여름 궁전은 관광객을 위한 상품이자, 겉 표면에만 설탕을 입혀 놓은 당의정糖衣精과 비슷했다. 그러나 황실 도자기 박물관은 강력하고도 진솔하게 내 폐부를 직접 찔러왔다. 나는 이곳에 와서야 비로소 내가 러시아에 왔음을 실감했다.

황실 도자기 박물관은 전시실 중앙에 러시아 여러 민족의 모습을 형상화한 거의 실물 크기의 피겨린을 전시하고 있었다. 그게 바로 '진짜 러시아'였다.

1 그대 무엇을 보고 있나. 러시아 민족 시리즈 피겨린의 하나 2 격동의 시대, 어느 한 투사를 묘사한 피겨린
3 결코 꺾이지 않을 민초(民草)의 저 표정을 보라! 4 다민족 피겨린은 이 회사가 지닌 깊이를 알려준다.

아! 대한독립 만세!

나는 그 피겨린을 보는 동안 내내 흥분을 감출 수 없었다. 가슴이 쿵쾅쿵쾅 뛰었고, 저 안쪽에서부터 뜨거운 무엇인가가 뭉클 올라왔다.

그것이 무엇인지는 알 수 없었다. 그러나 무엇인가 러시아의 정수, 그 실체와 직접 닿았다는 생각이 들었다. 그것은 도스토옙스키의 『죄와 벌』이, 톨스토이의 『안나 카레니나』가, 솔제니친의 『이반 데니소비치의 하루』가, 보리스 파스테르나크의 『닥터 지바고』가, 블라드미르 비소츠키Vladimir Vysotsky의 노래◆ '길들여지지 않는 말Koni Priveredlivye'이 그리고 빅토르 최의 노래 '혈액형'과 푸시킨의 시들이 내게 던졌던 그 수많은 메시지와 순식간에 접촉했다는 느낌을 받았다.

그리고 이것! 보기만 해도 눈물이 먼저 흐르는 우리 선조들의 모습!

황실 도자기 제작소가 어떤 연유로 이런 피겨린들을 만들 생각을 했는지는 잘 모르겠다. 그러나 민족마다의 고유한 특성이 잘 살아 있는 피겨린은 박물관 전시실에 있는 작품 어느 것보다도 값어치 있게 느껴졌다. 덩달아 황실 도자기 제작소의 깊이에 대해서도 다시 한 번 생각하게 되었다. 그들은 내 마음속 깊은 곳에 들어와 결코 잊히지 않을 것 같다.

황실 도자기 박물관에서 돌아와 다시 넵스키 대로에 선다. 찬바람이 불어와 얼굴을 스치고 지나간다. 예카테리나 2세는 디드로Denis Diderot와 루소Jean-Jacques Rousseau, 볼테르Voltaire의 열렬한 팬이었다. 그들에 관한 책을 수만 권 갖고 있을 정도였다. 에르미타주 도서관에는 볼테르에 관한 책만 7천 권이 넘게 있다. 비록 서로 얼굴을 맞댄 적은 한 번도 없었지만 볼테르와는 15년 동안 서신 왕래로 절친한 관계를 유지했다. 볼테르는 예카테리나를 '북극의 별' 혹은 '러시아의 세미라미스Semiramis, 미와 지혜로 유명한 아시리아의 전설적인 여왕'라 칭송했다.

◆ 드라마 「미생」 OST의 러시아 원곡

고양된 문화의 품격을 보여주는 이삭 성당의 내부

그녀가 이렇게 서구 계몽사상을 배우기 위해 정성을 쏟은 이유는 민족문화를 고양시키고, 사회 개혁을 추구하기 위함이었다. 그러나 러시아-튀르크 전쟁과 프랑스 대혁명 등이 그녀로 하여금 방향을 수정하고 현실주의자로 되돌아가게 만들었다. 열정을 쏟던 자유주의 이념을 모두 거둬들이고 반발하는 자들을 탄압했으며 농노제를 더 심화시켜 국민을 시름과 도탄의 구렁텅이에 몰아넣었다.

그 와중에서도 마린스키극장에서 인재를 배출시키고 에르미타주 궁전을 넓히는 등 문화 국민의 꿈을 포기하지 않은 것이 큰 미덕이지만, 러시아는 결국 혁명의 길로 직행했다. 만약 그녀가 계몽사상의 꿈을 포기하지 않고 고통을 감수했으면 어땠을까? 아마 그랬더라면 세계사는 지금과는 전혀 다른 이야기를 기술하고 있을 것이다. '임페리얼 포슬린' 역시 지금의 위상과는 비교도 되지 않을 지명도를 획득하고 있을 것이 분명하다.

볼테르는 다음과 같은 말을 했다. "인간은 평등하다. 그러나 태생이 아닌 미덕美德이 차이를 만든다." 그녀의 선택은 이 말을 다시 곱씹게 한다. 국가나 개인이나 미덕의 차이가 존재의 품격을 결정할 것이다. 푸시킨의 표현대로 한때 '유럽을 향해 열린 창'이었던 넵스키 대로에 예카테리나의 한숨이 깔리듯 어둠이 내린다.

임페리얼 포슬린의 현대 도자기 작품

영국인 은행가가 설립한
모스크바 최초의 도자기 공장

상트페테르부르크에 비해 모스크바의 자취는 상당히 미약하다. 모스크바에서 처음으로 도자기 회사를 만든 사람은 매우 이례적으로 영국인 은행가였던 프란시스 가드너Francis Gardner였다. 외환 거래로 많은 자본을 축적한 그는 1766년 모스크바 드미트로프Dmitrov 지역의 조그만 마을 베르빌키Verbilki에 모스크바 첫 도자기 회사를 세웠다. 러시아 최초의 민간인 도자기 공장이었다. 러시아 황실만을 위한 도자기를 만드는 황실 도자기 제작소가 1744년에 설립되었으니, 이보다 22년 뒤다.

니콜라이 고골(Nikolai Gogol, 1809~1852)의 소설 『죽은 혼(Dead Souls)』에 등장하는 주인공 중 한 명인 플뤼시킨(Stepan Plyushkin)을 형상화한 가드너공장의 피겨린. 1870~90년대 제조 추정

1770년대 중반까지 가드너 공장은 생산량의 질적 차원과 예술성의 우수성 차원에서 모두 황실 도자기 제작소와 경쟁 상대가 됐다. 러시아 황실은 가드너 공장에 매우 많은 양을 주문하곤 했기 때문에 오히려 황실 도자기 제작소를 능가하기도 했다. 예카테리나 여제는 자신의 연회를 위해 가드너 회사의 최대 소비자로 막대한 양의 도자기를 주문하곤 했다. 또한 자신의 아들이 머무를 교외의 왕궁에 공급할 서비스를 특별 주문했다.

황실의 주문은 가드너 공장의 위신을 더

러시아 농노(위), 러시아 차르 니콜라스 2세와 왕비 알렉산드라의 승마 모습(아래)을 나타낸
쿠즈네초프의 19세기 접시

높여주었기 때문에 당연히 러시아 귀족들로부터의 주문도 쏟아져 들어왔다. 나중 러시아에 다른 민간 공장들이 생겨났을 때도 가드너 공장은 그 명성을 유지하면서 출중한 평판을 즐길 수 있었다. 생산품의 고품질과 별개로 가드너 공장은 취향과 경향에 변화를 주는 노력을 게을리하지 않았다.

러시아를 침공했던 나폴레옹이 1812년 패퇴하면서 러시아는 새로운 민족적 자의식의 물결에 불꽃이 튀면서 일반 민중의 삶에 대한 급속한 관심이 생겨났다. 이에 따라 러시아 농노들 삶의 풍경을 낭만적으로 세밀하게 접근한 신고전주의 미학이 이 시기 도자기의 주된 특징이 되기도 했다.

1892년 가드너 공장은 또 다른 민영회사인 쿠즈네초프Kuznetsov 도자기 공장에 소유권이 넘어갔다. 이 회사는 모스크바 근교 그젤Gzhel 출신의 상인 테렌티 쿠즈네초프Terenti Kuznetsov가 1832년 모스크바 리가Liga 지역에 설립한 것이다. 리가 공장은 파이앙스와 자기의 중간 정도 되는 제품을 만드는 회사였고, 나중인 1851년에야 자기를 생산할 수 있었다.

1864년 아버지가 사망하면서 공장을 물려받은 아들 마트베이Matvey 쿠즈네초프는 공장 이름을 'M. S 쿠즈네초프 회사'로 바꿨다. 당시 도자기 제조에 필요한 자재들은 독일, 네덜란드, 스카디나비아 반도, 영국석탄 등지에서 들여왔고, 이로 만든 제품 대부분은 국내 시장에서 팔았다. 팔고 남은 일부 제품에 한해 영국과 네덜란드 등지에 수출했다.

1908년 이 공장은 무려 2,230만 개를 생산했다. 이는 당시 러시아 전체 도자기 생산량의 3분의 2에 해당했다. 이 중 1,140만 개가 자기, 370만 개는 파이앙스, 나머지 710만 개는 파이앙스와 자기의 중간 제품이었다. 1913년 리가 공장에

러시아 12명 인물의 초상을 담은 쿠즈네초프 19세기 말 접시들

쿠즈네초프의 1920년대 찻잔 서비스

서 일하는 근로자는 2,650명에 달했다. 제1차 세계대전 중이던 1915년 공장은 무려 140대의 마차를 동원해 생산 설비를 외곽 지역으로 옮겨야 했다.

가드너-쿠즈네초프 회사는 19세기에도 황실의 주문을 받았다. 그러나 소비에트 혁명이 일어나면서 공장은 국영화되었고, 드미트로프 지역 가까이 있었다는 이유로 그냥 '드미트로프 공장'으로 이름이 바뀌었다. 그럼에도 불구하고 공장은 대량생산 체제를 유지하면서 높은 품질의 이색적인 작품들을 계속 만들어냈기 때문에 국제적인 갈채를 받았고, 1937년 파리 만국박람회에서 상을 받았다. 1935년에는 브뤼셀의 라트비아 대사가 벨기에 왕을 위한 커피 서비스를 특별 주문하기도 했다.

1840년 완전하게 국영화가 된 이후 1968년 '리가 도자기 공장'으로 이름을 되찾았으나, 현재는 유명무실해져서 영세한 공장으로 명맥을 유지하고 있다.

1812년 겨울 러시아를 침공했지만 러시아의 '공성 전략'에 따라 불타는 모스크바를 뒤로 하고 퇴각하는 나폴레옹(왼쪽), 1807년 7월 나폴레옹이 러시아군을 무찌르고 알렉산드르 1세와 '틸지트(Tilsit) 조약'을 맺는 장면(오른쪽)을 나타낸 20세기 초 쿠즈네소프 접시

TIP

에르미타주, 멘시코프 저택, 그리스도 부활 성당 개관 시간

에르미타주박물관은 월요일에 문을 닫는다. 오전 10시 30분부터 오후 6시까지 문을 여는데, 수요일만 오전 10시부터 오후 9시까지 개관 시간을 연장한다. 안에서 자유롭게 사진 촬영을 할 수 있으므로, 자유롭게 즐기도록 하자.

멘시코프 저택은 에르미타주 궁전 강 건너편 바실리옙스키(Vasilyevsky) 섬에 있다. 드보르초비(Dvortsovyy) 다리로 바로 연결되므로, 에르미타주나 왕궁 광장에서 도보로 다리를 건너가면 바로 왼쪽에 있다. 지하철은 바실레오스트롭스카야(Vasileostrovskaya) 역에서 내리면 된다. 화요일부터 토요일까지는 오전 10시 30분부터 오후 6시까지(마지막 입장은 오후 5시), 일요일은 오후 5시(마지막 입장 오후 4시)까지, 월요일은 휴관한다.

주소: 15, Universitetskaya Naberezhnaya(Embankment)

그리스도 부활 성당은 상트페테르부르크의 역사적 중심부인 미하일로프스키 정원 근처에 있다. 넵스키 대로에서도 바로 갈 수 있는데, 길 중심의 네거리에 있는 가장 아름다운 아르누보 건물이면서 돔 서점(Dom Knigi)이 있는 싱어 컴퍼니(Singer Company) 빌딩에서 바로 보인다. 지하철은 넵스키 프로스펙트(Nevsky Prospekt) 역과 고스티니 드보르(Gostiny Dvor) 역에서 가깝다.

이 성당은 수요일에 문을 닫으니 유의하자. 5월부터 9월까지는 오전 10시부터 오후 7시까지, 10월부터 4월까지는 오전 11시부터 오후 7시까지 문을 연다. 매표소는 오후 6시에 문을 닫는다.

주소: 2b Griboedova Channel

그리스도 부활성당 앞에는 기념품 가게들이 즐비하다.

황실도자기 박물관의 멋들어진 피겨린 전시품

황실 도자기
박물관

황실 도자기 박물관은 앞에서 말한 대로 니콜라이 1세의 지시에 의해 1844년에 처음 생겼다. 당시 진열품의 상당수는 겨울 궁전(에르미타주)과 황실의 다른 궁전에서 가져왔다. 그러다가 알렉산드르 3세의 명령에 의해 새 작품을 만들 때마다 박물관에 보관하기 위해 똑같은 제품을 만들기 시작했다. 두 번의 세계대전 때 박물관의 방대한 컬렉션은 카렐리야(Kareliya) 지방과 우랄산맥 변경으로 이전되었다.

박물관은 그리 큰 규모가 아닌데, 소비에트 시절에 규모를 줄였기 때문이다. 현재는 두 개의 커다란 전시실에 초창기부터 소비에트 정권 시절까지의 제품들과 그 이후의 걸작들을 구분해놓았다.

이곳으로 가려면 지하철을 타는 것이 가장 좋은 방법이다. 지하철 로모노솝스카야(Lomonosovskaya) 역에서 내려 큰길을 건너 에바 강변 쪽으로 가다 보면 왼쪽에 있다.

화요일부터 토요일까지 오전 10시 30분부터 오후 6시까지(마지막 입장은 오후 5시), 일요일은 오후 5시까지 연다. 월요일은 휴관한다.

주소: 151, Prospekt Obukhovskoi
　　　Oborony

예카테리나
여름 궁전

상트페테르부르크 중심에서 25km 남쪽의 예카테리나 궁전으로 가는 방법은 쉽지는 않지만, 그렇다고 그렇게 어렵지도 않다. 상트페테르부르크에서 가려면 아래의 세 가지 방법이 있다. 예카테리나 궁전이 있는 차르스코예 셀로(Tsarskoye Selo, 황제들의 마을)는 푸시킨 서거 100주년을 맞은 1937년, 푸시킨 시로 이름이 바뀌었다.

1. 비텝스키 철도 터미널(Vitebsky Railway Terminal)과 쿠프치노 철도역(Kupchino Railway Station)에서 가기: 차르스코예 셀로 철도역에서 버스(371, 382)나 미니버스 택시(371, 377, 382)를 타고 궁전 앞에서 하차한다.

2. 지하철 모스콥스카야(Moskovskaya) 역에서 가기: 바깥으로 나와 미니버스 택시(342, 545)를 타고 궁전 앞에서 하차. 187번 버스와 286, 287, 347 미니버스 택시는 차르스코예 셀로 철도역으로 가므로, 그곳에서 1번의 방법으로 가도 된다.

3. 즈베즈드나야(Zvezdnaya) 지하철역이나 쿠프치노(Kupchino) 지하철역에서 가기: 버스 186번을 타고 궁전 앞에서 하차한다.

화요일과 매월 마지막 월요일에 문을 닫으니 유의하자. 5월부터 9월까지는 오전 10시부터 오후 6시까지(마지막 입장 시간은 오후 5시) 문을 연다. 10월부터 4월까지는 오전 10시부터 오후 4시 45분까지 문을 여는데, 월요일은 오후 7시 45분까지 연장한다.

주소: 7 Sadovaya Street, Pushkin

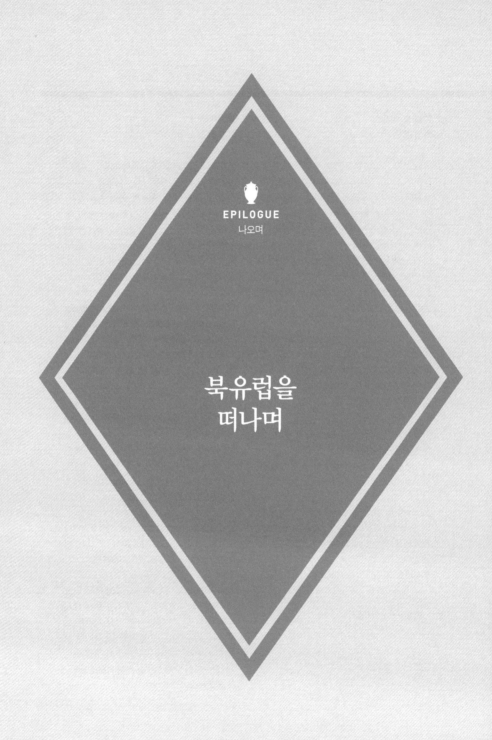

EPILOGUE
나오며

북유럽을
떠나며

이렇게 네덜란드에서 시작하여 덴마크, 스웨덴, 핀란드, 러시아로 이어지는 북유럽 5개국 도자기 여행을 마감한다. 이 중 러시아를 제외한 나머지 4개 나라는 모두 디자인 강국들이다. 스칸디나비아 디자인은 최근 국내 소비자들에게도 이름을 알리면서 점차 그 저변을 확대한 지 오래됐다. 2014년 개장한 이케아IKEA를 비롯해 마리메꼬나 이딸라 등의 이름이 어느덧 친숙한 브랜드가 되었다.

이들 제품이 인기를 끄는 첫째 요인은 북유럽 국가답게 특유의 실용성과 친밀감을 바탕에 깔고 있기 때문이다. 북유럽 도자기들도 마찬가지다. 실용성을 따로 놓고 보았을 때 북유럽 도자기의 가장 두드러지는 특성은 문양 디자인에 있다. 단순하고 단조롭지만 묘하게 마음을 끄는 문양들이 도처에서 나타난다.

나뭇잎 하나만 보더라도, 이를 주요 모티프로 삼은 도자기들이 수없는 디자이너들에게서 수많은 변종으로 나타난다. 별로 변화가 없을 것 같고, 변화를 주기도 어려울 것 같은 나뭇잎 하나가 다양한 형태의 도자기 문양으로 나타내는 모습을 보면 '왜 디자인이 있어야 하는지'에 대한 해답을 얻게 된다. 그리고 이러한 창의적 디자인은 과거 한국의 획일화된 교육과 획일화된 가치관을 강요하는 풍토, 학습자 스스로 깨달아가는 과정이

'바야 핀란드'의 식기 세트

아니라 모범답안을 달달 외우는 것이 중요한 교육 풍토에서는 결코 자라기 힘들다는 사실도 절로 깨닫게 된다.

이번 『유럽 도자기 여행 북유럽 편 개정증보판』에서는 개개의 브랜드에 대한 자세한 내용은 물론, 극동 아시아 주부들의 마음을 사로잡고 있는 북유럽 도자기들이 어떠한 역사적 맥락에서 서로 연관 관계를 맺고 있는지 알려주기 위해 특히 많은 노력을 기울였다.

사실 스칸디나비아 디자인의 유명세에 비교할 때, 이에 대한 국내의 저술은 빈약하기 짝이 없었다. 지금도 여전히 빈약하다. 소문은 무성하지만, 그 소문을 구체적으로 확인할 수 있는 담론과 그 담론을 뒷받침하는 논거의 틀은 없는 이상한 상황이랄까. 그러다 보니 소비자들도 특정 브랜드의 몇몇 그릇들에 대한 단편적 지식은 있지만, 전체적인 맥락에서 브랜드들이 서로 어떠한 유기적인 연관성을 갖고 있는지에 대해서는 잘 모르는 것 같다. 특히 북유럽 국가들의 역사와 각국 왕실이 이들 도자기에 어떠한 영향을 미쳤는지에 대해서는 거의 소개되지 않았다.

바로 그래서 이 책은 위와 같은 내용들을 되도록 많이 소개하기 위해 노력했다. 또한 너무 멀리 떨어져 있어서 전혀 접점이 없을 것만 같은 북유럽의 나라들과 극동의 나라特히 중국과 일본가 어떻게 연결돼 있어서 어떤 상호작용을 전개하고 있는지에 대해 자세히 들여다보려고 애썼다.

이 책에서 북유럽 국가 중 노르웨이가 빠져 있는데 그 이유는 이 나라에서 두각을 나타내는 브랜드가 없기 때문이다. 노르웨이에도 '카트리네홀름Cathrineholm'이라고 하는 독보적 브랜드가 있었으나, 이 회사는 1907년에 창립되어 지난 1975

---

1 이란의 모스크 '이스파한 이맘'을 장식한 타일 패턴들.

년 역사의 뒤안길로 사라졌다. 노르웨이의 전설적 디자이너인 그레테 프리츠 키텔센Grete Prytz Kittelsen, 1917~2010은 카트리네홀름에서 1955년에서 1972년까지 활동했는데, 그녀가 활약할 때가 이 회사의 전성기였다. 지금도 왕왕 카트리네홀름 이야기가 나오는 것은 그녀가 디자인한 빈티지 작품들 때문이다.

물론 카트리네홀름 말고도 지난 1941년에 설립된 '피기오Figgjo'라는 브랜드가 있으나, 인지도도 떨어지고, 독창적인 매력도 부족하기 때문에 이 책에서는 생략했다.

이 책의 개정증보판 저술은 개인적으로 몹시 힘들었다. 덴마크어, 스웨덴어, 핀란드어, 러시아어 자료들은 발음부터 여전히 너무 어려웠다. 게다가『유럽 도자기 여행 동유럽 편 개정증보판』에 이어 별다른 휴식 기간 없이 바로 새 저술에 들어가다 보니 체력적으로 힘들었다. 감기가 걸려도 이틀을 가지 않는 건강 체질이지만, 과로 때문에 면역력이 떨어져서 몇 달 동안 감기를 달고 살았다. 스트레스가 너무 심해지면 머리에 열이 올라 머리카락이 빠지고 비듬이 많이 생긴다는 사실을 또 확인했다.

로열코펜하겐의 부활절 계란들

다행히 그렇게 힘들 때마다 『유럽 도자기 여행』과 『일본 도자기 여행』시리즈 6권을 읽고 끊임없이 성원을 보내주신 많은 독자 분들의 응원이 정말 큰 힘이 됐다. 『유럽 도자기 여행』 3권 중 동유럽과 북유럽의 개정증보 작업을 마친 지금, 다시 심각한 고민이 생긴다. 남은 서유럽 편 역시 개정증보 작업을 해야 하는데, 서유럽을 모두 한 번에 담고 가기가 힘들어서다. 추가 내용이 많아서 이렇게 하다간 옛날 전과처럼 두꺼워질 듯하다.

아무래도 영국과 프랑스, 이탈리아를 모두 분리해서 한 권씩 나눠야 한다는 생각이 점점 강해진다. 『유럽 도자기 여행 이탈리아』, 이런 식으로 말이다. 아마도 서유럽의 처음도 이탈리아가 될 것이다. 이 작업은 말이 개정증보이지, 사실상 새 책을 쓰는 것과 마찬가지다. 그러나 독자 여러분의 성원만 확인할 수 있다면 작업의 고통 따위야 무슨 문제가 되겠는가!

◆

4. 17 호일암好日庵에서

조용준

◆ 참고 문헌 및 사이트

『Dutch Trade and Ceramics in America in Seventeenth Century』, Charlotte Wilcoxen, Albany Institute Art & History, Albany, NY, 1987.

『Blue & White: Chinese Porcelain Around the World』, John Carswell, British Museum Press, 2000

『Scandinavian Ceramics and Glass: 1940s to 1980s』, George Fischler, Schiffer Publishing, 2000

『The Ceramics Bible: The Complete Guide to Materials and Techniques』, Louisa Taylor, Chronicle Books, 2011

『The Pilgrim Art: Cultures of Porcelain in World History』, Robert Finlay, University of California Press, 2010

『FRAGILE DIPLOMACY: Meissen Porcelain for European Courts』, Maureen Cassidy-Geiger, 2008

『DINNEREWARE of the 20TH CENTURY: THE TOP 500 PATTERNS』, Harry L.Rinker, House of Collectibles, New York, 1997

『Miller's COLLECTING PORCELAIN』, John Sandon, Phaidon Press, 2002

『대포, 범선, 제국: 1400~1700년, 유럽은 어떻게 세계의 바다를 지배하게 되었는가?』 카를로 치폴라 지음, 최파일 옮김, 미지북스, 2010

『스칸디나비아 예술사』, 이희숙 지음, 이담북스, 2014

『북유럽 생활 속 디자인』, 시주희·박남이 지음, 부즈펌, 2012

『중국 청화자기』, 황윤·김준성, 생각의나무, 2010

www.royaldelft.com
www.klm.com
www.tichelaar.com
└ (Royal Makuum 홈페이지)
www.rijksmuseum.nl
└ (네덜란드 국립박물관 홈페이지)
www.gemeentemuseum.nl
└ (헤이그 시립박물관 홈페이지)
www.royalcopenhagen.com
www.visitcopenhagen.com
www.luciekaas.com
www.kahlerdesign.com
www.normann~copenhagen.com
www.anneblack.com
www.rice.dk
www.gustavsberg.com
www.nationalmuseum.se
www.visitstockholm.com
www.rorstrand.com
www.sagaform.com
www.lenalinderholm.com
www.arabia.fi/en